Structures et changements

PETER DRUCKER

Structures et changements

Balises pour un monde différent

Traduit de l'américain par Marie-France Pavillet

 **Village**
M O N D I A L

L'édition originale de cet ouvrage a été publiée, aux États-Unis, par Truman Talley Books/Dutton, New York, sous le titre *Managing in a Time of Great Change*, © by Peter F. Drucker, 1995.

HD
31
D7614
1996

ISBN : 2-84211-008-0

Sommaire

I
Le management

II
L'organisation fondée sur l'information

III
L'économie

IV
La société

Avant-propos

M algré leur apparente diversité, tous les éléments de cet ouvrage traitent d'un seul et même thème. En effet, ils analysent les changements irréversibles d'ores et déjà intervenus dans notre environnement de travail en fonction desquels les responsables peuvent, et même doivent agir. À aucun moment je ne me suis livré à la prospective, mais je me suis attaché à discerner comment, précisément, ils pourront et devront contribuer à façonner l'avenir.

Non qu'il soit particulièrement difficile à prédire: simplement, je ne vois pas l'intérêt de l'exercice. À l'aune de leurs propres critères et aux yeux du public, nombre de futurologues jouissent d'un taux de réussite élevé ; ils parviennent effectivement à prévoir certains événements. On constate pourtant que les changements fondamentaux, dont les conséquences s'avèrent autrement importantes, surviennent sans que personne ne les ait prévus, car personne n'aurait pu les anticiper. Nul, par exemple, n'avait prévu ou n'aurait pu prévoir, en 1985, que la construction de la Communauté économique européenne, loin de la propulser dans une phase de croissance économique rapide, s'accompagnerait de dix ans de stagnation et d'incessantes chamailleries. Conclusion, l'Europe unifiée de 1995 se trouve en réalité dans une position plus précaire, au sein de l'économie mondiale, que l'Europe morcelée de 1985. Nul n'avait prédit, ou n'aurait pu prévoir, il y a dix ans, l'explosion économique qu'a connu la Chine continentale, non pas grâce à la politique gouvernementale, mais malgré elle. Personne n'avait prévu que les 55 millions de Chinois expatriés à Taiwan parviendraient à s'introduire dans le club très fermé des superpuissances économiques. Personne, il y a dix ans, n'aurait pu imaginer que la conséquence principale de la révolution informatique sur le monde des affaires se traduirait par la nécessité de repenser et de restructurer radicalement le plus ancien de tous les systèmes d'information, apparemment sclérosé jusqu'à la moelle, le modèle comptable.

Et puis, voyez-vous, prendre une décision, c'est s'engager à agir ; les décisions se prennent au présent, pas au futur, de même que l'action s'enracine toujours dans le présent. L'action constitue néanmoins la seule et unique manière d'avoir prise sur l'avenir. Les responsables sont payés pour prendre des décisions, c'est-à-dire pour agir efficacement. Ils ne peuvent le faire qu'en s'appuyant sur le présent, en exploitant les changements qui se sont déjà produits.

Cet ouvrage se penche d'abord sur le métier des dirigeants, le management. Il s'agit d'identifier ce qui remet en question, voire rend obsolètes les principes, règles et pratiques que l'on fini par considérer comme acquis parce qu'ils ont fonctionné de façon satisfaisante ces quarante dernières années. Nous étudierons ensuite les conséquences de l'avènement de l'information qui constitue désormais la ressource essentielle du chef d'entreprise et forme aujourd'hui l'ossature de l'organisation. « On ne peut être que le maître ou l'esclave de son outil », affirme un vieil adage. Que doivent apprendre les chefs d'entreprise pour devenir les maîtres de ce nouvel outil ? Nous nous pencherons ensuite sur les marchés, nous descendrons dans l'arène d'une économie mondialisée où de nouveaux centres de pouvoir, de nouveaux marchés et de nouveaux secteurs ont vu le jour. Nous analyserons enfin les mutations de la société et de l'État, qui constituent sans doute les bouleversements les plus considérables en ce siècle de la transformation sociale. Nous verrons que les gouvernements se sont montrés d'une efficacité remarquable, ce qui ne les a pas empêchés d'enregistrer l'échec le plus grave qui soit.

Il y a encore vingt ou trente ans, on affirmait que si les dirigeants d'entreprise et les cadres étaient beaucoup plus nombreux

que dans les années vingt et à plus forte raison qu'avant la Première Guerre mondiale, ils exécutaient, pour la plupart, les mêmes
tâches, dont ils s'acquittaient à peu près de la même manière que
leurs prédécesseurs. Plus personne ne pourrait appliquer cette
remarque aux responsables d'aujourd'hui. Tout changera, à l'évidence, encore bien davantage pour les chefs d'entreprise et les
cadres de demain. Le but de cet ouvrage est de les aider à prendre
de l'avance sur l'avenir et même à faire en sorte qu'il leur appar-
tienne.

Entretien

Dirigeants et cadres supérieurs dans l'ère post-capitaliste

Voilà un demi-siècle que Peter Drucker prodigue son enseignement et ses conseils aux responsables du monde des affaires,
des organismes à vocation humanitaire et du gouvernement.
Parfois surnommé le pape du management moderne, il conjugue
une analyse pénétrante des forces socio-économiques en présence
et un sens pratique aigu, qui lui permettent de déceler comment
les responsables peuvent transformer les turbulences en opportunités. Doué d'un talent exceptionnel pour la synthèse, il apaise
une curiosité intellectuelle insatiable en se passionnant pour une
variété incroyable de disciplines, de la peinture japonaise à la
théorie mathématique des réseaux. C'est pourtant de ses conversa-
tions approfondies avec ses clients et ses élèves, présents dans le
monde entier, qu'il dit apprendre le plus. Tous puisent leurs idées
dans l'action et agissent en fonction de leurs idées.

Dès 1946, dans son ouvrage *Concept of the Corporation*, il redé-
finissait le personnel de l'entreprise en le considérant comme une
ressource et non plus comme un coût. Depuis, les travaux de Drucker constituent une source d'inspiration pour les chefs d'entreprise
des quatre coins du monde. Il a particulièrement influencé les
capitaines d'industrie japonais au cours des étapes les plus cruciales
du parcours qui leur a permis de se hisser au tout premier rang
mondial. Dans de nombreux pays, des hommes qui considèrent

Drucker comme leur guide intellectuel, voire leur mentor, président aux destinées d'entreprises productives.

La *Harvard Business Review* a souvent été la première à publier les idées les plus fécondes de Peter Drucker. C'est à la demande de sa rédaction que T. George Harris s'est rendu en Californie, au Management Center Drucker de la Claremont Graduate School. Les deux hommes ont évoqué, deux jours durant, la façon dont les chefs d'entreprise pourront concrétiser les idées contenues dans cet ouvrage.

Q. : Peter, vous qui avez le don de transposer les idées au monde réel où les gens vivent et travaillent, comment pensez-vous que les chefs d'entreprise peuvent s'adapter à la société post-capitaliste ?

R. : Il leur faut apprendre à assumer leurs responsabilités dans des situations où ils ne possèdent plus l'autorité, où il n'y a plus ni contrôleur ni contrôlé. Voilà le changement fondamental. Les ouvrages sur le management continuent à traiter essentiellement de la façon de diriger des subordonnés. Mais on ne juge plus un dirigeant au nombre de personnes placées sous son autorité. Ce critère s'avère moins significatif que la complexité des tâches qui lui sont confiées, l'information qu'elles utilisent et produisent et les différents types de relations à mettre en œuvre pour les exécuter.

De la même manière, la presse spécialisée continue à faire la part belle à la façon dont un groupe gère ses filiales. Il s'agit là d'une survivance de la méthode des contrôles qui prévalait dans les années cinquante et soixante. En réalité, les multinationales ne tarderont pas à devenir une espèce en voie de disparition. Autrefois, l'entreprise se développait par croissance interne ou grâce à des acquisitions. Dans un cas comme dans l'autre, le patron maîtrisait le processus. Aujourd'hui, la croissance repose sur des alliances, toutes sortes de liaisons dangereuses et de filiales communes ; tout cela est si complexe que, soit dit en passant, peu de gens comprennent exactement ce dont il s'agit. Ce nouveau type de croissance déstabilise le chef d'entreprise traditionnel, convaincu qu'il doit posséder ou contrôler son approvisionnement et ses marchés.

Q. : Comment opéreront les chefs d'entreprise dans un environnement où les hiérarchies traditionnelles auront disparu ?

R. En coopérant de façon permanente avec des collaborateurs qui ne feront pas partie de leur personnel. La tendance à externaliser tout ce qui peut l'être s'accentue tous les jours. Je pense que dans dix ans, l'entreprise externalisera toutes les activités qui ne peuvent donner lieu à un développement de carrière menant aux plus hautes responsabilités. Pour améliorer la productivité, il faut sous-traiter les activités qui ont leur propre direction. Croyez-moi, cela correspond bien davantage à un souci de qualité qu'à un souci d'économie.

Q. : Exemple ?

R. : Prenez un hôpital. Tous ceux qui y travaillent sont conscients de l'importance de la propreté des locaux, mais il ne faut pas compter sur les médecins et les infirmières pour se préoccuper de la meilleure façon de balayer dans les coins, ça ne fait pas partie de leur système de valeurs. Ils ont tout intérêt à faire appel à une entreprise spécialisée. J'ai eu l'occasion d'en voir une à l'œuvre en Californie. Une des femmes de ménage qui travaillait pour son compte venait tout droit d'Amérique latine ; elle était illettrée, mais très inventive. Elle avait mis au point un système de pliage des draps permettant de les changer sans sortir les patients de leur lit, quelle que soit leur corpulence. Grâce à cette méthode, on ne les déplace que de 15 cm et l'opération ne demande plus que deux minutes au lieu de douze. Elle dirige désormais l'ensemble des opérations de nettoyage ; toutefois, elle n'est pas salariée de l'hôpital, celui-ci ne peut lui donner aucun ordre ; on lui signale simplement les problèmes à résoudre.

Les dirigeants continuent à parler des personnes qui leur « rapportent », croyez-moi, on devrait rayer ce mot du vocabulaire du management. L'information remplace désormais l'autorité. Considérez un directeur financier dans une entreprise dont l'informatique est sous-traitée ; son service ne comprend parfois que deux assistantes et une réceptionniste, mais les décisions d'achat ou de vente de devises qu'il prend peuvent faire perdre – ou gagner –, en un seul jour, plus d'argent à son entreprise que tous les autres services réunis en une année. Autre exemple : un scientifique décide quelle recherche ne pas entreprendre dans le laboratoire d'une grande entreprise. Il peut fort bien n'avoir ni titre, ni secrétaire, mais des états de service tels qu'il est hors de question de ne pas s'en tenir à ses décisions. En fait, son influence s'avère peut-être plus déterminante que celle du président lui-même. Enfin dans l'armée, les lieutenants-colonels commandaient autrefois des bataillons ; aujourd'hui, un lieutenant-colonel peut fort bien n'avoir qu'un seul planton sous ses ordres, mais en revanche assumer une responsabilité importante, comme les liaisons avec un grand pays étranger.

Q. : Dans ce contexte, tout le monde tente de bâtir la structure organisationnelle idéale, qui comporte généralement peu de niveaux hiérarchiques et se veut en prise directe avec la satisfaction du client. Comment les cadres doivent-ils s'adapter à ce nouvel environnement ?

R. : La première priorité consiste à s'assumer de plus en plus, au lieu de compter totalement sur l'entreprise. Aux États-Unis, et de plus en plus en Europe et même au Japon, ce n'est pas parce que l'on travaille dans une entreprise depuis cinq ans que l'on peut s'attendre à y terminer sa carrière, ou à y occuper le poste que l'on voudrait quarante ans plus tard. En fait, toute grande entreprise a nettement plus de chances d'éclater au cours des dix années à venir que de rester telle quelle.

C'est un phénomène nouveau. Les grandes entreprises se sont stabilisées avant la Première Guerre mondiale, et figées dans les années vingt. Beaucoup d'entre elles ont survécu à la grande crise sans se transformer. Au cours des trente à quarante années qui ont suivi, on a surélevé les gratte-ciel et agrandi les sièges sociaux. Mais l'époque où les entreprises se construisaient des tours est révolue. Au cours des dix dernières années, la proportion de la population active travaillant pour le compte des 500 premières entreprises du palmarès de *Fortune* est tombée de 30 à 13 %.

Les entreprises, autrefois bâties pour durer autant que les pyramides d'Égypte, ressemblent aujourd'hui davantage à une tente de Bédouin. Demain, elles auront disparu ou se trouveront en pleine tourmente. Cela s'applique à toutes les sociétés, pas seulement aux firmes qui jouissent d'une grande notoriété comme Sears, IBM ou General Motors. La technologie évolue très rapidement, de même que les marchés et les structures. Il n'est plus possible d'organiser sa vie autour d'une entreprise en perpétuelle mouvance.

J'aimerais vous donner un petit exemple illustrant le changement des mentalités. La plupart des étudiants qui suivent mes cours de direction d'entreprise ont la quarantaine, ils se trouvent soit juste en-dessous de la direction générale dans une grande entreprise, soit aux commandes d'une PME. Il y a quinze ou vingt ans, quand nous avons commencé, leurs homologues se demandaient comment se préparer à leur prochaine promotion. Aujourd'hui, la question consiste à savoir ce qu'il leur faut apprendre pour être en mesure de décider vers quelle nouvelle activité se diriger.

Q. : Le stéréotype de l'homme d'affaires portait un complet trois pièces gris anthracite. Comment le voyez-vous aujourd'hui ?

R. : Ce n'est pas une question de costume. Je vois un homme qui assume ses responsabilités et ne se trouve pas en situation de dépendance par rapport à son employeur, qui gère sa propre carrière. On ne fait plus carrière en grimpant des échelons, ni même une corde à nœuds imaginaire. Aujourd'hui, c'est en débroussaillant les lianes enchevêtrées d'une forêt vierge qu'il faut se frayer un chemin, il y a intérêt à se munir d'une machette. On ne sait jamais ce que l'on va faire après le projet en cours, ni même si l'on travaillera dans une entreprise privée, dans un immense amphithéâtre, voire chez soi. La première responsabilité, c'est de se connaître soi-même, de façon à déterminer le type de travail le mieux adapté à tel ou tel moment de votre vie, le cas échéant en fonction des considérations familiales lorsqu'elles deviennent un facteur important de vos valeurs et de vos décisions.

Q. : Voilà une conception radicalement différente des perspectives qui s'ouvraient autrefois aux cadres supérieurs.

R. : Leur fonction a changé partout, à un moment ou à un autre. Je constate, par exemple, une grande confusion parmi les étudiants japonais qu'il m'a été donné de rencontrer au cours des années. Ils semblent complètement perdus. Au Japon, les structures hiérarchiques étaient plus contraignantes que les nôtres ne l'ont jamais été, et ils se trouvent actuellement à mi-chemin entre l'encadrement rigoureux et une situation où ils doivent s'assumer en prenant leurs propres responsabilités. Ce qui leur fait peur, c'est que les titres ont perdu leur signification traditionnelle. Qu'un Japonais soit expatrié en Inde ou en France, s'il avait le titre de directeur-adjoint des études de marché, tout le monde savait quelles étaient ses fonctions. Comme nous l'avons vu pour les multinationales, ce n'est plus vrai aujourd'hui. L'autre jour, à l'issue d'une de nos sessions, une jeune femme m'a confié qu'elle pensait atteindre le grade *d'assistant vice-president* de sa banque dans les cinq ans. Je lui ai répondu qu'elle décrocherait peut-être effectivement ce titre, mais qu'il ne correspondrait sans doute plus à ce qu'elle croyait.

Q. : Encore un échelon ?
R. : Oui. C'est la mentalité des grandes entreprises. Chez Bell, par exemple, la plupart des gens comptent sur le service du personnel pour les materner. Quand la direction des ressources humaines était au sommet de sa gloire, il y a trente ans, elle jouait véritablement les éminences grises. À coup de tests et de planifications de carrières, elle savait avec certitude que tel ou tel jeune homme de vingt-sept ans serait, à quarante-cinq ans, *Assistant Operating Manager*, mais qu'il n'irait pas au-delà. La seule chose qu'elle ignorait, c'est si le futur quadragénaire serait basé au Nebraska ou en Floride. À moins qu'il ne fasse quelque chose de véritablement extraordinaire, sa carrière était toute tracée, jusqu'à sa retraite.

Les temps ont changé, c'est bien évident. Bell ne s'est pas plus mal débrouillée que les autres, la société a vu venir le changement Grâce à la décision antitrust prise à son encontre. Elle n'a pas pu ne pas en tenir compte. Il n'empêche que la plupart des gens ont encore, au fond, une mentalité privilégiant la grande entreprise. S'ils sont licenciés par Sears & Roebuck, ils cherchent à se faire embaucher chez Kmart, sans se rendre compte que ce sont les petites et moyennes entreprises qui créent actuellement le plus d'emplois et qu'elles offrent une sécurité de l'emploi comparable à celle des grandes.

Aujourd'hui encore, remarquablement peu d'Américains font l'effort de choisir leur carrière eux-mêmes. Si on leur demande dans quels domaines ils réussissent le mieux et s'ils connaissent leurs limites, ils vous regardent avec des yeux ronds. Ou alors ils vous répondent en termes de connaissances, mais là n'est pas la question. En élaborant leur CV, ils tentent systématiquement d'énumérer les postes qu'ils ont tenus successivement comme si c'étaient les marches d'un escalier. Il serait temps de cesser de penser exclusivement en termes de progression de carrière, mais plutôt en termes de projets successifs.

Q. : Comment se prépare-t-on à ce nouveau style de management ?

R. : Ce n'est plus une question de diplômes, même en management. Le gouvernement a, paraît-il, entrepris une recherche sur les nouvelles descriptions de poste en les fondant sur la connaissance de tel ou tel domaine. À mon avis, il faudrait abandonner la recherche de critères objectifs et passer au subjectif – c'est ce que j'appelle les *compétences*. Aimez-vous travailler dans l'urgence ? Gardez-vous vos moyens dans les situations tendues et confuses ? Absorbez-vous mieux l'information par la lecture, la discussion, ou par l'étude des chiffres et des tableaux ? L'autre jour, j'ai demandé à un cadre supérieur si, quand il avait un de ses subordonnés en face de lui, il savait quoi lui dire. Un bon relationnel constitue une compétence pratique. Cela fait des années que je crie dans le désert pour que les gens apprennent à mieux se connaître ; aujourd'hui, c'est une question de survie.

Les gens, surtout les jeunes, croient vouloir obtenir autant de liberté que possible ; mais il est à la fois très difficile et très exigeant de réfléchir sur soi-même, de définir qui l'on est, ce en quoi on réussit le mieux. Notre système scolaire tente bien d'aider les jeunes à apprendre à assumer leurs responsabilités, mais il y réussit de moins en moins bien. Plus on fait des études longues, moins on prend d'authentiques décisions. Par exemple, lorsqu'il s'agit de choisir entre un cours de français et un cours d'histoire de l'art, la première donnée que les élèves prennent en compte concerne l'heure à laquelle il faudra se lever. Le phénomène ne fait que s'accentuer au niveau des études supérieures.

Savez-vous pourquoi la plupart des gens commencent leur carrière dans les grandes entreprises ? Tout simplement parce que les jeunes diplômés ne savent trop où aller, et les grandes entreprises envoient des équipes de recrutement sur les campus. Mais dès que les jeunes recrues terminent leur période de formation et prennent leur poste, ils doivent commencer à réfléchir au déroulement ultérieur de leur carrière. Personne ne peut le faire à leur place.

Beaucoup, parmi les meilleurs, optent pour des entreprises moyennes au bout de trois à cinq ans de vie professionnelle, car c'est le meilleur moyen de parvenir à un poste de direction. Comme on y est moins obnubilé par les questions d'ancienneté, on peut aller trouver son patron, lui expliquer que l'on vient de passer trois ans à la comptabilité, mais que l'on souhaite désormais s'orienter vers le marketing. Tous les ans, je téléphone à un certain nombre de mes anciens élèves pour savoir ce qu'ils deviennent. Pendant très longtemps, ils prenaient un second poste dans une autre grande entreprise, souvent parce qu'ils avaient alors fondé une famille et ressentaient un besoin de sécurité. Mais quand l'homme et la femme travaillent tous les deux, le problème se pose différemment. Ce sont les entreprises de taille intermédiaire qui s'avèrent le plus susceptibles de proposer des solutions leur permettant de trouver un poste dans la même ville.

Q. : Il existe maintenant des batteries de tests psychologiques qui permettent aux gens de mieux discerner leurs propres compétences. Mais, dans la mesure où l'économie mondiale est en train de passer d'un modèle fondé sur l'autorité à un modèle fondé sur la connaissance, ne pourrait-on imaginer que la formation reçue détermine à qui attribuer tel ou tel poste ?

R. : Ce serait prendre un risque énorme, celui d'apprécier les gens en fonction de leurs titres au lieu de les juger sur leurs performances. Aussi étrange que cela puisse paraître, le principal danger qui guette l'économie du savoir consiste à tomber dans la méritocratie, forme moderne du mandarinat. On n'attache déjà que trop d'importance aux peaux d'âne. Je ne vois vraiment pas pourquoi monsieur X se croit obligé de me préciser que monsieur Y est un excellent chercheur *bien qu'il ne soit pas docteur es sciences*. Il est tentant de tomber dans ce piège, car cela demande un plus grand effort de jugement d'évaluer la contribution qu'apporte tel ou tel membre du personnel que de se référer à la valeur de son diplôme.

Le problème se pose avec plus d'acuité encore dans les entreprises qui travaillent essentiellement sur l'information. Comme Michael Hammer l'a fait remarquer il y a trois ans dans la *Harvard Business Review*, lorsqu'une entreprise se livre au reengineering en le centrant sur l'information, la plus grande partie des échelons hiérarchiques deviennent inutiles. La plupart d'entre eux se révèlent n'avoir jamais servi que de relais d'information. Aujourd'hui, chaque niveau hiérarchique dispose d'une responsabilité largement accrue vis-à-vis de l'information. La plupart des grandes entreprises ont divisé par deux le nombre des échelons hiérarchiques, même au Japon. Toyota est passé d'une vingtaine à onze, GM de vingt-huit à dix-neuf, et ce chiffre diminuera encore rapidement. La structure des entreprises s'aplatit chaque jour davantage.

Cette évolution sème la panique au Japon, où la société, traditionnellement très hiérarchisée, repose sur des nuances extrêmement subtiles. Chacun aspire à devenir *kachō*, c'est-à-dire contremaître ou chef de section. Même aux États-Unis, le problème n'est pas toujours facile à résoudre. On ne sait pas encore comment s'y prendre pour affecter les personnes les plus compétentes aux quelques postes de commandement qui restent. Je ne suis pas d'accord avec la théorie à la mode selon laquelle une génération d'entrepreneurs peut à elle seule résoudre tous nos problèmes, ce sont des monomaniaques. Tandis que les managers ont l'esprit de synthèse, ils savent rassembler les ressources et surtout, ils savent « flairer » les opportunités et les moments propices. Aujourd'hui, un flair incomparable s'avère plus important qu'un esprit d'analyse extraordinaire. Dans l'ère nouvelle où vivent les entreprises, il faut savoir discerner les schémas récurrents, démêler la situation réelle de celle que l'on attend. Nul n'est plus précieux que le collaborateur qui prend la parole à une réunion pour faire remarquer qu'à entendre tous ses collègues, il a le sentiment que l'on est en train d'essayer de tuer un nouveau produit pour en protéger un vieux.

Q. : Comment trouver les gens qui possèdent ces talents ?
R. : Une des méthodes consiste à faire jouer aux PME un rôle comparable à celui des petites équipes pour certains sports. L'un de mes amis les plus compétents prend systématiquement des participations minoritaires dans le capital de petites affaires de sa branche. Comme je ne comprenais pas très bien sa démarche, il me l'a expliquée : « J'achète du "terrain". J'y place mes jeunes à fort potentiel, de façon à leur confier des responsabilités réelles. Ils y assument exactement les mêmes tâches que le PDG d'une grande entreprise. Savez-vous ce qu'ils y apprennent de plus utile ? Il y a dans ce pays plus de diplômés de physique et de biologie que de concierges, mais ils ne se rendent pas compte que leurs clients n'ont pas forcément le même niveau intellectuel qu'eux, pas plus d'ailleurs que leurs subordonnés. »
Autrement dit, il leur faut apprendre qu'il ne suffit pas de savoir couvrir les tableaux noirs de belles équations, il faut aussi savoir parler le même langage que le commun des mortels. Il doivent apprendre à écouter les gens qui ne savent pas ce que c'est qu'une analyse régressive. En fait, ils doivent apprendre le sens et l'importance du respect.

Q : C'est difficile à apprendre, et encore plus à enseigner.

R : Il faut partir de la performance des gens. Chacun doit définir lui-même ce qu'il peut apporter. Nous devons exiger – je pèse mes mots, aucune permissivité n'est possible en ce domaine – que nos collaborateurs fassent l'effort de réfléchir à ce qu'ils peuvent apporter de plus utile à l'entreprise dans les dix-huit mois à deux ans à venir. Ils doivent ensuite s'assurer que leurs collègues et leurs patrons comprennent et acceptent les objectifs qu'ils se sont fixés.

La question a beau paraître évidente et essentielle, la plupart des gens ne se la posent jamais. Quand je demande aux gens ce qu'ils apportent à leur entreprise, ils sont ravis, ils me répondent avec un plaisir évident. Mais quand je leur demande ensuite s'ils en ont parlé autour d'eux, ils me déclarent souvent que non, que ça ne servirait à rien, que tout le monde le sait. Ils se trompent. Elle est révolue depuis plus de cent ans, l'époque où tout le monde savait en quoi consistait le travail du voisin, où les agriculteurs savaient comment s'y prenaient la plupart de leurs collègues, où les ouvriers savaient ce que faisaient leurs homologues dans les autres usines. À l'époque, la camériste savait ce que faisait la cuisinière qui savait ce que faisait le valet de pied, et il en allait de même dans un groupe de population qui était le quatrième en nombre, celui des petits commerçants. Personne n'avait rien à expliquer. Aujourd'hui, au contraire, dans la même société, on ne sait plus ce que fait le voisin. Pourtant, vos collègues ont besoin de connaître vos priorités. Si on ne vous demande rien et que vous n'expliquez rien non plus, vos collègues et vos subordonnés devineront. De travers.

Q. : À quoi aboutit cette absence de communication ?

R. : Quand on ne communique pas, on ne fait pas ce pour quoi on est fait. Je vais vous en donner un exemple. Dans mes groupes, tous les ingénieurs sans exception disent qu'ils consacrent plus de la moitié de leur temps à rédiger et à peaufiner leurs rapports – précisément la tâche pour laquelle ils sont le moins qualifiés. Ils ne savent même pas qu'il faut d'abord écrire un premier jet, puis se corriger plusieurs fois. Il ne manque pourtant pas de littéraires qui réaliseraient ce travail sans le moindre problème ! Les gens ne se préoccupent pas assez d'exploiter leurs talents. Après mûre réflexion, un ingénieur m'a dit un jour que ce en quoi il était vraiment fort, c'était le premier croquis, l'idée neuve, mais qu'il était moins bon pour fignoler les détails du produit final. Il ne l'avait jamais dit à personne, à dire vrai, il ne se l'était jamais dit.

Q. : Vous ne prônez quand même pas uniquement l'auto-analyse ?

R. : Non. Il faut connaître non seulement ses propres compétences, mais aussi les forces et les faiblesses des hommes et des femmes à qui l'on assigne des tâches, de ses collègues et de son patron. Trop de dirigeants persistent à penser en termes de globalité. Ils continuent à dire « nos ingénieurs ». Erreur. Vous n'avez pas des *ingénieurs*, monsieur, vous avez Pierre, Anne, Paul et Jacques, ils sont tous différents les uns des autres. On ne gère plus le personnel en tant que groupe. On s'adresse à des individus, il faut les connaître assez bien pour pouvoir dire à telle femme ingénieur « écoutez, Anne, je sais que vous souhaitez travailler à tel projet. Dans ce cas, permettez-moi de vous dire qu'il va falloir oublier que vous êtes une femme, vous le vivez comme un handicap, il faut surmonter cela, vous êtes ingénieur, un point c'est tout. Autre chose : il faudra aussi montrer un peu plus de considération envers votre équipe. On ne débarque pas à cinq heures moins dix le vendredi après-midi pour annoncer qu'il va falloir faire des heures supplémentaires, alors qu'on le savait déjà à neuf heures du matin. »

La clé de la productivité, pour les travailleurs du savoir, c'est de leur confier une vraie tâche. Vous savez pourquoi la plupart des promotions se soldent aujourd'hui par des échecs ? D'après mon expérience, un tiers d'entre elles s'avèrent catastrophiques, tandis qu'un autre tiers se traduira par une succession d'ennuis. Seul, le dernier tiers donne satisfaction. Le cas le plus typique est évidemment celui du représentant génial, promu directeur commercial. Cette fonction peut recouvrir quatre métiers tout à fait distincts : il peut s'agir d'animer une force de vente, de gérer un marché, d'être chef de produit ou de jouer le rôle de supervendeur, ouvrant un marché entièrement nouveau. Le problème, c'est que personne ne prend la peine de définir lequel de ces quatre métiers domine en l'occurrence... Finalement, celui qui bénéficie de la promotion continue dans la lignée qui l'a amené là. C'est la meilleure façon de se tromper.

Q. : Pourriez-vous nous en dire davantage sur le rôle de l'information et la façon dont elle s'intègre dans la société post-capitaliste ?

R. : Trop de dirigeants croient que les informaticiens savent de quelles informations ils ont besoin pour faire leur travail et lesquelles ils doivent transmettre à qui. On a trop tendance à bourrer les ordinateurs d'informations internes, et à les sous-alimenter en données venant de sources extérieures et des clients – celles qui comptent vraiment. Dans l'entreprise d'aujourd'hui, il faut assumer la responsabilité de l'information, c'est notre outil principal. Hélas, la plupart d'entre nous ne savent pas s'en servir. Trop peu de gens maîtrisent l'information, ils sont analphabètes en la matière.

Aujourd'hui, j'ai entendu une histoire édifiante, celle d'un chef de produit d'un grand laboratoire pharmaceutique spécialisé dans les médicaments vendus sans ordonnance. Il s'était mis en tête de se procurer des informations scientifiques concernant ses produits. Mais la documentaliste, qui ne l'entendait pas de cette oreille, alla se plaindre à son patron. À l'en croire, le règlement lui interdisait de communiquer les données scientifiques à quiconque, hormis les chercheurs de la maison et les avocats. Notre homme dut avoir recours à un consultant extérieur et, grâce à une banque de données informatisée, il obtint une vingtaine de publications scientifiques concernant ses produits et fut enfin en possession d'éléments suffisants pour rédiger une publicité honnête. L'intérêt de l'affaire, c'est que notre chef de produit avait compris ce que la plupart de ses homologues ignorent complètement, à savoir qu'ils ont besoin de ce genre d'informations pour les clients d'aujourd'hui. J'ajoute qu'ils ne savent absolument pas comment s'y prendre pour la trouver. Eh bien ! La première étape consiste à dire qu'on en a besoin.

Beaucoup de gens ne sont pas conscients de l'importance de cette démarche intellectuelle. Je travaille avec le directeur informatique d'une grande institution financière qui a investi un milliard et demi de dollars dans son système informatique. Nous avons passé toute une matinée à discuter avec les dix collaborateurs et huit collaboratrices de son département. Tous m'ont paru très brillants, pourtant aucun ne s'était penché sérieusement sur la question de savoir de quelles informations ils avaient besoin pour servir leurs clients. Lorsque je le leur ai fait remarquer, ils m'ont répondu que le patron le leur dirait. Nous avons fini par décider de nous retrouver un mois plus tard afin qu'ils puissent procéder à l'inventaire des informations utiles, ainsi, et c'est encore plus important, que de celles qui ne servent à rien.

Q. : Bref, la maîtrise de l'information commence par le recensement de ce que l'on ne sait pas ?

R. : Exactement. Pour maîtriser l'information, il faut d'abord circonscrire ce que l'on a besoin de savoir. Je suis frappé de constater que les gens ne parlent que des aspects techniques. On fait une véritable fixation sur la vitesse, il faut à tout prix que les ordinateurs aillent de plus en plus vite. À force, on finit par perdre de vue la nature profonde de l'information dans l'entreprise aujourd'hui. Si l'on veut organiser les méthodes de travail, il faut commencer par étudier la tâche précise que l'on se propose d'exécuter, puis l'information requise, enfin les relations humaines nécessaires pour l'exécuter.

En quoi consiste le reengineering, tellement en vogue actuellement ? Essentiellement à remplacer un flux d'objets par un flux d'informations. L'ordinateur n'est jamais qu'un outil participant au processus. Quand vous allez acheter un marteau chez le quincaillier, vous ne vous demandez pas si vous allez faire de la tapisserie ou réparer une porte. Pour prendre un autre exemple, ce n'est pas parce que vous savez taper à la machine que vous devenez automatiquement écrivain. Dès lors que le savoir est en passe de remplacer le rôle du capital comme élément clé dans les organisations sur toute la planète, il n'est que trop facile de confondre informations et savoir, technologie de l'information et information.

Q. : Quel est à votre avis le problème le plus ardu que pose la gestion des savoirs ?

R. : L'une des tendances les plus pernicieuses qui aient marqué les quarante dernières années, c'est de croire qu'il est vulgaire de se faire comprendre du commun des mortels. Quand j'étais enfant, il allait de soi que les économistes, les psychologues et, d'une façon générale, les plus grands experts de n'importe quelle discipline devaient se faire comprendre. Einstein a même passé des années, assisté de trois collaborateurs successifs, à rendre sa théorie de la relativité accessible aux non-initiés. Keynes aussi s'est donné beaucoup de mal pour mettre ses conceptions de l'économie à la portée de tous. Mais l'autre jour encore, j'ai entendu un universitaire distingué refuser le travail d'un de ses jeunes assistants parce que plus de cinq personnes étaient en mesure de saisir ce dont il retournait. Je n'exagère rien, l'anecdote est authentique.

Quelle arrogance ! On ne peut plus se permettre ce genre d'attitude. Le savoir confère du pouvoir, c'est pourquoi ses détenteurs tentaient souvent, par le passé, de ne pas le divulguer. Dans l'ère post-capitaliste, il n'est plus question de faire de la rétention – le pouvoir dérive désormais de la transmission de l'information, qui resterait sinon improductive.

Je pense qu'il faut se montrer intolérant vis-à-vis de l'arrogance intellectuelle. J'insiste sur le mot *intolérant*. Quel que soit leur niveau, les travailleurs du savoir doivent se faire comprendre ; quelle que soit la formation intellectuelle du dirigeant, il doit s'attacher à comprendre les autres ; c'est peut-être même la tâche essentielle de ceux qui dirigent des techniciens. Il leur faut non seulement servir d'interprète à leur groupe, mais aussi trouver un juste équilibre entre la spécialisation et le contact avec les autres disciplines.

Cette mise en contact de disciplines différentes constitue une technique extrêmement utile. La prévision météorologique en fournit un exemple intéressant. Météorologues et mathématiciens, assistés d'autres spécialistes, coopèrent désormais avec des équipes d'experts en données transmises par satellite. De leur côté, les Européens ont tenté de connecter ces disciplines par le seul biais de l'informatique. Les Américains, quant à eux, font tourner les gens. Imaginez par exemple un jeune diplômé en météorologie affecté pour trois ans à une équipe qui doit travailler sur la modélisation des ouragans. Sans être lui-même mathématicien, il voit ce que ses collègues mathématiciens tiennent pour évident, ce qu'ils éliminent, quelles limitations les contraignent. La méthode américaine produit paraît-il des prévisions météorologiques trois fois plus fiables que le système adopté en Europe. Ce concept de mise en contact des experts de plusieurs disciplines s'avère utile dans tout contexte regroupant des spécialistes.

Q. : Est-ce parce que les équipes permettent à la fois ces contacts et de trouver des interprètes qu'on en parle tant aujourd'hui ?

R. : Vous savez, on dit beaucoup de bêtises à ce sujet, les équipes n'ont rien de nouveau. On a toujours travaillé en équipe, dans le domaine du sport, il en existe des centaines de formes, mais cela revient toujours à quelques formules de base. Le décision critique consiste à choisir la plus adaptée à la tâche à accomplir. On ne peut pas s'entraîner à la fois pour un match de football et un double de tennis. Je suis convaincu que dans quelques années, c'est la forme d'équipe la plus traditionnelle qui reviendra à la mode, je pense à celle qui commence par la recherche, puis passe l'idée au bureau d'études pour qu'il se charge du développement du produit, et enfin à la production pour sa fabrication. Autrement dit, il y a division des tâches et passage de relais, comme au sein d'une équipe de base-ball et, vous le savez peut-être, je connais un peu la question, puisque j'en ai longtemps dirigé une.

La grande force des équipes de base-ball, c'est qu'elles permettent de se concentrer sur l'amélioration de tel ou tel point particulier. Par exemple Jo, le batteur, travaille inlassablement à perfectionner son geste sous la direction de l'entraîneur. Contrairement à ce qui se passe dans une équipe de football ou une formation de jazz, qui servent implicitement de modèles à nombre d'équipes aujourd'hui, il n'y a pratiquement aucune interaction. Dans une équipe de football, tout le monde se déplace ensemble, mais chaque joueur conserve la même position relative par rapport aux autres. Les groupes de jazz font preuve d'une flexibilité fantastique, car tous leurs membres se connaissent tellement bien qu'ils « sentent » le moment où la trompette va entonner son solo. En revanche, cette formule demande beaucoup de discipline ; je ne suis pas sûr qu'elle reste très longtemps à la mode, surtout chez les constructeurs de voitures japonais, tout simplement parce que l'on n'a plus besoin de créer des modèles nouveaux à un rythme aussi rapide qu'autrefois.

Je connais plusieurs entreprises allemandes qui s'inspirent, consciemment ou non, du modèle de l'équipe de base-ball. Leur grande force, à l'évidence, c'est d'exploiter et de développer les connaissances déjà acquises de façon remarquable. Si les entreprises allemandes moyennes obtiennent plutôt de meilleurs résultats que les grosses, c'est peut-être tout simplement parce qu'elles parviennent mieux à se concentrer. D'un autre côté, lorsqu'il s'agit d'innover, depuis le secteur de l'électronique jusqu'à celui des biotechnologies, les chercheurs allemands font sans doute de l'excellent travail, mais leur célèbre système d'apprentissage décourage l'innovation.

Q. : Au total, pensez-vous que les équipes puissent aider les dirigeants à s'adapter à la société post-capitaliste ?

R. : La réflexion sur les équipes permet de mettre en lumière le problème plus général de la gestion du savoir. En ce qui concerne la production de connaissances fondamentales nouvelles, les groupes britanniques que j'ai l'occasion de rencontrer sont très en avance sur tout le monde. Mais ils n'ont jamais eu tellement l'occasion d'exploiter cet atout, en partie parce que nombre d'entreprises britanniques n'attachent pas suffisamment de valeur aux techniciens. Je ne connais pas un seul ingénieur anglais qui soit parvenu aux commandes d'un grand groupe. D'après ce que j'ai pu constater au contact de mes amis japonais, c'est exactement le contraire au pays du soleil levant. On continue à ne pas s'y spécialiser dans les grandes percées scientifiques, mais les Japonais sont passés maîtres en l'art de prendre un savoir et de le rendre très vite productif. Ici, aux États-Unis, je dirais que nous n'avons pas enregistré de progrès spectaculaires dans les activités traditionnelles. Dans la construction automobile, par exemple, cela ne gênait personne, jusqu'à ces dernières années, de travailler comme en 1939. Pourtant, comme nous sommes en train de nous en apercevoir en matière d'informatique et de biotechnologies, nous donnons le meilleur de nous-mêmes dans le domaine des technologies de pointe.

Q. : Quels enseignements les responsables d'entreprise peuvent-ils tirer de tout ceci ?

R. : La productivité du savoir comporte à la fois une dimension qualitative et quantitative. Sans trop savoir comment, nous avons désormais conscience que les cadres supérieurs ont une double tâche : il s'agit à la fois de diriger des spécialistes et d'opérer la synthèse de différents champs de savoir – ou plutôt de savoirs, au pluriel. Situation aussi menaçante pour le cadre traditionnel, qui redoute la pédanterie des mandarins, que pour les intellectuels, qui craignent de perdre le respect de leurs condisciples s'ils se montrent un peu trop commerciaux. Pourtant, dans le monde post-capitaliste, ils sont tous sur le même bateau.

Q. : Voilà qui semble plutôt démocratique. Diriez-vous qu'une société post-capitaliste, qui repose davantage sur le savoir que sur le capital, devient égalitaire ?

R. : Non. Ni démocratique non plus, d'ailleurs. Ce mot s'applique plutôt à une organisation politique et juridique. D'ailleurs, je n'utilise pas non plus le mot *participatif* ; et le concept de *subsidiarité* me semble pire encore. Je ne vois pas l'intérêt d'ôter le pouvoir du sommet de l'entreprise pour le confier à la base. Le pouvoir, a certes été déplacé, mais c'est toujours du pouvoir. Pour bâtir des entreprises performantes, il faut remplacer le pouvoir par la responsabilité.

Et, puisque nous en sommes à la terminologie, je dois dire que le mot *dirigeant* commence à me mettre mal à l'aise, dans la mesure où il implique un rapport d'autorité. J'ai de plus en plus tendance à utiliser de préférence le mot *cadre*, qui implique la responsabilité d'un domaine, mais pas nécessairement l'autorité sur des personnes. Le mot de *boss*, ou patron, devenu à la mode à l'époque de la Seconde Guerre mondiale, est assez pratique, dans la mesure où il suggère un rôle de mentor, sur qui l'on s'appuie pour prendre une décision. Les entreprises nouvelles doivent dépasser les relations junior-senior, il faudrait mêler les rôles de sponsor et de mentor. Dans la structure interne de l'entreprise traditionnelle, qui prévaut depuis un siècle, rang et pouvoir vont de pair. Dans la nouvelle forme d'organisation, tout doit reposer sur une combinaison de compréhension mutuelle et de responsabilité.

[1993]

I

Le management

1

La logique
d'entreprise

Il n'y a pas si longtemps – cela remonte sans doute à la fin des années quarante ou au début des années cinquante – que nous disposons d'une panoplie remarquable de nouvelles techniques de management : je pense au *downsizing*, à l'externalisation, à la qualité totale, à l'analyse de la valeur économique, au *benchmarking* et au *reengineering*. Si chacune constitue un outil remarquable, leur vocation commune, à l'exception de l'externalisation et du reengineering, consiste essentiellement à réaliser autrement ce que l'on faisait déjà. C'est une question de « comment faire ».

Or le défi crucial auquel sont confrontées les directions, particulièrement dans les grandes entreprises qui tournent bien et depuis longtemps, c'est la question de savoir quoi faire. Le scénario, on ne le connaît que trop bien : telle affaire qui, hier encore, figurait parmi les plus performantes, se retrouve engluée dans la stagnation, en difficulté, voire aux prises avec une crise que l'on ne sait par quel bout prendre. Le phénomène ne se limite pas aux États-Unis, tant s'en faut : le Japon, l'Allemagne, les Pays-Bas, la France, l'Italie et la Suède n'y ont pas échappé. Pas plus qu'il ne se cantonne au monde de l'entreprise – les syndicats, les services publics, les hôpitaux, les musées et les organisations religieuses en souffrent également. Le problème semble même encore plus difficile à résoudre dans ces domaines.

Ce n'est pas, dans l'immense majorité des cas, que l'on s'y prenne particulièrement mal, ni même que l'on ne fasse pas ce qu'il faudrait. Simplement, les efforts consentis ne portent pas leurs fruits. Comment résoudre cet apparent paradoxe ? L'organisme, ou l'entreprise, a été conçu et est géré en fonction de postulats qui ne coïncident plus avec la réalité, mais n'en continuent pas moins à influencer son attitude, ses décisions de faire ceci ou cela ou de le sous-traiter, et définissent ce que l'on va considérer comme des résultats satisfaisants. Ces postulats concernent les marchés, l'identification des clients et des concurrents, leur valeur et leur comportement. Ils concernent la technologie et sa dynamique, les forces et les faiblesses d'une entreprise. On la paie pour quoi faire, au juste ? Là encore, la réponse relève d'un postulat. Tous ces postulats forment ce que j'appelle la *logique d'entreprise*.

Tout organisme en a une, quelle que soit sa vocation. Je dirais même qu'une logique d'entreprise valide, claire, cohérente et dotée d'une direction nettement définie s'avère extraordinairement efficace. C'est ainsi qu'en 1809, Wilhelm von Humbolt, homme d'état et de culture, a fondé l'université de Berlin en s'appuyant sur une conception radicalement nouvelle. Pendant plus d'un siècle, jusqu'à l'avènement de Hitler, celle-ci a défini l'université allemande, notamment en matière d'érudition et de recherche scientifique. Autre exemple, celui de Georg Siemens, architecte et premier président de la Deutsche Bank, précurseur du concept de la banque universelle. Lui aussi s'appuyait sur une logique d'entreprise claire : en développant l'industrie, on permettrait au monde des affaires de contribuer au financement de l'unification d'une Allemagne encore divisée et rurale. Vingt ans après sa fondation, la Deutsche Bank était devenue la première institution financière d'Europe – situation privilégiée qu'elle a réussi a maintenir malgré deux guerres mondiales, l'inflation et Hitler. Je prendrai un troisième exemple au Japon, où Mitsubishi a été fondé vers 1870 sur une logique d'entreprise explicite et absolument nouvelle grâce à laquelle, dix ans après sa fondation, la société figurait parmi les premières d'un Japon en pleine croissance et, vingt ans plus tard, parmi les toutes premières firmes véritablement multinationales.

De la même manière, leur logique d'entreprise explique à la fois le succès de sociétés comme General Motors et IBM, qui ont dominé l'économie américaine au cours de la deuxième moitié du

XXe siècle, et les difficultés qu'elles ont rencontrées. À la vérité, le malaise que ressentent actuellement tant d'entreprises importantes et performantes de par le monde provient de ce que leur logique d'entreprise n'est plus adaptée.

Lorsqu'une grande entreprise connaît des difficultés, on l'accuse systématiquement d'apathie, d'autosatisfaction, d'arrogance, de crouler sous une bureaucratie pléthorique – surtout lorsqu'elle sort d'une longue période de prospérité. Toutes ces explications sont incontestablement plausibles, mais rarement justes et pertinentes. Parmi les grandes sociétés américaines qui ont traversé récemment une période de crise, deux « bureaucraties arrogantes » sont particulièrement en vue et particulièrement vilipendées – je pense à IBM et à General Motors.

Depuis l'époque héroïque des premiers ordinateurs, on a cru dur comme fer, chez IBM, qu'il en irait de l'informatique comme de l'électricité. IBM était persuadée, et pouvait démontrer avec une rigueur toute scientifique, que l'avenir appartenait à des stations centrales, les gros ordinateurs, de plus en plus puissants, auxquels un grand nombre d'utilisateurs pourraient se connecter. L'économie, la logique de l'information, la technologie, tout conduisait à cette conclusion. Et puis, un beau jour, alors que le système d'information fondé sur les grands ordinateurs commençait à être opérationnel, deux jeunes ingénieurs ont présenté le premier ordinateur personnel. De l'avis général de tous les constructeurs d'ordinateurs, c'était une absurdité. Le PC ne possédait ni la mémoire, ni la base de données, ni la vitesse et la capacité de calcul indispensables à la réussite. Ils étaient donc persuadés qu'il ne pouvait qu'échouer, conclusion à laquelle Xerox était déjà parvenu quelques années plus tôt, à l'époque où ses propres équipes de recherche avaient construit le premier de ces petits monstres. Pourtant, lorsque ceux-ci sont arrivés sur le marché, d'abord sous la marque Apple, puis sous celle de Macintosh, non seulement les utilisateurs ont aimé, mais ils ont acheté.

Historiquement, toutes les grandes sociétés qui se sont trouvées confrontées à ce genre de surprise ont refusé d'y croire. « C'est une mode, ça n'a ni queue ni tête, dans trois ans on n'en parlera plus ! » avait commenté le patron de Zeiss en voyant le nouveau Kodak Brownie en 1888, alors que sa firme dominait autant le marché mondial de la photographie qu'IBM devait, un siècle plus tard, dominer celui des ordinateurs. La plupart des constructeurs de gros ordinateurs réagirent de la même façon. Et il en existait déjà un grand nombre : Control Data, Univac, Burroughs et NCR aux États-Unis, Siemens, Nixdorf, Machines Bull et ICL en Europe, Hitachi et Fujitsu au Japon. IBM, le numéro un incontesté du grand ordinateur, qui réalisait à lui tout seul autant de chiffre d'affaires que tous ses concurrents réunis et des bénéfices record, aurait pu, et même dû, raisonner de la même manière. Mais non. Big Blue admit d'emblée que le micro-ordinateur était la nouvelle réalité. Du jour au lendemain, la firme fit table rase de sa politique antérieure et de procédures éprouvées pour mettre en place non pas une, mais deux équipes concurrentes chargées de concevoir un PC encore plus simple. Deux ans plus tard, IBM était devenu le premier constructeur mondial de PC et imposait ses propres standards à l'ensemble de la profession.

Dans toute l'histoire de l'industrie, il n'existe absolument aucun précédent à cet exploit. Difficile d'y déceler la marque d'apathie, d'arrogance ou de bureaucratie pléthorique. Pourtant, malgré une flexibilité, une réactivité et une humilité exemplaires, IBM se retrouvait quelques années plus tard en proie à des difficultés à la fois dans le secteur des gros ordinateurs et dans celui des PC. Le géant de l'informatique se trouva soudain paralysé, aussi incapable d'agir de façon décisive que de changer ses habitudes.

Le cas de General Motors laisse perplexe, lui aussi. Au début des années quatre-vingt, époque la plus sombre du secteur automobile, où la firme réalisait le plus gros de son chiffre d'affaires, elle fit l'acquisition de deux grandes sociétés : Hughes Electronics et EDS (la firme de Ross Perot). La plupart des analystes estimèrent que GM les avait payées beaucoup trop cher. À les croire, elles étaient toutes deux matures. Cela n'empêcha pas GM de réussir l'exploit de tripler le chiffre d'affaires et les résultats d'EDS. Dix ans plus tard, la valeur d'EDS représentait le sextuple de son prix d'acquisition, et dix fois le chiffre d'affaires et le bénéfice réalisés à l'époque du rachat.

Quant à Hughes Electronics, très grande entreprise, malheureusement non rentable, elle travaillait exclusivement dans le secteur de la défense, qui n'allait pas tarder à tomber dans le marasme. Eh bien! Sous la houlette de GM, non seulement Hughes est parvenu à augmenter ses résultats dans son activité traditionnelle, mais aussi et surtout à se diversifier dans d'autres secteurs – ce qu'aucun autre fournisseur de la défense n'a pu faire. La chose s'avère d'autant plus remarquable que les hommes qui ont obtenu ces résultats étonnants sont ceux-là mêmes qui s'étaient montrés si peu efficaces dans la construction automobile, des gens qui, en trente ans de maison, n'avaient jamais mis les pieds dans une autre entreprise, ni même dans un autre service que la direction financière ou la comptabilité. Pour EDS comme pour Hughes Electronics, ils se sont contentés d'appliquer la politique, les pratiques et les procédures déjà en usage chez GM. En fait, le scénario était déjà connu dans la maison. Depuis sa création, il y a quatre-vingts ans, qui avait été accompagnée d'une floppée d'acquisitions, l'une des compétences clés de la firme a toujours consisté à surpayer des affaires performantes mais matures. Ce fut le cas, à ses débuts, pour Buick, AC Spark Plug et Fisher Body. GM en fit des champions du monde dans leur catégorie. Très peu d'entreprises peuvent se vanter d'acquisitions aussi réussies, et il y a fort à parier que les exploits de la grande dame de Detroit ne découlent pas de son apathie, de son arrogance ou d'une bureaucratie tentaculaire. Hélas ! Les méthodes mêmes qui ont si merveilleusement fonctionné dans les secteurs où GM n'y connaissait rien ont échoué lamentablement pour la maison mère.

Comment expliquer qu'à la fois chez IBM et à la General Motors, les pratiques, stratégies et attitudes appliquées avec succès depuis des dizaines d'années s'avèrent brusquement inadaptées pour l'entreprise qui les a développées, alors que, dans le cas de General Motors, elles continuent à donner d'excellents résultats transposées dans un secteur nouveau et différent ? C'est que les réalités auxquelles sont confrontées chacune de ces entreprises sont radicalement différentes de l'idée qu'elles continuent à s'en faire. Autrement dit, le contexte a évolué, mais leur logique d'entreprise n'a pas suivi.

IBM n'avait pas attendu l'avènement du PC pour démontrer sa capacité à changer de stratégie du jour au lendemain. En 1950, la firme Univac, alors numéro un mondial du secteur, avait dévoilé le prototype du premier engin conçu comme un multifonctions. On ne connaissait jusque-là que des ordinateurs voués à une seule et unique tâche. Les deux appareils d'IBM, construits respectivement en 1930 et en 1946, étaient destinés exclusivement aux calculs astronomiques ; à l'époque, les bureaux d'études de la firme planchaient sur un ordinateur destiné au système de défense SAGE basé dans l'Arctique canadien, dont la seule mission était de repérer précocement et d'identifier les avions ennemis. En 1950, IBM jeta aux orties sa stratégie de développer des ordinateurs de pointe capables d'effectuer une tâche unique et confia à ses meilleurs ingénieurs la mission de perfectionner l'architecture Univac et de développer, à partir de là, le premier ordinateur multifonctions pouvant être produit en série (et non plus monté individuellement) et entretenu par ses équipes. Trois ans plus tard, Big Blue était le premier constructeur mondial d'ordinateurs, le porte-drapeau du secteur. IBM n'a pas créé l'ordinateur. Mais, en 1950, grâce à sa flexibilité, à sa rapidité de réaction, et à son humilité, la firme a créé le secteur de la construction d'ordinateurs.

Pourtant, les postulats mêmes qui lui avaient si bien réussi en 1950 causèrent sa perte trente ans plus tard. Dans les années soixante-dix, IBM, tout comme il l'avait fait dans les années cinquante, postula l'existence d'un objet nommé ordinateur. Mais l'émergence du PC infirma cette hypothèse. Les grands ordinateurs et les PC ne constituent pas une entité unique, pas plus par exemple que les centrales électriques et les grille-pain. Ces derniers sont à la fois différents, interdépendants et complémentaires. En revanche, les gros ordinateurs et les PC sont avant tout des produits qui se concurrencent. Ils se contredisent dans leur définition fondamentale de l'information – pour le grand ordinateur, information égale mémoire, tandis que pour le PC, qui n'a pas de cerveau, information égale logiciels. Construire des centrales électriques et des grille-pain ne peut se faire que dans le cadre de deux spécialités industrielles bien distinctes, mais qui peuvent appartenir à la même société, comme ce fut le cas chez General Electric pendant des décennies. Les grands ordinateurs et les PC ne peuvent probablement pas, au contraire, coexister au sein de la même firme.

IBM a tenté de combiner les deux. Mais comme les PC connaissaient une croissance plus rapide, il a été impossible de les subordonner à l'activité grands ordinateurs. Big Blue n'a donc pas pu optimiser sa branche grands ordinateurs. Et comme ceux-ci restaient sa vache à lait, la société n'a pas non plus été en mesure d'optimiser sa branche PC. En fin de compte, le postulat qu'un ordinateur est un ordinateur – ou, plus prosaïquement, que le secteur est dominé par le *hardware* – a paralysé IBM.

La General Motors possédait une logique d'entreprise encore plus puissante et efficace que celle d'IBM, qui en avait fait la firme industrielle la plus grande et la plus rentable du monde. En soixante-dix ans, la société n'avait pas connu un seul échec – record sans équivalent dans l'histoire de l'industrie. La logique d'entreprise de GM amalgamait de façon parfaite les postulats concernant ses marchés et ses clients et ceux qui concernaient ses compétences clés et sa structure organisationnelle.

Pendant fort longtemps – depuis le début des années vingt – la General Motors a considéré que son marché intérieur était homogène dans ses valeurs, mais segmenté par catégories de revenus extrêmement stables. Le prix de revente d'une « bonne » voiture d'occasion était la seule variable indépendante sur laquelle la direction ait quelque prise. Lorsqu'ils revendaient bien leur voiture, les clients pouvaient se permettre de passer à la catégorie supérieure en rachetant un véhicule neuf – ce qui se traduisait évidemment par des marges plus confortables. Tout changement radical ou trop fréquent de modèle ne pouvant que déprimer le marché de l'occasion, la prudence était de rigueur dans ce domaine.

Ces hypothèses sur le marché allaient de pair avec des postulats sur la meilleure façon d'organiser la production afin de s'arroger les meilleures parts de marché et d'obtenir la meilleure rentabilité possibles. Pour GM, il fallait produire en masse de longues séries, avec un minimum de changements par rapport au modèle de base pendant l'année modèle, ce qui se traduisait par la mise sur le marché du plus grand nombre possible de modèles identiques d'un millésime donné, au coût unitaire le plus bas.

La direction de GM avait conçu une structure organisationnelle reflétant fidèlement ces postulats sur le marché et sur la production. Celle-ci était constituée de divisions semi-autonomes, chacune étant consacrée à un segment socio-économique. On faisait en sorte que le modèle le plus cher de chacune soit un peu plus cher que le modèle le meilleur marché de la division supérieure, ce chevauchement induisait puissamment les clients à passer à celle-ci. Le système fonctionnait à merveille à condition que le marché de l'occasion offre des prix de reprise élevés.

Soixante-dix ans durant, la logique d'entreprise donna toute satisfaction. Même au cœur de la grande crise, GM afficha chaque année un bénéfice et gagna régulièrement des parts de marché. Hélas, vers la fin des années soixante-dix, ses postulats, tant sur le marché que sur la production, perdirent leur pertinence. En effet, à cette époque, le marché se fragmenta en segments hautement volatils liés au « style de vie ». Le revenu du client n'était plus désormais qu'un facteur, parmi d'autres, de sa décision d'achat. Simultanément, de nouvelles méthodes de fabrication (dites « au plus juste ») provoquèrent l'apparition de conditions radicalement différentes. Les séries courtes et les modifications de modèles devenaient moins coûteuses et plus rentables que les longues séries de produits identiques.

GM le savait, mais n'arrivait pas à le croire. Les syndicats de la maison n'en sont toujours pas persuadés. On se contenta de replâtrages, en maintenant les divisions existantes fondées sur la segmentation par catégories de revenus, dont chacune offrait désormais « une voiture pour chaque budget ». On tenta de concurrencer l'économie de la petite échelle induite par la production au plus juste (*lean production*) en automatisant les processus de production en masse de longues séries (coût de l'opération : 30 milliards de dollars). Contrairement à ce que l'on croit généralement, ce replâtrage demanda une énergie considérable, beaucoup de travail, et des investissements importants en temps et en argent. Hélas, plus personne, ni les clients, ni les concessionnaires, ni le personnel, ni la direction elle-même ne s'y retrouvait plus. Surtout, pendant ce temps-là, GM négligeait celui de ses marchés qui recelait un des meilleurs potentiels de croissance, marché où la firme détenait une position dominante et se serait trouvée quasiment imbattable : celui des monospaces et des véhicules utilitaires légers.

Une logique d'entreprise comporte trois grands groupes de postulats. Le premier concerne *l'environnement* : la société, sa structure, le marché, le client, enfin les techniques disponibles.

À ces premiers postulats s'ajoute un second groupe d'hypothèses qui touchent à la *mission spécifique* de l'entreprise. C'est ainsi que Sears, Roebuck & Company s'est assigné, pendant et après la Première Guerre mondiale, la mission d'être « l'acheteur informé » au bénéfice de la famille américaine. Simultanément, AT&T considérait que son rôle consistait à faire en sorte que chaque famille ou entreprise américaine puisse avoir accès à un appareil téléphonique. Dix ans plus tard, Marks & Spencer s'est assigné la mission de faire évoluer la société britannique – pour la première fois, ses magasins ne faisaient aucune référence à l'appartenance sociale.

On peut certes se contenter d'ambitions plus modestes, comme la General Motors, qui voulait simplement, comme le disait Alfred Sloan, prendre la première place dans « le matériel de transport terrestre motorisé ».

Le troisième volet de la logique d'entreprise concerne les *compétences* clés nécessaires pour accomplir la mission que l'on s'est fixée. Par exemple, l'école militaire de West Point – l'équivalent américain de St Cyr, fondée en 1802, a défini la sienne comme la capacité à produire des chefs dignes de confiance. Marks & Spencer, dans les années trente, voyait sa compétence clé comme la capacité à identifier, créer et développer les produits qu'il proposerait à sa clientèle, au lieu de se contenter de savoir les acheter. AT&T a estimé, vers 1920, qu'il s'agissait pour lui de se doter d'une maîtrise technique telle qu'il serait en mesure d'améliorer sans cesse la qualité du service apporté tout en diminuant régulièrement ses tarifs.

Les postulats concernant l'environnement définissent la valeur que crée l'entreprise. Ceux qui portent sur sa mission déterminent ce qu'elle va considérer comme des résultats valables ; autrement dit, ils indiquent comment elle peut changer quelque chose dans l'économie et au sein de la société. Enfin, ceux qui sont relatifs aux compétences clés décident des domaines où il faut exceller si l'on veut maintenir une position dominante.

Ce n'est évidemment pas aussi simple que ça en a l'air. Il faut des années de travail assidu, de réflexion et d'expérimentation pour aboutir à une logique d'entreprise claire, cohérente et valable. Pourtant, toute entreprise doit y parvenir si elle veut se donner les moyens de réussir.

Quelles sont les caractéristiques d'une logique d'entreprise valable ? Elles sont au nombre de quatre.

1. *Les postulats concernant l'environnement, la mission et les compétences clés doivent coïncider avec la réalité.* Nous sommes au début des années vingt, à Manchester, en Angleterre. Quatre jeunes gens sans fortune, Simon Marks et ses trois beaux-frères, décident au début des années vingt de transformer un magasin populaire ordinaire en facteur de transformation de la société. La Première Guerre mondiale a profondément modifié la structure des classes du pays. Elle a, en particulier, créé des masses de nouvelles clientes à la recherche de produits élégants de bonne qualité à des prix raisonnables

comme de la lingerie, des corsages, et des bas – ce sont les premières familles de produits qui réussiront à Marks & Spencer. La firme entreprend alors de développer systématiquement des compétences clés encore inconnues dans la profession. Jusqu'alors, un commerçant devait avant tout être un bon acheteur. Chez Marks & Spencer, on affirme que le commerçant connaît mieux le client que l'industriel. Par conséquent, c'est à lui, et non au fournisseur, de concevoir ses produits, de les développer, puis de trouver des fabricants qui acceptent de les confectionner en fonction de ses spécifications, au prix qu'il lui imposera. Cette nouvelle définition du rôle du commerçant, il faudra cinq à huit ans pour la développer et la faire accepter par les fournisseurs traditionnels, qui s'étaient toujours considérés comme des « producteurs », non comme des « sous-traitants ».

2. *Les trois familles de postulats doivent être en harmonie.* C'est là sans doute que résidait la plus grande force de la General Motors au cours des longues décennies de sa progression. Les postulats concernant le marché concordaient parfaitement avec ceux qui touchaient les processus optimaux de production. Vers le milieu des années vingt, GM a décidé qu'il lui fallait également se doter de nouvelles compétences clés que personne ne possédait encore : le contrôle financier du processus de production et une théorie permettant de guider l'affectation des investissements. Résultat, la firme a inventé la comptabilité analytique et le premier processus rationnel d'affectation des capitaux.

3. *La logique d'entreprise doit être connue et comprise de l'ensemble de la maison.* Cela ne présente aucune difficulté dans les premiers temps, mais, à mesure que la firme grandit, sa logique d'entreprise semble aller de soi, on lui attache de moins en moins d'importance. C'est alors que l'entreprise se relâche ; de moins en moins exigeante envers elle-même, elle recherche les solutions faciles et non plus nécessairement les meilleures. On ne réfléchit plus, on ne se remet plus en question. On se souvient des réponses, mais on a oublié à quelles questions elles correspondent. La logique d'entreprise devient la « culture » de la maison. Le problème, c'est que la culture n'a jamais remplacé la discipline, or la logique d'entreprise, c'est avant tout une discipline.

4. *La logique d'entreprise doit sans cesse être remise sur la sellette.* Car elle n'est pas et ne doit pas être gravée dans le marbre. C'est un ensemble d'hypothèses portant sur des éléments en mouvance permanente - la société, les marchés, les clients, l'évolution des techniques. La capacité à se modifier doit faire partie intégrante de la logique d'entreprise.

Certaines logiques d'entreprise sont si puissantes qu'elles durent fort longtemps. Cependant, ce sont des constructions intellectuelles, elles ne peuvent donc être éternelles ; à vrai dire, à notre époque, leur espérance de vie se révèle même assez courte. Toute logique d'entreprise finit par devenir obsolète, puis se périme. C'est exactement ce qu'il est advenu de celles sur lesquelles furent bâtis les grands conglomérats américains des années vingt, à la General Motors, chez AT&T et chez IBM. C'est aussi ce qui arrive actuellement à la Deutsche Bank et à son concept de banque universelle. Et aussi aux *keiretsu* du pays du soleil levant, qui sont en train de se désagréger à vive allure.

Lorsque la logique d'entreprise se périme, la première réaction est toujours défensive. La tendance générale consiste à se plonger la tête dans le sable et à faire comme si de rien n'était. Dans un second temps, on a recours au replâtrage, comme l'a fait GM au début des années quatre-vingt, comme la Deutsche Bank le fait aujourd'hui. En réalité, la crise soudaine et inattendue d'une succession de grandes entreprises allemandes dont la Deutsche Bank est le banquier attitré montre que sa logique d'entreprise ne fonctionne plus. Bref, elle ne joue plus le rôle qu'elle était conçue pour jouer : servir de guide à l'entreprise moderne.

Inutile de replâtrer, ça ne marche jamais. Lorsque surviennent les premiers signes qu'une logique d'entreprise commence à vieillir, il est temps de réfléchir, de se demander à nouveau si les postulats sur l'environnement, la mission, et les compétences clés reflètent encore fidèlement la réalité. En partant clairement du principe que ceux qui nous ont été transmis, que nous avons toujours connus, ne sont pas sacro-saints et ne suffisent probablement plus.

Dans ces conditions, que faut-il faire ? D'abord, de la prévention – c'est-à-dire intégrer à l'entreprise des systèmes permettant de contrôler et de tester sa logique. Il faut absolument parvenir à un diagnostic précoce. Enfin, on doit s'imposer de repenser une logique d'entreprise qui s'érode, prendre des mesures efficaces afin de modifier les stratégies et les pratiques, mettre les comportements de l'entreprise au diapason des nouvelles réalités de son environnement, de la nouvelle définition de sa mission et se doter des nouvelles compétences clés correspondantes.

Il n'existe que deux mesures préventives. Mais si elle y a recours régulièrement, l'entreprise conserve sa réactivité, sa capacité à se transformer rapidement, à redéfinir sa logique. La première est ce que j'appelle l'*abandon*. Chaque produit, service, stratégie, canal de distribution doit être remis en question tous les trois ans, en se posant la question suivante : « Si nous ne faisions pas déjà ceci ou cela de telle ou telle façon, déciderions-nous aujourd'hui de le faire, de la même manière ? » En remettant ainsi en cause ses stratégies et ses habitudes, la firme se trouve contrainte de réfléchir à sa logique d'entreprise. Elle est obligée de se demander pourquoi telle ou telle activité s'est révélée décevante, qui paraissait tellement prometteuse lorsqu'on s'y est lancé cinq ans plus tôt. A-t-on commis une erreur ? Dans le cas contraire, que s'est-il passé, au juste ?

Sans un abandon systématique et résolu, l'entreprise se trouve dépassée par les événements. Elle gaspille ses ressources les plus précieuses sur des activités qu'elle n'aurait jamais dû entreprendre ou dont elle aurait dû se départir. Par voie de conséquence, elle manque des ressources nécessaires, surtout en collaborateurs de talent, pour exploiter les opportunités qui surgissent lorsque les marchés, les technologies et les compétences clés changent. En d'autres termes, elle n'est pas en mesure de réagir de façon constructive aux occasions qui se présentent quand sa logique d'entreprise devient obsolète.

La seconde mesure préventive consiste à étudier ce qui se passe en-dehors de l'entreprise et en particulier à *se pencher sur les non-clients*. Le management baladeur est à la mode depuis quelques années. Je ne conteste pas son importance. Il faut connaître, aussi bien que possible, sa maison de l'intérieur, ainsi que ses clients ; c'est d'ailleurs peut-être le domaine où la technologie de l'information fait les progrès les plus rapides. Cependant, les signes avant-coureurs d'une transformation profonde se manifestent rarement au sein de votre entreprise ou parmi vos propres clients, mais bel et bien, presque toujours, parmi les gens qui ne sont pas clients chez vous – automatiquement plus nombreux que ceux qui le sont. Le géant de la distribution Wal-Mart peut se targuer de posséder une clientèle immense : sa part de marché représente 14 % du commerce de détail des biens de consommation. Autrement dit, 86 % du marché lui échappent.

Le meilleur exemple de l'importance des non-clients nous est fourni par les grands magasins américains. Au sommet de leur gloire, il y a une vingtaine d'années, ils possédaient 30 % du marché de la distribution non alimentaire. Ils interrogeaient sans cesse leurs clients, les étudiaient sous toutes les coutures. Mais ils ne prêtaient pas la moindre attention aux 70 % de consommateurs qui ne mettent jamais les pieds chez eux. Ils ne voyaient pas de raison de le faire. Leur logique d'entreprise partait du principe que la plupart des consommateurs qui avaient les moyens de faire leurs courses dans les grands magasins les fréquentaient. Il y a cinquante ans, ce postulat correspondait à la réalité. Mais quand les enfants du *baby boom* sont devenus adultes, ça n'a plus été le cas. Pour le groupe dominant cette génération, constitué de femmes appartenant à des ménages à deux salaires, l'argent n'était plus le seul facteur déterminant. Le facteur temps s'avérait désormais plus décisif ; elles ne pouvaient plus se permettre de passer des heures à faire leur shopping dans les grands magasins. Comme ces derniers n'étudiaient que les réactions de leurs propres clients, ils ont identifié cette évolution il y a quelques années seulement. Mais leurs affaires étaient déjà moins florissantes. Et il était trop tard pour faire revenir chez eux les jeunes femmes de la génération du *baby boom*. Les grands magasins ont donc payé le prix fort pour apprendre que, même s'il est vital d'être à l'écoute de ses clients, cela ne suffit pas. Il faut aussi être à l'écoute du marché.

Certains signaux d'alarme peuvent aider les dirigeants à poser un diagnostic précoce. En premier lieu, il faut savoir qu'une logique d'entreprise devient obsolète lorsqu'on atteint les objectifs que l'on s'était fixés au départ. Dès lors, les atteindre ne devrait pas être synonyme de réjouissances, mais surtout inciter à la réflexion. AT&T a accompli la mission qu'il s'était assignée, faire en sorte que chaque famille et chaque entreprise américaine ait accès à un téléphone, vers le milieu des années cinquante. Certains de ses dirigeants affirmèrent alors que l'heure était venue de repenser la logique d'entreprise ; ils proposèrent par exemple de séparer le service local, où les objectifs avaient été atteints, des secteurs de croissance et d'avenir, à commencer par la téléphonie longue distance, pour déboucher sur la communication à l'échelle mondiale. Leurs arguments ne furent pas entendus et, quelques années plus tard, AT&T a commencé à connaître des difficultés. Paradoxalement, la firme dut son salut à la réglementation anti-trust : celle-ci lui imposa en effet la démarche que la direction avait refusé de mettre en œuvre de son propre gré.

Une croissance rapide constitue un autre signe que la logique d'entreprise a besoin d'être revue. Toute firme qui double ou triple son chiffre d'affaires sur une courte période se trouve à l'étroit dans la logique d'entreprise qu'elle s'était donnée. À Silicon Valley, on s'est rendu compte que vider une chope de bière ensemble ne permet plus une communication interne efficace lorsque l'entreprise atteint une taille telle que ses collaborateurs sont obligés de porter des badges. Une croissance rapide pose, à l'évidence, des problèmes autrement plus graves, touchant à la stratégie et aux habitudes. Si l'on veut que l'entreprise reste saine et que son développement se poursuive, il convient de se poser à nouveau les questions fondamentales concernant l'environnement, la mission et les compétences clés.

Il existe deux autres signes qu'une logique d'entreprise a perdu sa validité. Je pense au succès ou à l'échec, qui prend tout le monde par surprise – le vôtre, ou celui d'un concurrent.

Au moment même où les importations de voitures japonaises avaient acculé les trois grands de Detroit dans les cordes, Chrysler a enregistré un succès imprévu. Tandis que son secteur traditionnel des voitures continuait à perdre des parts de marché encore plus rapidement que chez GM et Ford, les ventes des Jeeps et de monospaces, nouveau produit que la firme avait développé presque par hasard, se sont mises à battre des records. À l'époque, la General Motors était leader du marché des camionettes, la conception et la qualité de ses produits était irréprochable et sans équivalent sur le marché, mais la firme traitait ce secteur en parent pauvre. Les statistiques traditionnelles avaient toujours placé les monospaces et les camionettes dans la catégorie des véhicules commerciaux plutôt que dans celle des voitures particulières, or, aujourd'hui, ce sont les particuliers qui en achètent la majeure partie pour les consacrer à un usage familial. Si la General Motors s'était davantage préoccupée du succès de son petit rival Chrysler, elle aurait pu comprendre bien plus tôt que les postulats qui étaient les siens, tant sur le marché que sur les compétences clés, n'étaient plus valables. Dès le début, le marché des monospaces et des pick ups ne correspondait pas à la segmentation socio-économique et n'était que peu influencé par les prix de revente. Il se trouve, paradoxalement, que c'est dans ce domaine que GM avait déjà, quinze ans plus tôt, fait des efforts assez poussés vers ce que l'on appelle aujourd'hui la production au plus juste (*lean manufacturing*).

L'échec inattendu doit susciter autant de remises en question que le succès-surprise ; il mérite d'être pris aussi au sérieux que la première « petite » crise cardiaque d'un homme de soixante ans. En plein cœur de la grande crise, il y a plus d'un demi-siècle, Sears & Roebuck, alors grand spécialiste de la vente par correspondance, a décrété que l'assurance automobile était désormais un « accessoire » et non plus un produit financier ; dès lors, pourquoi ne pas en proposer à sa clientèle, puisque cela correspondait à la mission qu'il s'était assignée d'être « l'acheteur informé » de l'Amérique ? Tout le monde les a pris pour des fous. Or l'assurance automobile est presque instantanément devenue leur activité la plus rentable. Vingt ans plus tard, le même Sears s'avisait que les diamants étaient devenus une nécessité et non plus un luxe ; il en devint le plus grand vendeur du monde et sans doute celui qui en tirait le plus de profits. En 1981, il parut donc tout à fait logique que Sears & Roebuck considère que les produits d'investissements étaient désormais, pour la famille américaine, un produit de consommation. Sears acheta donc la firme Witter, dont les bureaux furent transplantés dans ses magasins. Hélas, cette décision se solda par un échec retentissant. À l'évidence, l'Américain moyen ne considérait pas ses besoins financiers comme des « biens de consommation ». À peine Sears eut-il jeté l'éponge et décidé de retransporter Witter en dehors de ses murs que l'affaire repartit de plus belle. Sears la revendit en 1992 en dégageant une jolie plus-value.

Si Sears avait attribué cet échec à un dysfonctionnement de sa logique d'entreprise au lieu de le considérer comme un incident isolé, il aurait pu commencer à se restructurer et à se repositionner dix ans plus tôt qu'il ne l'a fait, à un moment où il jouissait encore d'une position dominante sur le marché. En effet, il aurait peut-être remarqué, comme le firent immédiatement plusieurs de ses concurrents, tels J.C. Penney, que l'épisode Dean Witter remettait en cause tout le concept de l'homogénéité du marché – sur lequel

Sears et les autres géants de la distribution de masse fondaient leur stratégie depuis des années.

Quand les choses tournent mal, on a en général le réflexe de chercher l'homme providentiel qui saura remettre l'entreprise sur les rails. Pourtant, je vous affirme qu'établir, maintenir ou repenser une logique d'entreprise n'exige pas la présence d'un Gengis Khan ou d'un Léonard de Vinci dans le bureau présidentiel. Ce n'est pas une affaire de génie, mais de travail. Acharné. Point n'est besoin d'être surdoué. Il suffit d'être consciencieux. Les PDG sont payés pour ça.

Il est vrai qu'un certain nombre d'entre eux ont réussi à modifier avec succès leur logique d'entreprise. C'est ainsi que l'homme qui avait fait de Merck le laboratoire pharmaceutique le plus florissant du monde, grâce à une spécialisation exclusive sur la recherche et le développement de médicaments révolutionnaires brevetés, vendus avec des marges élevées, a transformé radicalement sa logique d'entreprise en rachetant un grand distributeur de médicaments génériques vendus sans ordonnance. Il l'a fait à froid, à un moment où Merck enregistrait manifestement de bons résultats. De la même manière, il y a quelques années, le nouveau président de Sony, le plus grand producteur mondial de matériel électronique grand public, a lui aussi modifié profondément sa logique d'entreprise. On s'en souvient sans doute, il se porta acquéreur d'une compagnie de production de Hollywood, ce qui déplaçait le centre de gravité de Sony. Le constructeur de matériel, toujours à la recherche de *software*, en devenait désormais producteur, se donnant ainsi les moyens de créer un marché pour le matériel qu'il construisait.

Mais pour chacun de ces faiseurs de miracles – apparemment du moins – on constate que des dizaines de PDG tout aussi talentueux ne parviennent pas à tirer leur entreprise de l'ornière. On ne peut pas plus compter sur un homme providentiel pour insuffler un sang nouveau à une logique d'entreprise obsolète que pour guérir les autres formes de maladies graves dont l'entreprise souffre et meurt. Quand on les interroge, ces hommes qui sont censés réaliser des miracles à coups de baguette magique affirment haut et fort qu'ils n'agissent ni par charisme, ni par prescience. Leur méthode s'appuie sur le diagnostic et l'analyse. Ils sont conscients qu'atteindre ses objectifs ou connaître une croissance rapide exigent une remise en chantier de la logique d'entreprise. Ils ne considèrent pas un échec inattendu comme le résultat de l'incompétence de leurs collaborateurs ou comme un accident, mais le traitent comme le symptôme d'un « échec du système ». Loin de tirer gloire des succès imprévus, ils en concluent que leurs hypothèses de travail sont peut-être contestables.

Ils admettent que l'obsolescence d'une logique d'entreprise est une maladie de dégénérescence, qui peut entraîner la mort. Ils connaissent et acceptent le principe éprouvé des chirurgiens, le principe le plus ancien de la prise de décision efficace - rien ne sert de tergiverser, en cas de maladie de dégénérescence. Il faut passer à l'action.

[1994]

2

Prévoir
en période
d'incertitude

Il règne aujourd'hui une telle incertitude politique, économique et sociale que la planification encore pratiquée par la plupart des entreprises – qui consiste en un ensemble de prévisions reposant sur les probabilités – est devenue futile, quand elle ne va pas à l'encontre du but recherché.

Certains événements, tels, il y a quelques années, le phénomène Perot ou l'éclatement de l'empire soviétique, sont uniques, totalement imprévisibles. Les responsables doivent néanmoins prendre des décisions engageant pour l'avenir une partie du temps et des capitaux dont ils disposent. Plus grave encore, il leur faut parfois prendre la décision inverse, celle de ne pas mobiliser les ressources correspondantes, de renoncer par avance à tel ou tel avenir. La durée des engagements qu'ils sont amenés à prendre ne cesse de s'allonger ; je pense à la stratégie et à la technologie, au marketing, à la production, au développement des ressources humaines, au temps nécessaire pour qu'une nouvelle usine devienne opérationnelle, aux années qui s'écouleront avant qu'une nouvelle implantation de magasin devienne rentable. Chacun de ces engagements repose sur des hypothèses d'avenir. Toute la question est de savoir comment les formuler. La planification traditionnelle consiste à se demander ce qui a le plus de chances d'arriver ; alors que dans la perspective de prévoir l'incertitude, on se demande ce qui s'est déjà produit et influencera l'avenir de façon déterminante.

La première chose à faire, c'est de se pencher sur les facteurs démographiques. Pratiquement tous ceux qui constitueront la population active des pays développés en l'an 2010 sont déjà nés. Deux révolutions ont profondément marqué cette population : l'allongement des études et l'irruption des femmes sur le marché du travail. Il s'agit de faits accomplis. Par ailleurs, l'immense majorité des effectifs se consacrait autrefois exclusivement aux tâches manuelles ; on s'oriente de plus en plus aujourd'hui vers les services et le travail intellectuel – ce déplacement du centre de gravité par nature d'activité est également irrévocable. Comme le vieillissement de la main-d'œuvre et de la population.

Les responsables doivent donc envisager les conséquences de ces faits accomplis sur leur activité, en termes d'opportunités, mais aussi de menaces. Et en tirer les conclusions, c'est-à-dire identifier ce qu'ils doivent modifier dans leur façon de travailler, dans leurs objectifs, leurs produits, leurs services et leur stratégie. Il leur faut se demander quels changements positifs cela rendra possible.

Question suivante : quelles transformations dans le secteur d'activité et dans la structure du marché, ou encore dans les valeurs fondamentales (j'en prendrai pour exemple l'incidence nouvelle des problèmes d'environnement) se sont-elles déjà produites, sans toutefois que tous leurs effets se soient encore fait sentir ? On croit généralement que ce sont les innovations qui provoquent des changements – en réalité, ce n'est le cas que pour très peu d'entre elles. Les innovations réussies exploitent en fait des changements qui leur sont antérieurs. Elles jouent sur le décalage dans le temps – dans le domaine scientifique, cette période dure souvent de vingt-cinq à trente ans – entre le changement à proprement parler et sa perception, puis son acceptation. Pendant cet intervalle, ceux qui exploitent le changement bénéficient d'une absence relative ou totale de concurrence. Dans le secteur d'activité concerné, les autres intervenants continuent à fonctionner sur la base de la réalité de la veille. De plus, une fois qu'une telle transformation s'est produite, elle résiste généralement aux turbulences les plus dramatiques.

Ainsi la Première Guerre mondiale, la Grande Crise et la Seconde Guerre mondiale n'ont fait qu'accélérer des mutations profondes qui leur étaient antérieures. J'en prendrai pour exemples le transport des marchandises, passé du rail à la route, l'émergence du téléphone comme moyen de communication essentiel et, dans le domaine de la santé, le regroupement, au sein de l'hôpital, de la majorité des soins et actes médicaux.

Les questions qu'il convient de se poser ensuite sont connexes aux premières. Quelles grandes tendances marquent la structure économique et celle de la société ? Comment affectent-elles votre secteur d'activité ? Depuis 1900, l'unité de travail qu'il faut mettre en œuvre pour produire une unité supplémentaire a baissé régulièrement d'environ 1 % par an. Et depuis la fin de la Seconde Guerre mondiale, l'unité de matières premières nécessaire a diminué au même rythme. Depuis 1950, la quantité d'énergie consommée, toujours pour produire une unité supplémentaire, a elle aussi connu une diminution régulière de la même amplitude. En revanche, depuis 1880, c'est-à-dire depuis les débuts du téléphone et la parution des *Principes de gestion scientifique* de Frederick Winslow Taylor, la quantité d'informations et de connaissances nécessaires à la production de chaque unité supplémentaire n'a cessé d'augmenter, toujours au rythme annuel de 1 %. Les entreprises ont embauché au même rythme de nouveaux salariés ayant bénéficié d'une formation intellectuelle.

En fait, l'ordinateur n'est peut-être qu'un moyen de traiter cette explosion de l'information et non sa cause. Dans la plupart des secteurs d'activité et des marchés, il existe des évolutions structurelles comparables. Elles ne font pas la pluie et le beau temps pour un secteur ou une entreprise, mais elles en créent le climat. À court terme, leurs effets ne sont guère perceptibles. Mais, si l'on prend un peu de recul, leur impact s'avère nettement plus important que les fluctuations à court terme sur lesquelles se polarisent économistes, hommes politiques et chefs d'entreprise.

En exploitant les évolutions structurelles à long terme, on est pratiquement certain de réussir. En revanche, il est difficile à court terme et quasiment impossible à long terme de les contrecarrer. Il peut arriver que ces transformations profondes fassent long feu ou s'inversent (le cas est assez rare) – ceux qui poursuivent sur leur lancée comme si de rien n'était risquent la disparition pure et simple, tandis que ceux qui savent changer rapidement leur fusil d'épaule s'ouvrent des opportunités.

Les plus importantes sont précisément celles dont beaucoup de dirigeants n'ont jamais entendu parler : elles concernent la façon dont les consommateurs répartissent la dépense de leur revenu disponible. L'incidence de la modification de la structure des dépenses s'avère particulièrement cruciale à une époque d'incertitude comme la nôtre, où les habitudes tendent à changer extrêmement vite.

Au cours des cent dernières années, la capacité de produire de la richesse et des revenus personnels a connu une croissance impressionnante – dans les pays développés, elle a été multipliée par cinquante. Les loisirs, la santé et l'éducation se sont taillés la part du lion dans l'affectation de ces ressources. Autrement dit, ces trois secteurs ont constitué les pôles de croissance du XXe siècle.

Doit-on s'attendre à ce que cette évolution se poursuive ? En ce qui concerne les loisirs, la réponse est presque certainement négative. Quant aux dépenses de santé en pourcentage du revenu du consommateur, il est vraisemblable que, malgré l'augmentation du nombre des personnes âgées et les progrès de la médecine, leur croissance plafonnera dans les dix années à venir. Les dépenses d'éducation, quant à elles, devraient continuer à augmenter – essentiellement sous forme de formation continue d'adultes possédant déjà un bon bagage. Il s'agira d'accompagner le passage d'une économie dominée par l'industrie, dont les besoins en main-d'œuvre étaient considérables, à une situation où les activités dominantes exigeront surtout du capital. Quels défis cette évolution présente-t-elle à l'entreprise, sa stratégie, ses produits, ses marchés et ses objectifs ? Quelles opportunités vont de pair avec ces défis ?

Encore n'avons-nous abordé que les tendances macro-économiques. Des évolutions comparables, tout aussi importantes, façonnent la micro-économie de chaque secteur ou marché. Voilà par exemple trois siècles, depuis l'époque où les États-Unis étaient une colonie anglaise, que la surface habitable dont dispose chaque famille et le pourcentage des revenus consacrés à l'habitat n'ont cessé d'y croître (il n'en va pas de même au Japon et en Europe). On peut se demander si cette tendance va se poursuivre, compte tenu que la structure et la composition de la famille se sont profondément modifiées.

Depuis la Seconde Guerre mondiale, la proportion des revenus disponibles consacrée à l'achat d'électronique de loisirs – radio, télévision, audiocassettes, vidéocassettes, etc. – n'a cessé d'augmenter. Les Japonais ont fort bien décelé et exploité le phénomène. Ce marché est-il sur le point de plafonner ? Le pourcentage des revenus que les consommateurs consacrent aux télécommunications augmente depuis un siècle. Nous pourrions bien avoir atteint la limite du supportable.

On vit souvent sur l'idée reçue que les personnes du troisième âge n'épargnent pas. Est-ce encore vrai ? La croissance des fonds mutuels semble prouver le contraire. S'il s'avère effectivement que les revenus disponibles des personnes de plus de cinquante ou cinquante-cinq ans ne se répartissent plus de la même façon, alors que ce groupe d'âge est celui qui grandit le plus vite dans les pays développés, comment cela se traduira-t-il pour les institutions financières, leurs produits et services, ainsi que leur politique de marketing ?

Ces questions n'ont rien de particulièrement ésotérique. La plupart des chefs d'entreprise en connaissent les réponses, dans le cas contraire, ils savent au moins où les trouver. Simplement, ils se les posent rarement.

Les réponses à la question « Quels événements déjà accomplis modifieront notre avenir ? » définissent le potentiel d'opportunités pour une entreprise ou un secteur donné. Transformer ce potentiel en réalité suppose de faire coïncider les opportunités avec les points forts et les savoir-faire de l'entreprise. Cette démarche, j'ai été le premier à la présenter comme « l'analyse des atouts » dès 1964, dans *Managing for Results*. Aujourd'hui, grâce essentiellement à l'œuvre des professeurs C. K. Prahalad et Gary Hamel, cela s'appelle l'analyse de la compétence clé.

« Que sait faire notre entreprise ? En quoi excelle-t-elle ? Autrement dit, quels sont les atouts déterminants qui lui confèrent un avantage concurrentiel ? À quoi les applique-t-elle ? L'analyse des atouts permet également de déceler lesquels auraient besoin d'être améliorés, affinés ou réactualisés ; dans quels domaines il serait nécessaire d'en acquérir de nouveaux. Elle montre non seulement ce que peut faire l'entreprise, mais aussi ce qu'elle doit faire. En faisant coïncider les points forts dont dispose une firme et les transformations qui se sont opérées autour d'elle, on aboutit à un plan d'action. Qui, seul, permet à l'entreprise de transformer l'imprévisible en avantage – l'incertitude cesse alors de constituer une menace pour devenir une opportunité.

À condition, cependant, que l'entreprise se dote des ressources humaines et d'un bagage de connaissances suffisants pour être en mesure de réagir lorsque l'opportunité se présente. Pour ce faire, il faut mettre en place un budget séparé pour les projets d'avenir.

Créer ou maintenir les ressources qui seront nécessaires demain – les hommes et leur développement, la recherche et la technologie, les services, le positionnement en image – représente 10 à 12 % des dépenses annuelles. Il convient de les budgéter dans les mauvaises comme dans les bonnes années. Vos comptables et le fisc auront beau considérer cela comme des dépenses d'exploitation, ce sont en fait des investissements. Ceux-là même qui permettent à une entreprise de bâtir son avenir et, en dernière analyse, c'est bien de cela qu'il s'agit lorsqu'on parle de planifier l'incertitude.

[1992]

3

Les cinq péchés capitaux

D'après mon expérience, on dénombre en affaires non pas sept, mais cinq péchés capitaux.

Au cours des dernières années, nous avons vu descendre de leur piédestal, l'une après l'autre, plusieurs entreprises prestigieuses qui avaient longtemps dominé leur secteur, telles General Motors, Sears & Roebuck et IBM, pour n'en citer que quelques unes. Dans chacun de ces cas, au moins l'un de ces cinq péchés capitaux avait été commis. Si ces erreurs, lourdes de conséquences, s'avèrent évitables, en revanche, elles menacent toutes les entreprises, même les plus puissantes.

La première et certainement la plus répandue consiste à *s'obnubiler sur des marges et des prix élevés*. Je n'en connais pas de meilleur exemple que celui de Xerox, qui a failli sombrer corps et biens dans les années soixante-dix. La firme avait pourtant inventé la photocopieuse et, de mémoire d'industriel, peu de produits ont connu un succès aussi rapide et spectaculaire. Hélas, elle se lança ensuite dans une politique d'améliorations successives de ce produit, auquel furent ajoutées une kyrielle de fonctions, chacune entraînant bien entendu une augmentation de prix – en calculant bien entendu ces derniers de façon à maximiser les marges. Les résultats connurent une croissance explosive, de même que la valeur du titre à Wall Street. Mais l'immense majorité des utilisateurs avait besoin d'une photocopieuse ordinaire, pas de tous ces perfectionnements, et ne demandait qu'à tomber dans les bras du premier concurrent venu. Celui-ci ne tarda pas à se présenter sous la forme de la société Canon, qui conquit le marché américain en moins de temps qu'il n'en faut pour le dire. C'est tout juste si Xerox parvint à tenir la tête hors de l'eau.

Les difficultés qu'a connues GM et, avec elle, l'ensemble de l'industrie automobile américaine, sont aussi, dans une grande mesure, le résultat d'une fixation obsessionnelle sur les marges. Vers le début des années soixante-dix, la fameuse Coccinelle de Volkswagen avait réussi à s'arroger presque 10 % du marché américain, ce qui prouvait l'existence d'une demande pour les petites voitures peu gourmandes au sein de ce marché intérieur plutôt habitué aux gros modèles. Quelques années plus tard, après le premier choc pétrolier, ce marché, en pleine croissance, avait pris des proportions impressionnantes. Les constructeurs américains ne firent pourtant pas le moindre effort pour le disputer aux Japonais qui, entre-temps, s'y étaient engouffrés – car les marges des petites voitures leur paraissaient ridicules en comparaison de celles que leur offraient les grosses.

Ils s'aperçurent assez vite, comme tant d'autres, que ce raisonnement était fallacieux. Il leur fallut appâter leurs acheteurs de grosses voitures à coups de rabais, remises et ristournes. En fin de compte, cette politique a vraisemblablement coûté plus cher aux trois grands que l'investissement nécessaire pour développer une petite voiture compétitive (et rentable).

Ainsi, lorsqu'on s'entête à maintenir des prix élevés, on finit toujours par apporter un marché à la concurrence – sur un plateau d'argent. Qui dit marges élevées ne dit pas automatiquement profitabilité maximale. En effet, qu'est-ce qu'un bénéfice, si ce n'est la marge unitaire multipliée par le chiffre d'affaires ? On obtient donc le résultat le plus élevé grâce à la marge qui permet le plus grand courant *total* de profitabilité – et c'est généralement celle qui procure aussi le meilleur positionnement sur le marché.

Le second péché capital ressemble beaucoup au premier. Il s'agit de *fixer le prix d'un nouveau produit à la limite de ce que le marché peut supporter.* Ici encore, on crée une opportunité sans risque pour la concurrence. C'est une mauvaise politique, même lorsqu'on est protégé par des brevets sans faille. Un concurrent aux dents longues trouve toujours le moyen de contourner les meilleurs brevets. Aucun brevet au monde ne résiste aux astuces d'un concurrent potentiel très motivé, je vous le garantis.

Si le marché mondial du fax est aujourd'hui aux mains des seuls Japonais, c'est parce que les Américains, qui avaient inventé et développé l'appareil, en avaient fixé le prix à la limite de ce que le marché pouvait supporter – le plus élevé possible. En revanche, les Japonais, quand ils se sont attaqués au marché américain, ont calculé leur prix en anticipant de deux ou trois ans sur l'évolution de la courbe d'apprentissage – ce qui les plaçait un bon 40 % au-dessous de leurs rivaux américains. Le marché leur est tombé dans les bras pratiquement du jour au lendemain. Un seul constructeur de fax américain, une petite entreprise qui produit, en quantités confidentielles, un fax spécialisé, a réussi à survivre à la tourmente.

DuPont de Nemours offre un remarquable exemple des avantages de l'attitude inverse. S'il a pu maintenir sa position de numéro un des producteurs de fibres synthétiques, il le doit au fait que, dans les années quarante, il a mis sur le marché le Nylon, sa nouvelle fibre brevetée, au prix auquel il pensait devoir le vendre cinq ans plus tard pour lutter avec succès contre la concurrence. C'est-à-dire deux cinquièmes de moins que ce qu'il aurait pu obtenir de ses clients de l'époque, les industriels de la bonneterie et de la corseterie.

L'irruption de la concurrence s'en trouva retardée de cinq ou six ans. Et puis, divine surprise, grâce à ce prix volontairement bas, il se créa immédiatement un marché pour le Nylon auquel nul, chez DuPont, n'avait songé : celui du pneumatique. Ce secteur offrit bientôt un débouché à la fois plus important et plus rentable que tout ce que la confection féminine pouvait laisser espérer. Cette stratégie de prix produisit donc un profit total beaucoup plus considérable que si la société avait tenté de faire payer sa fibre aussi cher que ses clients acceptaient de la payer. De plus, lorsque la concurrence se manifesta, au bout de cinq à six ans, DuPont de Nemours réussit à conserver ses marchés.

Le troisième péché capital consiste à *fixer les prix en fonction des coûts*. La seule approche valable consiste à partir du prix souhaité. La plupart des entreprises américaines et la quasi-totalité des européennes calculent leurs prix de vente en additionnant leurs coûts et la marge désirée. Mais à peine ont-elles lancé leurs produits qu'elles sont contraintes de réviser leur prix à la baisse, ce qui les oblige à reconcevoir leur produit à prix d'or et se traduit par des pertes – quand elles ne se trouvent pas acculées à abandonner un produit parfaitement valable, mais dont le prix initial avait été mal fixé. Tout cela pour « couvrir les coûts et réaliser un profit ».

C'est prendre le problème à l'envers, les clients ne considèrent pas de leur devoir de faire en sorte que les producteurs réalisent un bénéfice. La seule démarche correcte consiste à partir de ce que le marché est prêt à payer – sans oublier d'évaluer les prix qu'offrira la concurrence – puis de concevoir les produits en fonction du prix de vente souhaité.

La fixation des prix à partir des coûts a signé l'arrêt de mort de l'électronique grand public américaine. Elle possédait pourtant à la fois la technologie et les produits. Mais les Américains établissaient leurs prix en partant de leurs coûts, tandis que leurs rivaux japonais ajustaient leurs coûts en fonction de leurs prix. La fixation des prix fondée sur les coûts a également pratiquement anéanti l'industrie américaine de la machine-outil en conférant aux Japonais la domination du marché mondial dans ce secteur. Une fois encore, ces derniers adaptaient leurs coûts en fonction des tarifs qu'ils souhaitaient pratiquer. Si les constructeurs américains de machines-outils ont récemment réussi à refaire surface, encore modestement, c'est qu'ils ont enfin compris qu'ils n'avaient d'autre alternative que de fixer leurs coûts en fonction des prix de vente souhaités, comme leurs concurrents nippons.

Toyota et Nissan parviendront peut-être à éliminer les constructeurs allemands de voitures de luxe du marché américain. Si c'est le cas, ce sera vraisemblablement grâce au recours à cette même pratique. À l'évidence, partir du prix puis tailler dans les coûts pour parvenir au résultat désiré exige plus de travail au départ. Cependant, tous comptes faits, cela demande beaucoup moins d'efforts que de démarrer sur des bases erronées, puis de passer des années à perdre de l'argent tout en s'échinant à ramener les coûts à des niveaux acceptables. Surtout, c'est beaucoup moins onéreux que de perdre purement et simplement un marché.

J'en arrive maintenant à la quatrième des cinq fautes lourdes, qui consiste à *sacrifier l'opportunité de demain sur l'autel des impératifs d'hier*. C'est d'ailleurs ce qui a fait vaciller IBM, dont les difficultés, paradoxalement, découlent d'un succès sans précédent dans les annales de l'industrie – le rétablissement quasi-immédiat de Big Blue lorsqu'Apple sortit les premiers micro-ordinateurs au milieu des années soixante-dix. Cet exploit contredit d'ailleurs tous les beaux discours que l'on entend aujourd'hui, accusant avec un ensemble parfait la firme de lourdeur et vilipendant sa « bureau-cratie ». Simplement, une fois qu'IBM eût réussi de haute lutte à s'assurer la première place sur le nouveau marché des micro-ordi-nateurs, elle a subordonné cette activité, en pleine croissance, à sa vache à lait traditionnelle, la branche gros ordinateurs.

La direction interdit pratiquement aux commerciaux respon-sables des micro-ordinateurs de s'attaquer aux clients potentiels de gros ordinateurs. Cette politique, on ne s'en étonnera pas, n'a pas profité aux gros ordinateurs. En revanche, elle a parfaitement réussi à retarder le développement des micros. En outre, elle a fait le jeu des clones, garantissant par là-même qu'IBM ne récolterait pas les fruits de son exploit.

C'était en fait la deuxième fois qu'IBM, succombant à la même tentation, commettait la même erreur. Il y a quarante ans, quand la firme construisait ses premiers ordinateurs, la direction générale avait décrété qu'il fallait éviter de gêner les ventes de systèmes à cartes perforées, la vache à lait de l'époque. Par chance, le départe-ment de la justice avait alors poursuivi l'entreprise pour infrac-tion aux lois antitrust par une domination abusive du marché des cartes perforées, ce qui avait contraint la direction a abandonner ces dernières et sauvé la nouvelle activité ordinateurs. Hélas, la seconde fois, la providence ne vola pas au secours d'IBM...

L'ultime erreur fatale consiste à *se donner à fond pour résoudre les problèmes, mais délaisser les opportunités*. Cela fait des années que je demande à mes nouveaux clients qui sont leurs meilleurs collabo-rateurs. Puis, quelles tâches leur sont confiées. Résoudre les pro-blèmes, me répond-on presque immanquablement. Il faut faire quelque chose pour notre activité traditionnelle, qui baisse plus vite que prévu, pour tel vieux produit, qui se fait laminer par une nouvelle offre de la concurrence, pour préserver une technologie ancienne, par exemple les commandes analogiques, alors que le marché est déjà passé aux commandes digitales. Je demande alors à qui sont confiées les opportunités nouvelles. Presque invariable-ment, on les laisse se développer toute seules.

Quand on se consacre à la « résolution de problèmes » , tout ce que l'on peut espérer, c'est limiter les dégâts. Seules, les opportunités recèlent un potentiel de croissance et de bénéfices. Il ne faut pas se leurrer – il s'avère tout aussi exigeant et difficile d'exploiter les opportunités que de traiter les problèmes. Il convient donc de commencer par recenser les opportunités de votre secteur et de vous assurer que chacune est confiée à un groupe suffisant de collaborateurs de valeur, à qui la direction apporte tout son soutien. Alors seulement on pourra recenser aussi les difficultés et voir à qui les confier.

Je ne serais pas étonné que Sears & Roebuck ait fait exactement l'inverse au cours des dernières années. Ainsi, je suppose, que les grandes entreprises européennes qui viennent de perdre du terrain sur les marchés mondiaux, comme Siemens. La General Electric a, en revanche, indiqué la voie à suivre en abandonnant systématiquement toutes les activités, même rentables, qui n'offraient pas des perspectives de croissance à long terme et une opportunité, pour l'entreprise, de s'assurer la première ou la seconde place sur le marché mondial du secteur concerné. En outre, chez General Electric, les collaborateurs les plus performants se voient offrir les secteurs de croissance et sont stimulés au maximum.

J'ai l'impression d'enfoncer ici des portes ouvertes. Cela fait des générations que l'on sait tout cela, des décennies d'expérience en ont prouvé la véracité. Les dirigeants n'ont donc pas la moindre excuse pour succomber à l'un quelconque des cinq péchés capitaux. Ce sont des tentations auxquelles ils se doivent de résister.

[1993]

4

Les quatre règles d'or de l'entreprise familiale

Aux États-Unis, comme dans les autres pays développés, la majorité des entreprises est contrôlée et dirigée par des familles. Cela ne concerne pas seulement les PME, des familles sont restées aux commandes de certaines des plus grandes entreprises du monde. Levi Strauss, par exemple, qui, depuis sa création il y a un siècle et demi, appartient à une famille qui en assure la direction. DuPont de Nemours a été dirigée par les membres de la famille pendant 170 ans, entre sa fondation en 1802 et la reprise par les cadres et la direction au milieu des années soixante-dix. Cela ne l'a pas empêchée de devenir la plus grande entreprise de chimie au monde. Et deux siècles après qu'un obscur petit agioteur eût envoyé ses fils fonder des banques dans les capitales européennes, les établissement financiers portant le nom de Rothschild et dirigés par des Rothschild figurent encore parmi les toutes premières banques privées au monde.

Manuels et cours de gestion traitent pourtant presque exclusivement des entreprises dont le capital est réparti dans le public et la direction assumée par des professionnels, allant rarement jusqu'à mentionner les affaires familiales. Rien ne distingue bien entendu les affaires placées sous la férule de patrons professionnels de celles qui sont restées sous l'autorité de patrons propriétaires quant au travail fonctionnel : recherche, marketing, comptabilité. Mais, pour tout ce qui touche au *management* à proprement parler, l'entreprise familiale exige des règles qui lui sont propres et se révèlent très différentes. Ces règles, il faut les appliquer avec la plus grande rigueur. Faute de quoi l'entreprise familiale ne peut survivre, encore moins prospérer.

La première d'entre elles consiste à *s'assurer que les membres de la famille appelés à travailler dans l'affaire ont des capacités au moins égales à celles des collaborateurs extérieurs et fournissent un effort au moins aussi acharné.* Il se révèle beaucoup plus économique de payer à ne rien faire un neveu doté d'un énorme poil dans la main que de s'en encombrer. Lorsqu'une entreprise est gérée par la famille, les membres de celle-ci doivent faire partie de la haute direction, quel que soit leur titre officiel. En effet, le samedi soir, ils se retrouvent autour de la même table que le grand patron, qu'ils appellent « papa » ou « oncle ». Les membres de la famille de médiocre envergure ou, pire, les paresseux, à qui on laisse un poste dans l'entreprise familiale s'attirent – à juste titre – la jalousie des collaborateurs extérieurs. Ils constituent un affront à leur dignité. Que l'on garde les rejetons médiocres ou cossards, et le respect pour la direction et pour l'entreprise elle-même s'érode dans l'ensemble du personnel. Les collaborateurs de talent qui ne font pas partie de la famille quittent l'entreprise, ceux qui restent ont tôt fait de jouer les lèche-bottes.

La plupart des PDG d'entreprises familiales en sont parfaitement conscients, bien sûr. N'empêche, ils tentent trop souvent de trouver des astuces pour caser le fiston ou le neveu notoirement dilettante ou incapable en lui collant par exemple le titre de « directeur de la recherche ». On flanque alors à ses côtés un professionnel hautement compétent, à qui l'on offre un pont d'or et le titre... de directeur de la recherche « adjoint ». Le PDG lui affirme dans le creux de l'oreille que le titre de son cousin a un caractère purement officiel, qu'il fallait bien amadouer sa mère, puisqu'elle est la seconde actionnaire de la société. Cependant, à part elle, tout le monde, y compris, l'intéressé, sait parfaitement à quoi s'en tenir : c'est l'« adjoint » et personne d'autre qui est responsable de la recherche. Il travaillera directement avec la direction générale, sans tenir compte du petit cousin. Mais cela ne fait qu'empirer la situation. L'entreprise pourrait, à la rigueur, obtenir une recherche médiocre sous la houlette du médiocre cousin. En revanche, sous le commandement bicéphale et contre nature du cousin ulcéré et jaloux, détenteur officiel de l'autorité mais démuni de responsabilités réelles, et du collaborateur extérieur guère plus heureux, mais d'un cynisme absolu, détenteur de la responsabilité, mais officiellement sans autorité, la recherche ne se fera pas du tout. Les intrigues et les querelles de clocher, en revanche, feront rage.

Si DuPont de Nemours a survécu et prospéré si longtemps et si brillamment, c'est que la société n'a jamais ignoré ce problème. Chaque membre de la famille avait, de naissance, droit à entrer dans l'entreprise. Cinq ou six ans après leurs débuts, quatre ou cinq membres aînés de la famille évaluaient soigneusement leurs performances. S'ils en concluaient qu'ils n'avaient pas le potentiel de faire partie de la direction générale dix ans plus tard, on leur conseillait vivement de choisir une autre carrière.

La deuxième règle est elle aussi d'une simplicité évangélique : *quel que soit le nombre de membres de la famille qui sont à la tête de l'entreprise, et quelle que soit leur qualité, l'un des postes de direction est systématiquement confié à une personne extérieure à la famille.* En général, il s'agit du directeur financier ou du directeur de la recherche, les deux postes pour lesquels la qualification technique joue le plus grand rôle. Mais je connais des entreprises familiales florissantes où c'était la direction des ressources humaines ou du marketing. Chez Levi Strauss, le président du conseil d'administration descend en droite ligne du fondateur, mais le directeur général ne fait pas partie de la famille.

Le premier « outsider » ainsi introduit au sein du bastion familial qu'il m'ait été donné de connaître était directeur financier dans une très grande entreprise britannique entièrement gérée par la famille. Bien qu'uni par des liens d'amitié intime avec ses collègues de la direction, il ne participait à aucune de leurs réunions de famille, mariages, etc. Il ne jouait même pas au golf dans le même club. « Les seuls événements familiaux auxquels j'assiste sont les enterrements, m'a-t-il confié un jour. Mais c'est moi qui préside le comité mensuel de direction. »

Autrement dit, une entreprise familiale a besoin d'un responsable – extrêmement respecté – qui ne fasse pas partie de la famille et qui ne mélange jamais les affaires et les problèmes de famille.

L'entreprise familiale la plus vieille du monde, la Mafia, respecte scrupuleusement cette règle – aussi bien en Sicile, son île natale, qu'aux États-Unis. Comme tous les spectateurs ou lecteurs du Parrain le savent, dans une famille de la Mafia, le *consigliere*, l'avocat, qui est, en importance, le second personnage, peut même n'être pas sicilien.

La troisième règle est que *les entreprises gérées sur une base familiale, sauf peut-être les plus petites d'entre elles, ont de plus en plus souvent besoin d'attribuer les postes clés à des professionnels extérieurs à la famille.* Les connaissances spécialisées indispensables, industrielles, en matière de marketing, de finances, de recherche, ou de ressources humaines, sont désormais si pointues que, seuls, les membres les plus compétents de la famille peuvent assumer les tâches correspondantes de façon satisfaisante, quelle que soit la bonne volonté des autres. Ajoutons que ces collaborateurs extérieurs doivent être traités en égaux, il importe de leur accorder une « citoyenneté pleine et entière » de l'entreprise. Autrement, ils n'y resteront pas.

C'est le plus fermé de tous les clans d'affaires familiales, celui des Rothschild, qui a été le premier à comprendre qu'il fallait conférer cette citoyenneté pleine et entière à certains outsiders. Jusqu'à la Seconde Guerre mondiale, seuls les membres de la famille étaient admis à devenir partenaires associés de leurs banques. Au XIXᵉ siècle et au début du XXᵉ, un directeur général qui approchait de la cinquantaine se voyait offrir une indemnité colossale – allant parfois jusqu'à un million de dollars – pour quitter la maison Rothschild avec les moyens de fonder sa propre banque. Depuis la Seconde Guerre, on a vu des collaborateurs extérieurs à la famille devenir associés au sein d'une firme Rothschild – le plus célèbre étant Georges Pompidou.

Même les entreprises familiales qui observent scrupuleusement les trois règles que nous venons d'énumérer ont du mal à affronter la question du passage du flambeau et de la succession, qui s'avèrent parfois fatales. C'est à ce moment-là que les besoins de l'entreprise entrent en conflit avec les souhaits de la famille. Par exemple, deux frères ont monté une remarquable entreprise industrielle. En approchant de l'âge de la retraite, chacun tente de pousser son propre fils dans le fauteuil du PDG. Ils ont beau avoir collaboré en parfaite harmonie pendant vingt ans, ce sont désormais des frères ennemis ; ils vendront plutôt que de transiger. Autre cas, celui de la veuve du fondateur d'une entreprise qui, pour sauver le bonheur conjugal de sa fille, fait tout pour que son gendre, qui ne brille pourtant pas par son génie, succède à son beau-frère vieillissant. On a vu aussi le fondateur d'une grande entreprise de high-tech forcer son fils à renoncer à une carrière dans la recherche scientifique en milieu universitaire afin de lui confier sa succession aux commandes – tout cela pour que l'héritier vende l'affaire à un énorme conglomérat six mois après la mort de son père. Quiconque a travaillé dans une entreprise familiale a d'autres anecdotes tout aussi navrantes à raconter.

Il n'existe qu'une solution et une seule : *confier la décision de la succession à une personne qui ne fasse partie ni de la famille, ni de l'entreprise.*

C'est l'immense service qu'a rendu vers 1880 Benjamin Disraeli, le grand Premier ministre Tory de la reine Victoria, aux Rothschild. À l'époque, les « cousins » de la troisième génération commençaient à mourir les uns après les autres. Disraeli parvint à persuader toute la famille d'accepter que le représentant le plus jeune, mais aussi le plus capable, de la génération suivante, le Viennois Léopold, prenne la direction effective des trois banques Rothschild – Londres, Paris et Vienne. À une échelle beaucoup plus modeste, j'ai vu un expert-comptable jouer le même rôle auprès d'une chaîne de commerce alimentaire de taille moyenne, qu'il avait suivie en qualité de commissaire aux comptes depuis sa fondation, vingt ans plus tôt. Je peux aussi citer le sauvetage d'une assez grande entreprise de high-tech – et de la famille qui en était propriétaire – par un universitaire, conseiller scientifique de la firme depuis dix ans. Il réussit à convaincre deux frères, deux cousins et leurs quatre épouses respectives d'accepter de confier les commandes à la fille de l'un des cousins en question. Elle était la plus jeune, mais aussi la plus brillante, de la génération suivante.

En général, lorsque le problème de succession prend un tour aigu, il est beaucoup trop tard pour faire intervenir une personne de l'extérieur. En effet, à ce stade, les membres de la famille ont d'ores et déjà pris fait et cause pour tel ou tel candidat. D'autant qu'il faut intégrer dans le planning de succession le planning financier et fiscal, et cela ne peut pas se faire du jour au lendemain. C'est la raison pour laquelle les entreprises familiales dirigées par des membres de la famille tendent de plus en plus souvent à *rechercher un arbitre externe longtemps avant que la décision devienne urgente.* L'idéal, c'est même de le faire nettement avant que les membres de la famille aient commencé à se disputer à cause de la succession.

Rares sont les entreprises familiales qui, comme Levi Strauss, DuPont de Nemours ou les Rothschild, peuvent s'enorgueillir d'avoir six ou sept générations derrière elles. À la quatrième, à plus forte raison au-delà, fort peu d'entre elles sont encore dirigées par des membres de la famille. Fiat, qui constitue aujourd'hui la plus grande entreprise familiale du monde, se trouve actuellement sous la férule de membres de la famille Agnelli de la troisième génération, sexagénaires ou septuagénaires. Il paraît que dans la maison, peu de gens croient qu'un Agnelli occupera encore le bureau présidentiel dans vingt ans. En général, les membres de la quatrième génération d'une famille propriétaire d'une grande entreprise qui marche bien ont des moyens financiers tels que les plus brillants d'entre eux peuvent s'offrir le luxe de faire ce qui les intéresse et de poursuivre leur propre carrière plutôt que de se consacrer à l'affaire familiale. Ajoutons qu'habituellement, à ce stade, la famille s'est tellement multipliée que le capital se trouve émietté. Il en résulte que les membres de la quatrième génération n'ont plus l'impression d'être « propriétaires » de la firme, leurs actions constituent dès lors, pour eux, un « investissement » presque comme un autre. Comme ils préfèrent répartir leurs capitaux plutôt que de garder tous leurs œufs dans le même panier familial, ils souhaitent que l'entreprise soit vendue ou introduite en bourse. En revanche, pour la seconde et même pour la troisième génération, l'option la plus avantageuse consiste souvent à conserver à l'entreprise son statut familial. De fait, cela s'avère souvent la seule option possible, lorsque l'affaire n'est pas assez grande pour être vendue ou introduite en bourse. Rendre la succession possible correspond certainement aussi à l'intérêt général. La dynamique de la croissance a tendance à passer des géants aux affaires de taille moyenne, qui en général appartiennent aux familles qui les font tourner. C'est pourquoi encourager la fibre entrepreneuriale suppose d'encourager les entreprises dirigées par un patron-propriétaire et de faciliter leur transmission. Jusqu'à présent cependant, celles qui se perpétuent après la disparition de leur fondateur et à plus forte raison restent florissantes sous l'égide de membres de la troisième génération constituent l'exception plutôt que la règle. Les entreprises familiales et leurs propriétaires acceptent trop rarement les quatre règles d'or citées plus haut et l'unique précepte de base qui les sous-tend toutes : l'entreprise et la famille ne survivent et ne prospèrent que si la famille se met au service de l'entreprise. Ce n'est l'intérêt ni de l'une ni de l'autre de faire l'inverse. Dans « entreprise familiale », le maître-mot, c'est entreprise. Il doit primer sur l'adjectif.

[1994]

5

Management et société en réseau

Plus d'un siècle durant, tous les pays développés ont tendu vers l'avènement d'une société des organisations dominée par les salariés. Cette tendance est en train de s'inverser. Les pays développés, suivant en cela les États-Unis, évoluent rapidement vers une *société en réseau* – je pense aux rapports entre les entreprises et les individus qui travaillent pour elles, et aux relations interentreprises. Dans cette nouvelle forme de société, l'art du management impliquera pour les dirigeants de nouveaux comportements, attitudes et savoir-faire.

De nombreuses personnes étaient bien entendu déjà salariées avant 1860 et 1870, époque à laquelle l'Entreprise avec un grand E et l'Administration avec une grand A se sont développées au point de devenir les premières organisations modernes. Il y avait des domestiques et des journaliers dans les fermes, des vendeurs dans les petits magasins, des compagnons et des apprentis chez les artisans. Mais ils travaillaient pour une patron ou une patronne, pas pour une « organisation ». En 1913, juste avant la Première Guerre mondiale, moins du cinquième de la population active était salariée. Il s'agissait surtout de travailleurs manuels, dont la plupart se trouvaient encore dans de petites affaires familiales et non dans de grandes entreprises. Quarante ans plus tard, vers le milieu de notre siècle, les salariés des grandes entités commerciales, administratives ou industrielles étaient majoritaires dans toutes les économies développées. Ils travaillaient comme ouvriers ou comme cadres dans l'industrie, étaient fonctionnaires dans des administrations et services publics tout puissants, infirmières dans les hôpitaux qui se développaient rapidement et professeurs dans les universités, qui se développaient encore plus vite. Les best-sellers de l'époque s'apitoyaient sur le triste sort des malheureux employés qui se fondaient dans la grisaille ambiante et plaçaient au-dessus de tout la fidélité à leur employeur. Tout le monde était alors convaincu qu'en 1990, la quasi-totalité de la population active serait salariée d'un organisme ou d'un autre, vraisemblablement de grande taille.

Une proportion nettement plus élevée de la population adulte américaine appartient aujourd'hui à la population active que ce n'était le cas il y a trente ou quarante ans. La plupart, surtout la grande majorité des diplômés, travaillent effectivement *pour* une organisation. Mais, de plus en plus souvent, ils n'en sont plus salariés. Prestataires de services, ils travaillent à temps partiel ou en intérim. J'ai récemment organisé un séminaire de trois jours pour trois cents anciens élèves d'une des plus célèbres *Business schools* américaines – dans l'ensemble, ils avaient à peine la quarantaine et déjà une belle carrière. Pratiquement tous travaillaient pour une organisation – mais seulement la moitié d'entre eux en étaient salariés. Moins nombreux encore étaient ceux qui envisageaient de passer la totalité de leur carrière comme salariés. L'un des participants, un métallurgiste de quarante-cinq ans, était encore, cinq ans plus tôt, cadre supérieur dans une firme figurant au palmarès des 500 premières entreprises publié par le magazine *Fortune*. Aujourd'hui, il travaille à son compte pour cinq sociétés différentes, dont son ancien employeur. « Je n'avais tout simplement plus assez de travail pour occuper tout mon temps, témoigne-t-il. Des problèmes métallurgiques sérieux, il n'en survient que trois ou quatre fois par an. Dans l'intervalle, je rédigeais des notes. Aujourd'hui, lorsqu'un de mes clients se trouve confronté à une difficulté technique de mon ressort, il m'appelle immédiatement et je vole à son secours. Pas comme consultant, mais comme membre, à plein temps, d'une équipe que je dirige. Je reste sur place jusqu'à ce que nous ayons trouvé une solution satisfaisante. Il en va de même pour mes quatre autres clients. » Un informaticien de trente-huit ans participait lui aussi à ce séminaire. Il est également « temporaire permanent » pour un certain nombre d'agences gouvernementales dans le Middle West. Et puis il y avait une jeune femme, cadre supérieur dans une société de prestation de services. Voici comment elle décrivait son poste : « Je suis "membre itinérant du comité exécutif" de la vingtaine de grands hôpitaux dont mon entreprise tient la comptabilité, assure les services de nettoyage et l'intendance. » Citons encore un ingénieur, salarié d'une entreprise de travail temporaire, qui exerce les fonctions de directeur d'usine pour de grandes entreprises – en général par vacations de trois ans – lorsqu'elles construisent et démarrent de nouvelles unités de production ; une femme médecin qui travaillait, elle aussi, pour une entreprise d'intérim et dont la mission consistait à mettre en place des services d'urgence dans les hôpitaux ; enfin un ancien professeur d'université, « temporaire à plein temps », par vacations d'un an, et dont la spécialité consiste à organiser des campagnes de financement pour les petites et moyennes universités.

Le travail intérimaire et à temps partiel s'est développé il y a environ trente-cinq ans. À l'époque, il concernait essentiellement des dactylos, des standardistes et des caissières de supermarchés, personnel relativement peu qualifié. Au départ, il s'agissait de remplacer les titulaires qui tombaient malades ou partaient en vacances. Mais, de plus en plus, on voit du personnel intérimaire effectuer des tâches hautement qualifiées et passer de longues périodes dans la même entreprise. Aux États-Unis, le nombre d'agences de travail temporaire a doublé entre 1989 et 1994, passant en cinq ans, de 3 500 à 7 000 firmes. Une bonne partie de ce développement, disons la moitié, si ce n'est plus, correspond à des agences qui fournissent du personnel spécialisé très qualifié, cela va jusqu'au personnel de direction, plutôt que du personnel subalterne ou débutant.

Les relations des entreprises entre elles se modifient aussi vite que celles qu'elles ont avec leur personnel. L'« externalisation » en fournit l'exemple le plus frappant : une entreprise, un hôpital ou une administration confie une activité entière à une firme indépendante spécialisée dans ce type de tâches. Dans le secteur hospitalier, le mouvement, commencé aux États-Unis, a aujourd'hui largement gagné le Japon – cela fait plusieurs années que l'intendance et le nettoyage sont confiés à des sous-traitants ; il en va de même pour le traitement de l'information et les tâches administratives. L'externationalisation du système informatique est désormais traditionnelle pour nombre d'entreprises, de services publics, d'universités et d'hôpitaux. J'ai, encore récemment, trouvé le même jour (13 mars 1995) dans le journal deux informations illustrant ce phénomène : le plus grand groupe hospitalier du pays, Columbia/HCA Healthcare, annonçait officiellement qu'il confiait l'achat et l'entretien de tous les appareils de diagnostic disséminés dans ses trois cents hôpitaux au groupe de médecine électronique de la General Electric, le plus grand constructeur mondial de ce type d'instruments. Pourtant, ces appareils constituent le centre nerveux d'un hôpital moderne. Ce sont eux qui exigent l'investissement le plus lourd, cela se chiffre pour Columbia/ HCA Healthcare à plusieurs milliards de dollars ; ce sont eux aussi qui génèrent le plus de chiffre d'affaires, enfin, ils sont la clé de voûte du bon fonctionnement de l'hôpital. Le même jour, IBM, qui reste le plus grand constructeur mondial d'ordinateurs, annonçait la création d'une nouvelle activité dénommée *Network Station Management*. Il s'agit d'acheter, d'assurer l'entretien et la gestion des milliers de PC installés dans les grandes entreprises, qui constituent aujourd'hui l'investissement le plus lourd de la firme américaine type ; ce poste se trouve parfois même supérieur à celui que représentent les machines dans leurs usines.

Dans dix à quinze ans, les entreprises auront peut-être externalisé toutes les tâches « de soutien » qui ne génèrent pas directement de chiffre d'affaires, ainsi que toutes les activités n'offrant pas d'opportunités de carrière. Autrement dit, la majorité des personnes qui travailleront dans les entreprises ou les administrations n'en seront peut-être pas salariées, elles feront partie du personnel d'une entreprise sous-traitante.

Une autre tendance s'avère peut-être encore plus remarquable en tant que vecteur de croissance des affaires, je pense à l'importance croissante des alliances. Le *downsizing*, le désinvestissement, les fusions, les acquisitions font certes les grands titres de la presse économique. Mais le changement le plus considérable affectant la structure de l'entreprise et la façon dont on conduit les affaires réside sans doute dans la multiplication, dont on parle peu, des relations fondées non plus sur la propriété de tout ou partie du capital mais sur le partenariat. C'est ainsi que l'on voit fleurir filiales communes, prises de participation minoritaires venant sceller un accord de commercialisation ou de recherche communes, ainsi que toutes sortes d'alliances plus ou moins officielles. Par exemple, des constructeurs d'ordinateurs japonais s'assurent un accès à la technologie des logiciels en prenant des participations minoritaires dans des firmes de pointe à Silicon Valley. De grands laboratoires pharmaceutiques américains et européens se fraient un chemin vers la recherche génétique, l'électronique médicale et les biotechnologies en prenant, eux aussi, des participations minoritaires dans de jeunes firmes spécialisées dans ces disciplines nouvelles, ou bien en nouant des partenariats avec des laboratoires universitaires de recherche. Les banques, quant à elles, s'assurent l'accès aux nouveaux marchés de produits d'investissement en créant des partenariats avec de petits gestionnaires de biens indépendants, en payant ou non un droit d'entrée. à cela s'ajoutent nombre « d'alliances » à caractère moins officiel encore – dont la plupart ne sont jamais annoncées par la presse – comme celle qu'a passée Intel, le plus grand concepteur mondial de puces électroniques, et Sharp, grand producteur japonais. Aux termes de cette alliance, Intel assurera la recherche et la conception, tandis que Sharp se chargera de la fabrication. Chacune des deux entreprises commercialisera séparément les nouveaux produits qui naîtront de leur alliance – et apparemment, ni l'une ni l'autre ne compte investir un sou dans le capital de son partenaire. Dans le domaine des télécommunications, on a vu éclore des « consortia » regroupant trois grandes compagnies de téléphonie, voire davantage, par exemple une américaine, une suédoise et une anglaise. Celles-ci se regroupent pour obtenir des licences pour les services de téléphonie cellulaire dans le monde entier, à moins que ce ne soit pour la télévision par câble, ou pour racheter ensemble les éléments d'un ancien monopole national à la veille de sa privatisation. Comme l'externalisation, la multiplication des alliances et des partenariats, sur lesquels nul n'a le moindre contrôle, va s'accélérant. D'abord parce qu'aucune grande entreprise, même les géants de la téléphonie, n'a suffisamment de capitaux pour parvenir seule à ses fins. Autre raison, plus importante encore : aucune ne possède à elle seule toute la technologie nécessaire. Enfin, dans bon nombre de pays, en particulier les NPI comme la Chine du littoral et la Malaisie, on ne peut faire des affaires que par le biais de filiales communes avec des partenaires locaux. « Aujourd'hui, a déclaré récemment le PDG d'un grand laboratoire pharmaceutique, 80 % de notre chiffre d'affaires et de nos bénéfices sont réalisés grâce à des produits fabriqués dans des usines dont nous sommes propriétaires à 100 % et vendus par l'intermédiaire de filiales détenues également à 100 %. Dans dix ans, plus de la moitié de ce que nous vendrons – et nous comptons bien doubler le volume de nos ventes entre-temps – le sera par l'intermédiaire de *joint ventures*, de licences, d'alliances et de produits fabriqués par des entreprises dans lesquelles nous n'aurons soit aucune participation, soit une participation minoritaire, mais avec lesquelles nous entretiendrons un partenariat commercial ou de recherche. Il nous est rigoureusement impossible – nous sommes pourtant parmi les leaders mondiaux de la recherche – de posséder une expertise scientifique suffisante dans *tous* les nouveaux domaines. Et tout aussi impossible, bien que nous soyons très fiers de notre organisation commerciale, de servir tous les nouveaux canaux par l'intermédiaire desquels nos produits seront distribués quand les systèmes de santé seront réorganisés dans le monde entier. »

Il y a près de trente ans, en 1967, Jean-Jacques Servan-Schreiber publiait *Le Défi américain*, qui allait devenir un best-seller mondial. Il prévoyait qu'en 1985 ou en 1990, l'ensemble de l'économie de la planète appartiendrait à une petite douzaine d'immenses multinationales américaines dont les usines produiraient environ 90 % de la totalité des produits manufacturés dans le monde. Encore un peu plus tôt, en 1955, le magazine *Fortune* avait fait de la taille d'une entreprise le critère de sa réussite. Plus on était gros, mieux c'était ; cela s'appliquait au monde des affaires comme à l'État, aux hôpitaux et aux universités. À la tête de ces organisations gigantesques, comme des mastodontes de Servan-Schreiber, une direction générale toute-puissante contrôlait et dirigeait tout. Tous ceux qui travaillaient avec ou pour ces grandes entreprises y étaient salariés à temps complet. En fait, quand l'ouvrage de JJSS parut, la tendance avait déjà commencé à tourner pour l'économie mondiale. Les Japonais et les Européens voulaient désormais jouer dans la cour des grands et bousculaient quelque peu les Américains. Quelques années après, la dynamique de croissance observée dans l'économie américaine (ainsi, un peu plus tard, que dans les économies européennes) dénotait un regain de faveur des entreprises de taille moyenne. Les structures de base des entreprises et de l'emploi restaient cependant semblables à ce qu'elles avaient été depuis un siècle. *Aujourd'hui, elles connaissent toutes deux une mutation très rapide.*

Même si, dans trois ans, on peut penser que la majorité des chefs d'entreprise et des cadres seront encore salariés de l'entreprise pour laquelle ils travaillent, leur mentalité, surtout en ce qui concerne les intellectuels, sera largement influencée par la minorité significative de collaborateurs non salariés de l'entreprise, qu'ils appartiennent au personnel d'un sous-traitant, d'une autre entreprise avec laquelle la première est en partenariat, ou à des fournisseurs plus ou moins indépendants. Autant dire que, dans l'entreprise et parmi ses dirigeants, certains mots, tels « fidélité à l'entreprise », vont disparaître du vocabulaire. Il va désormais falloir mériter la confiance des personnes avec qui on travaille, salariés de l'entreprise ou non. Même le spécialiste ou le cadre supérieur qui n'a pas la moindre intention de quitter sa société ne pourra manquer de savoir qu'il existe d'autres opportunités ailleurs – les Japonais eux-mêmes s'en sont aperçus, c'est tout dire ! Ajoutons que, dans le cas où un collaborateur préférerait rester dans la même entreprise, il ne peut ignorer que l'emploi à vie, c'est fini, terminé, ça n'existe plus ! La belle époque où l'on entrait dans les grandes sociétés américaines, européennes et surtout japonaises, comme en religion, est révolue ; même s'il faut reconnaître que l'emploi à vie semble résister mieux au pays du soleil levant, sans doute parce qu'il y était si enraciné que c'était presque devenu un phénomène de civilisation. Je pense que même les administrations – où les fonctionnaires bénéficient de postes à vie, depuis cent ans, si ce n'est plus – n'échapperont pas à des réductions d'effectifs drastiques. De nombreux services publics seront privatisés et des services entiers supprimés dans tous les pays développés, ainsi que dans la plupart des pays en voie de développement. Par conséquent, les cadres moyens et supérieurs devront comprendre qu'il leur revient d'organiser eux-mêmes leur carrière, d'apprendre à *se placer* – dans leur entreprise et à l'extérieur. Dans cette perspective, ils devront d'abord connaître leurs points forts. La plupart des CV que je reçois – mes anciens élèves m'en adressent très souvent – se contentent d'énumérer les postes précédemment occupés. Certains décrivent les postes souhaités. Mais très peu, croyez moi, expliquent en quoi ils excellent, ce qu'ils savent faire à la perfection, mieux que d'autres. Moins nombreux encore sont ceux qui précisent à un employeur potentiel ce qu'il pourra attendre d'eux. En un mot comme en cent, une infime minorité a vraiment compris qu'il s'agit de se *vendre*. Comme n'importe quel produit.

Partenariats et alliances entraînent des conséquences tout aussi nouvelles sur la façon de gérer une entreprise et ses relations. Les patrons ont l'habitude de commander. De réfléchir à ce qu'ils veulent, puis de l'imposer à leurs subordonnés. Même le « management par consensus » à la japonaise revient à faire accepter par les collaborateurs de l'entreprise les décisions prises par les grands patrons. J'en dirais autant de ce que l'on appelle « le management participatif ». En revanche, en situation de partenariat – face à un sous-traitant, au partenaire d'une filiale commune, ou encore à une entreprise dans laquelle on détient une participation minoritaire – on n'est plus en situation de commander. Tout ce que l'on peut faire, c'est gagner la confiance de ses interlocuteurs. Pour être plus précis, on ne peut plus commencer par se poser la question « Que voulons-*nous* faire ? » Les questions correctes seraient plutôt : « Qu'est-ce qu'*ils* veulent faire ? Quels sont *leurs* objectifs ? *Leurs* valeurs ? *Leur* méthode de travail ? » Il s'agit là de relations de marketing, or, en marketing, on s'intéresse au client avant de s'intéresser au produit.

J'ai demandé aux participants du séminaire dont je vous parlais un peu plus haut comment ils appelleraient cette nouvelle organisation et la société qu'elle modèlera. Ils ont commencé par suggérer l'expression « la forme libre ». Puis, après réflexion, ils sont revenus sur leur première proposition : « Non, appelez cela *La société en réseau.* »

II

L'organisation fondée sur l'information

6

L'ère
des
organisations

'histoire des pays occidentaux est rythmée par des transformations profondes qui surviennent habituellement à quelques
siècles d'intervalle. On assiste alors, en quelques dizaines d'années,
à un bouleversement de la société. Celle-ci modifie sa conception
du monde, ses valeurs fondamentales, ses structures politiques et
sociales, ses institutions. L'art lui-même change. Cinquante ans
plus tard, un nouveau monde a vu le jour. Ceux qui y sont nés ne
peuvent même pas imaginer celui dans lequel vivaient leurs
grands-parents et où sont nés leurs propres parents.

Nous nous trouvons manifestement au cœur d'une de ces
périodes. Cette fois, la transformation ne se confine pas à l'occident, c'est même l'un des changements majeurs en cours : on ne
pourra plus se contenter de parler d'histoire ou de civilisation occidentales, l'échelle est désormais mondiale.

Cette transformation a peut-être correspondu au moment où le
Japon a été le premier pays non occidental à se frayer une place
parmi les grandes puissances économiques, à moins que ce ne soit
à celui où le premier ordinateur a été construit – marquant l'avènement de l'ère de l'information. C'est possible. Je considère
quant à moi que le *Bill of Rights* accordé aux GIs au lendemain de
la Seconde Guerre mondiale constitue une étape tout aussi significative. Chaque soldat américain de retour au pays se voyait offrir
un pécule lui permettant de recevoir une formation universitaire,

ce qui n'eût même pas été concevable trente ans plus tôt, à la fin de la Première Guerre. L'existence de ce texte et l'accueil enthousiaste que les intéressés lui ont réservé marquent le passage à la *société du savoir*.

Dans cette société, le savoir représente véritablement la ressource première, pour les individus comme pour l'ensemble de l'économie. Les facteurs traditionnels de production, la terre, le travail et le capital, ne disparaissent pas pour autant, mais deviennent secondaires. On peut les y obtenir sans difficulté à la condition de posséder des connaissances spécialisées. Ces dernières ne produisent cependant rien par elles-mêmes, mais seulement lorsqu'on les intègre à une tâche. C'est la raison pour laquelle la société du savoir est aussi une *société des organisations* : en effet, le but et la fonction de toute organisation, que ce soit ou non dans le monde des affaires, est précisément l'intégration de connaissances spécialisées dans une tâche commune.

Si l'histoire peut nous servir de guide, cette mutation ne s'achèvera que vers l'an 2010 ou 2020. Il serait donc hasardeux de tenter de prévoir en détail le monde en cours d'émergence. En revanche, je crois que nous pouvons déjà sans grand risque d'erreur déterminer quelles nouvelles questions se poseront et les endroits où surgiront les difficultés les plus sérieuses.

La société des organisations se trouvera en effet confrontée à des tensions déjà discernables : celle, par exemple, qui naît du conflit entre le besoin de stabilité de la collectivité et la nécessité, propre à l'organisation, de déstabiliser ; les rapports entre l'individu et l'organisation pour laquelle il travaille ainsi que leur dépendance mutuelle ; la tension qui découle du besoin d'autonomie de l'organisation et le rôle de la société dans l'intérêt général ; la demande croissante d'organisations responsables socialement ; la tension entre les experts détenteurs d'un savoir spécialisé et la nécessité, pour l'organisation, de les faire travailler en équipes. Tous ces problèmes vont devenir des préoccupations centrales, surtout dans le monde développé, au cours des années à venir. Ils ne seront résolus ni à coups de *pronunciamientos*, ni de grandes phrases, ni de textes législatifs ; il faut les prendre à la racine, les traiter au sein de chaque organisation, dans le bureau du patron.

La société, la collectivité et la famille sont toutes trois des institutions conservatrices. Elles tentent de maintenir la stabilité et d'empêcher, ou au moins de ralentir, le changement. En revanche, l'organisation moderne est déstabilisatrice, car il lui faut tout faire pour permettre l'innovation, c'est-à-dire, selon la définition du célèbre économiste Schumpeter, la « destruction créatrice ». Elle doit aussi faciliter l'abandon systématique de tout ce qui est installé, habituel, familier et confortable – qu'il s'agisse d'un produit ou service ou d'un processus ; d'un ensemble de savoir-faire, de relations humaines et sociales, ou de l'organisation elle-même. Bref, l'organisation moderne doit, à tout prix, encourager le changement constant. Sa fonction consiste à mettre en œuvre des connaissances, en les appliquant à des outils, des produits et des processus, à la conception du travail et au savoir lui-même. Or, par nature, les connaissances évoluent vite : les certitudes d'aujourd'hui sont toujours les absurdités de demain.

Les compétences, elles, évoluent lentement et peu fréquemment. Si un tailleur de pierres de la Grèce antique revenait aujourd'hui sur terre et entrait dans l'atelier d'un confrère, le seul changement important qu'il trouverait dans son travail serait qu'on lui demanderait de graver des motifs différents sur les pierres tombales. Il utiliserait des outils semblables à ceux qui lui sont familiers, à cela près qu'ils sont maintenant équipés de moteurs électriques. Dans le passé, au bout de cinq à sept ans d'apprentissage, un artisan maîtrisait, à l'âge de dix-huit ou dix-neuf ans, l'ensemble des techniques auxquelles il aurait recours tout au long de sa vie professionnelle. Par contraste, dans la société des organisations, on peut affirmer avec certitude que quiconque possède quelques connaissances devra les renouveler tous les quatre à cinq ans, sous peine de se trouver dépassé.

Nécessité d'autant plus vitale que les changements affectant le plus profondément un corpus de connaissances donné ne proviennent en général pas du même domaine. Après Gutenberg, la technique de l'imprimerie resta pratiquement immuable quatre siècles durant – jusqu'à l'invention de la machine à vapeur. Les transports par automobile, par camion et par avion ont entraîné des répercussions plus profondes sur le transport ferroviaire que les innovations concernant le chemin de fer lui-même. L'industrie pharmaceutique accomplit aujourd'hui des pas de géant grâce à des connaissances dérivées de la génétique et de la microbiologie, disciplines dont peu de biologistes avaient même entendu parler il y a quarante ans.

Encore la science ou la technologie ne sont-elles pas seules, tant s'en faut, à créer ces connaissances nouvelles qui rendent les anciennes obsolètes. L'innovation sociale s'avère fréquemment au moins aussi lourde de conséquences, souvent plus. En fait, la crise mondiale que traverse actuellement l'institution la plus orgueilleuse du XIXᵉ siècle, la banque commerciale, n'est imputable ni à l'ordinateur ni à aucun autre changement technologique. C'est la découverte, par des non-banquiers, qu'ils pouvaient utiliser le papier commercial, vieil instrument financier jusque-là assez obscur, pour financer les entreprises. Ils privaient du même coup les banques d'une activité dont elles avaient le monopole depuis deux siècles et d'où elles tiraient le plus clair de leurs revenus : le prêt commercial. Ajoutons que le changement le plus considérable de tous réside vraisemblablement dans le fait qu'au cours des quarante dernières années, l'innovation délibérée – à la fois technique et sociale – est devenue une discipline organisée, que l'on peut enseigner et apprendre.

Le changement rapide fondé sur le savoir ne se cantonne pas non plus, comme beaucoup le croient encore, au monde des affaires. Aucune organisation n'a connu de transformation plus profonde, au cours des cinquante années qui se sont écoulées depuis la Seconde Guerre mondiale, que l'armée américaine. Si les uniformes et les grades sont restés quasiment inchangés, les armes se sont totalement métamorphosées, comme la guerre du Golfe l'a démontré de façon spectaculaire en 1991 ; les doctrines et les concepts militaires ont subi une mutation plus profonde encore, de même que les structures organisationnelles et de commandement des forces armées, leurs relations et leurs responsabilités.

On peut également prédire sans risque d'erreur que, dans les cinquante années à venir, les écoles et les universités se transformeront bien plus qu'elles ne l'ont fait depuis qu'elles ont adopté leur forme actuelle, il y a trois siècles, en se réorganisant autour du livre. Je pense que trois éléments imposeront cette évolution. D'abord les nouvelles technologies comme l'ordinateur, la vidéo et les transmissions par satellite, ensuite les exigences d'une société où l'apprentissage organisé doit devenir un processus se prolongeant tout au long de la vie des travailleurs du savoir ; enfin le développement de théories nouvelles sur les mécanismes de l'apprentissage humain.

Pour les responsables d'entreprise, la dynamique du savoir entraîne un impératif clair, chaque organisation doit intégrer la gestion du changement dans sa structure même.

Pour commencer, cela signifie que chaque entreprise doit se préparer à abandonner tout ce qu'elle fait. Les responsables doivent apprendre à se poser régulièrement la question suivante, pour chacun de leurs produits, procédures, ou stratégies : « Si nous ne le faisions pas déjà, sachant ce que nous savons aujourd'hui, entreprendrions-nous de le faire ? » En cas de réponse négative, il faut agir, surtout ne pas se contenter de commander une étude de plus. De plus en plus, il va falloir planifier l'abandon au lieu de tenter de prolonger la vie d'un produit qui se vend bien, d'une stratégie ou d'une pratique qui fonctionne. Jusqu'à présent, seules les grandes entreprises japonaises ont montré qu'elles étaient capables de le faire.

D'autre part, toute entreprise doit s'investir totalement pour créer la nouveauté. Toute direction doit avoir recours à trois pratiques systématiques. La première consiste en l'amélioration continue de toutes ses activités, c'est ce que les Japonais appellent le *kaizen*. Tous les artistes du monde ont toujours pratiqué cette auto-amélioration permanente et organisée. Mais, jusqu'à maintenant, seuls les Japonais – peut-être à cause de leur tradition Zen, l'ont intégrée dans la vie et le travail quotidiens de leurs entreprises – mais pas dans leurs universités, singulièrement résistantes au changement. Le but du *kaizen* est d'améliorer un produit ou un service de façon à se trouver, au bout de deux ou trois ans, avec un produit ou un service radicalement nouveau.

En second lieu, toute entreprise devra apprendre à exploiter son savoir, c'est-à-dire à développer de nouvelles générations d'applications à partir de ses propres succès. Là encore, ce sont les Japonais qui y ont jusqu'à présent le mieux réussi, comme l'ont démontré leurs constructeurs d'électronique grand public en développant avec succès produit sur produit à partir d'une seule et unique invention américaine, le magnétophone. Mais cette exploitation des réussites constitue également l'un des points forts des églises pastorales américaines, en pleine croissance.

Enfin, les entreprises doivent apprendre à innover et à faire de l'innovation un processus systématique. Aujourd'hui, elle peut et doit être organisée. On en revient, bien sûr, à l'abandon : la boucle est bouclée. Faute de quoi, l'entreprise fondée sur le savoir se trouvera très vite obsolescente, perdra une partie de sa capacité de performance et du même coup celle d'attirer et de retenir les collaborateurs possédant les connaissances dont dépend son avenir.

S'organiser pour changer suppose un haut degré de décentralisation – la structure de l'entreprise doit permettre une prise de décision rapide. Décision qu'il convient de fonder sur la proximité du marché, des techniques, de la performance et des multiples changements dans la société, l'environnement, la démographie et le savoir, qui offrent des opportunités d'innovation à ceux qui savent les repérer et les exploiter.

Tout ceci implique que les entreprises de la société post-capitaliste se trouvent sans cesse en situation de bouleverser, désorganiser et déstabiliser la collectivité. Leurs propres besoins évoluent si vite qu'elles sont appelées à modifier constamment leur demande en compétences et en savoirs : les universités ne sont pas plutôt prêtes à leur fournir des physiciens qu'ils leur réclament des généticiens. Dès que les employés de banque sont vraiment bien qualifiés en analyse de crédit, c'est de conseillers en placement qu'on a le plus besoin. Mais il y a plus grave, du point de vue de la ville où elles sont implantées, elles doivent pouvoir fermer librement leurs usines, même si cela se traduit, localement, par la perte d'emplois précieux. Elles doivent aussi pouvoir remplacer des créatifs blanchis sous le harnais par des jeunes de vingt-cinq ans qui maîtrisent la simulation par ordinateur.

De même que les hôpitaux doivent pouvoir décréter que les bébés naîtront désormais dans des maternités séparées si l'évolution technique de l'obstétrique l'impose. On doit pouvoir fermer carrément un hôpital si les conditions nouvelles au plan scientifique, technique et clinique signifient qu'en-dessous de deux cents lits, aucune structure hospitalière n'est viable financièrement ni capable d'offrir des soins de qualité. Pour qu'un hôpital, une école, ou tout autre organisme au service de la collectivité puisse s'acquitter de sa fonction sociale, il faut pouvoir le fermer, même s'il est fortement intégré à l'environnement local, même si les usagers y sont extrêmement attachés. Si l'évolution de la démographie, des techniques ou des connaissances l'imposent, il faut être en mesure d'en tirer les conséquences.

Le problème, c'est que chacun de ces bouleversements se traduit par un drame pour la collectivité – ils sèment la confusion, rompent la continuité. La décision prise est toujours jugée « injuste ». Elle détruit immanquablement des équilibres souvent fragiles.

Le fait que l'entreprise ou l'organisme moderne doivent se situer *dans* la collectivité mais ne peuvent en faire partie intégrante constitue une autre source de perturbation. Les membres du personnel habitent tel ou tel endroit, en parlent la langue, envoient leurs enfants aux écoles locales, y votent, y paient des impôts et ont besoin de s'y sentir chez eux. Les entreprises ne peuvent pourtant se permettre de s'immiscer dans les intérêts locaux ou de s'y subordonner. Leur « culture » doit les transcender.

C'est la nature de la tâche, et non la ville où elle est exécutée, qui détermine la culture d'une entreprise ou de tout autre organisme. Prenez un fonctionnaire américain, il a beau haïr le communisme, il comprendra immédiatement les intrigues de couloir de Beijing que lui raconte un collègue chinois. Alors qu'à Washington, sa propre ville, il serait complètement perdu si on lui demandait de participer à une réunion destinée à préparer la prochaine campagne publicitaire des supérettes locales.

Si l'on veut qu'une organisation s'acquitte correctement de ses tâches, elle doit être structurée et gérée de la même manière que ses homologues. Par exemple, on nous rebat les oreilles des différences entre le management à la japonaise et à l'américaine. En fait, les grandes entreprises, qu'elles soient japonaises ou américaines, fonctionnent en grande partie de la même manière, c'est-à-dire largement comme leurs homologues britanniques ou allemandes. Aucun patient au monde n'a par exemple jamais le moindre doute sur la nature d'une chambre d'hôpital, où que ce soit. Il en va de même pour les écoles et les universités, les syndicats et les laboratoires de recherche, les musées et les opéras, les observatoires astronomiques et les grandes exploitations agricoles.

De plus, chaque organisation repose sur un système de valeurs déterminé par sa tâche. Dans tous les hôpitaux du monde, l'idéal est le même : prodiguer les meilleurs soins possibles. Dans toutes les écoles du monde, on partage un seul et même objectif, transmettre les connaissances dans les meilleures conditions. Dans toutes les entreprises du monde, on s'attache à produire et à distribuer des biens et des services. On réalisera des performances remarquables chaque fois que les collaborateurs de l'entreprise ou du service public seront convaincus que leur activité est, en dernière analyse, absolument indispensable à la collectivité et à la société, que tout le monde compte sur eux et a besoin d'eux.

Par sa culture, l'entreprise transcendera toujours la collectivité. En cas de conflit de valeurs, c'est l'entreprise qui doit l'emporter ; faute de quoi elle n'apportera pas sa contribution sociale. « La connaissance n'a pas de frontières », affirme un vieux proverbe. Les heurts entre la faculté et les autorités locales ne datent pas d'hier, les premiers ont surgi il y a 750 ans, à la création de la première université. Mais ce type de conflits est inhérent à la société des organisations ; il reflète la tension entre l'autonomie indispensable à l'organisation, ses valeurs, ainsi que les décisions qu'elle doit prendre d'une part, et d'autre part les exigences et les intérêts de la collectivité dans laquelle elle est implantée.

La question de la responsabilité sociale se pose automatiquement à la société des organisations. Chacune d'entre elles détient, et il doit en être ainsi, un pouvoir social certain dans le monde moderne. C'est indispensable pour prendre toutes les décisions concernant les personnes : qui recruter, qui licencier, à qui accorder des promotions. Il faut de l'autorité pour établir les règlements et disciplines nécessaires pour obtenir des résultats – par exemple, attribuer les tâches et les postes, fixer les emplois du temps. Il en faut aussi pour décider où implanter quelles unités de production, quelles autres il convient de fermer. Enfin, il en faut pour fixer ses prix, etc.

Ce sont les organismes à vocation non commerciale qui détiennent le plus de pouvoir social – ils en détiennent bien davantage, en vérité, que les entreprises. Historiquement, peu d'institutions ont joui d'un pouvoir comparable à celui qu'exercent aujourd'hui les universités. Le refus d'inscrire un étudiant ou de lui délivrer un diplôme revient pratiquement à lui dénier une carrière et des opportunités. De la même façon, un hôpital américain qui empêche un médecin d'exercer dans ses murs lui ôte par là-même la possibilité d'exercer la médecine. Et lorsque les syndicats ont la responsabilité de l'apprentissage ou bénéficient du statut de syndicat unique d'une entreprise (le *closed shop*), ils possèdent un pouvoir social considérable.

Le pouvoir politique peut bien entendu restreindre celui des organisations. Il peut l'assujettir à un contrôle administratif et judiciaire. Mais celui-ci s'exerce par l'intermédiaire d'organismes distincts des autorités politiques en tant que telles. C'est la raison pour laquelle la société post-capitaliste insiste tant sur la responsabilité sociale des organisations, qu'elles soient à vocation commerciale ou à but non lucratif.

Il semble simpliste d'affirmer, comme le fait l'économiste Milton Friedman, lauréat du prix Nobel, que l'entreprise n'a qu'une seule et unique responsabilité, la performance économique. C'est effectivement sa *première* responsabilité. De fait, une entreprise dont les bénéfices ne sont pas au moins équivalents à la rémunération du capital investi est irresponsable, elle gaspille les ressources de la société. La performance économique constitue le fondement sans lequel une entreprise ne peut assumer aucune autre responsabilité, faute duquel elle ne peut être ni bon employeur, ni bon citoyen, ni bon voisin. Néanmoins, la performance économique n'est pas davantage la seule responsabilité de l'entreprise que les résultats scolaires des élèves ou la guérison des malades ne constituent la seule et unique responsabilité d'une école et d'un hôpital.

Lorsqu'il n'existe pas de responsabilité en contrepartie du pouvoir, celui-ci devient tyrannique. En outre, il dégénère et perd sa capacité de performance, si vitale pour les entreprises. On continuera donc à avoir besoin d'organisations socialement responsables, sans doute même de plus en plus.

Heureusement, nous savons aussi, bien qu'assez imparfaitement, comment assumer ces responsabilités sociales. Toute organisation doit accepter la pleine et entière responsabilité de l'impact qu'elle a sur ses salariés, son environnement, ses clients, toutes les personnes et toutes les choses auxquelles elle touche. Voilà précisément ce qu'on entend par responsabilité sociale. Nous savons aussi que la société aura de plus en plus tendance à compter sur les grandes organisations commerciales ou à but non lucratif pour contribuer à la lutte contre les fléaux dont souffre la collectivité. Mais il ne suffit pas d'être animé des meilleures intentions du monde. Ce serait par exemple totalement irresponsable de la part d'une entreprise d'accepter, et à plus forte raison d'assumer, des responsabilités qui entraveraient sa capacité à accomplir ses tâches essentielles ou à réaliser sa véritable mission, ou encore qui l'entraîneraient dans des domaines où elle ne possède nulle compétence.

Le mot *organisation* est désormais d'usage quotidien aux États-Unis. Tout le monde vous comprend quand vous dites : « Dans notre "organisation" tout doit être centré sur le client », ou bien « Dans cette "organisation", on n'oublie jamais les erreurs commises ». Par ailleurs, la plupart, pour ne pas dire la totalité des tâches sociales, dans tous les pays industrialisés, sont réalisées dans et par des organisations, quel que soit leur statut juridique. Le mot n'a pourtant commencé à être utilisé qu'après la Seconde Guerre mondiale, que ce soit aux États-Unis ou ailleurs. L'édition de 1950 du *Concise Oxford Dictionary* ne lui donne pas encore son sens actuel. Il a fallu attendre la « révolution du management » pour bien comprendre en quoi l'organisation diffère et se distingue des autres institutions de notre société.

Contrairement aux collectivités locales, aux sociétés ou aux familles, les organisations sont conçues dans un but bien précis et toujours spécialisées. Les collectivités et les sociétés se définissent par les liens qui unissent leurs membres, qu'il s'agisse d'une langue, d'une culture, d'une histoire commune ou encore de leur appartenance géographique. L'organisation, elle, se définit par la tâche qu'elle doit accomplir. Un orchestre symphonique n'est pas fait pour soigner les malades, son unique vocation consiste à faire de la musique. Un hôpital soigne les malades, mais il ne prétend pas jouer du Beethoven.

À la vérité, une organisation n'est efficace que dans la mesure où elle se concentre sur une tâche précise. La diversification détruit sa capacité de performance ; c'est vrai de l'entreprise comme du syndicat, de l'école comme de l'hôpital, de l'association caritative comme de la paroisse. La société et la collectivité sont forcément multidimensionnelles, ce sont des environnements. Une organisation est un outil. Comme n'importe quel autre outil, plus elle est spécialisée, mieux elle peut exécuter la tâche qui lui est assignée.

Étant donné que l'organisation moderne se compose de spécialistes, tous experts dans un domaine étroit, sa mission doit être parfaitement définie. L'objectif précis vers lequel elle tend doit être connu de tous, sinon ses collaborateurs ne savent pas où ils en sont et s'enferment dans leur propre spécialité au lieu de l'appliquer à la tâche commune. Chacun tend alors à définir les résultats en se fondant sur son propre domaine, dont il tente d'imposer les valeurs à l'organisation. Seule une mission commune bien précise peut lui conférer une forte cohésion et la rendre productive. À défaut d'une telle mission, la crédibilité disparaît rapidement et avec elle la capacité à attirer les hommes de talent qui sont, je ne le répéterai jamais assez, la condition essentielle de la réussite et la plus grande richesse de l'entreprise.

Les dirigeants oublient trop facilement qu'entrer dans une organisation constitue toujours un acte volontaire, même si, dans les faits, les gens n'ont pas toujours beaucoup de choix. Pourtant, même lorsque l'appartenance est pratiquement obligatoire, comme le fut, sauf pour une poignée de Juifs et de Gitans, l'appartenance à l'Église catholique dans tous les pays d'Europe pendant des siècles, on maintient toujours soigneusement la fiction de l'acte volontaire. Le parrain ou la marraine du bébé jure, à son baptême, au nom de l'enfant, qu'il accepte d'entrer dans l'Église.

Il peut certes s'avérer difficile de quitter certaines organisations, comme la Mafia, une grande entreprise japonaise ou la compagnie de Jésus. Mais c'est toujours possible. Et plus on s'approche de l'organisation regroupant des travailleurs du savoir, plus il est facile de la quitter pour aller ailleurs. C'est la raison pour laquelle la concurrence est toujours si farouche entre organisations lorsqu'il s'agit de s'assurer la ressource la plus essentielle de toutes, des collaborateurs qualifiés, possédant des connaissances utiles.

Toutes les organisations entonnent aujourd'hui le sympathique refrain : « Nos collaborateurs sont notre plus grande richesse. » Mais combien mettent ces belles paroles en pratique, combien y croient véritablement ? La plupart sont encore convaincues, comme l'étaient les employeurs au XIXᵉ siècle, que les salariés ont plus besoin des patrons que les patrons des salariés. Alors qu'en fait, entreprises et autres organismes ont autant besoin de « vendre » le privilège de travailler chez eux que leurs produits et services – si ce n'est davantage. Il leur faut attirer les hommes, les retenir, reconnaître et récompenser leurs talents et leurs efforts, les motiver, les servir et les satisfaire.

Les rapports entre les travailleurs du savoir et les organisations dans lesquelles ils œuvrent représente manifestement un phénomène nouveau, pour lequel nous ne possédons pas de terminologie adaptée. Par exemple, un employé, par définition, est quelqu'un qui se fait payer pour travailler. Pourtant, le groupe le plus nombreux d'employés, aux États-Unis, est constitué des millions d'hommes et de femmes qui consacrent, sans aucune rémunération, plusieurs heures par semaine à la vie associative. Ils font clairement partie du personnel des organismes concernés et se considèrent comme tels, mais ils sont bénévoles et volontaires. De même, de nombreuses personnes travaillent comme des salariés sans pour autant l'être au regard de la loi, car ils ne travaillent pas pour quelqu'un d'autre, ce sont des « travailleurs indépendants ».

Ce genre d'anomalies se retrouve à peu près dans toutes les langues ; pour parler des réalités nouvelles, il faudrait disposer d'un vocabulaire nouveau. En attendant, voici la meilleure définition que l'on puisse donner du mot « employé » dans la société post-capitaliste : il s'agit de personnes dont la capacité à apporter une contribution dépend de l'accès à une organisation.

Pour ceux qui occupent des postes relativement subalternes – caissière de supermarché, femme de ménage, chauffeur de poids lourds, cette nouvelle définition ne tire pas à conséquence. En pratique, leur situation n'est sans doute pas très différente de celle du salarié, le « travailleur » de naguère, dont ils descendent en ligne directe. Là se trouve précisément l'un des problèmes cruciaux auxquels est confrontée la société moderne.

En revanche, les rapports entre les organisations et les travailleurs du savoir, qui représentent déjà au moins le tiers et plus vraisemblablement les deux cinquièmes du nombre total des employés, sont radicalement différents, de même que les rapports entre un organisme à but non lucratif et des bénévoles. Dans un cas comme dans l'autre, ils ne peuvent travailler que dans la mesure où l'organisation existe, ils sont donc, eux aussi, dépendants. Mais en même temps, ce sont eux qui possèdent leurs propres « moyens de production », c'est-à-dire leur savoir. Dans cette perspective, ils sont indépendants et extrêmement mobiles.

Les travailleurs du savoir continuent à avoir besoin d'outils de production. En fait, le capital aujourd'hui investi dans ces outils est sans doute déjà supérieur aux sommes qui ont jamais été investies dans les outils destinés aux ouvriers dans les usines. Et l'investissement social, par exemple le coût de la formation intellectuelle d'un travailleur du savoir, est plusieurs fois supérieur à celui que représente la formation d'un travailleur manuel. Cet investissement n'est pourtant productif que si le travailleur du savoir exploite effectivement les connaissances qu'il a acquises et qu'on ne peut lui reprendre. Dans les ateliers, les opérateurs de machines faisaient ce qu'on leur disait de faire. La machine imposait non seulement ce qu'il fallait faire, mais aussi la façon de le faire. Le travailleur du savoir a, certes, parfois besoin d'une machine, que ce soit un ordinateur, un scanner ou un télescope. Mais elle ne lui dira pas ce qu'il faut faire et encore moins comment s'y prendre.

Or sans cette connaissance, qui appartient à la personne, la machine demeure improductive.

Ajoutons que le contremaître pouvait dire aux opérateurs de machines, comme à tous les ouvriers de toutes les époques, ce qu'ils devaient faire, comment, et à quelle cadence. En revanche, on ne peut pas véritablement surveiller les travailleurs du savoir. En effet, s'ils ne connaissent pas leur domaine spécialisé beaucoup mieux que quiconque au sein de l'organisation, leur utilité est pratiquement nulle. Le directeur du marketing peut toujours préciser au spécialiste d'études de marché ce que l'entreprise voudrait savoir sur la conception d'un nouveau produit, sur quel segment de marché elle souhaite se positionner. Mais il revient à l'expert en études de marché d'expliquer au président quelles enquêtes sont nécessaires, comment les organiser, et ce que leurs résultats signifient.

Au cours de la restructuration traumatisante du tissu industriel et commercial qui s'est opérée aux États-Unis dans les années quatre-vingt, des milliers, si ce n'est des centaines de milliers de travailleurs du savoir ont perdu leur emploi lorsque leurs entreprises se sont fait racheter, ont fusionné, essaimé ou déposé leur bilan. Pourtant, en l'espace de quelques mois, la plupart d'entre eux avaient retrouvé un poste leur permettant d'exploiter à nouveau leurs connaissances. La période de transition a sans aucun doute été douloureuse, et dans la moitié des cas environ, ils n'ont pas retrouvé le même salaire, ou bien leur nouveau poste leur plaisait moins que l'ancien. Malgré tout, les techniciens, ingénieurs et cadres qui s'étaient fait licencier ont pu constater qu'ils détenaient un « capital » – leurs connaissances. Autrement dit, ils possédaient un moyen de production. Quelqu'un d'autre, l'organisation, possédait les moyens complémentaires, sous forme d'outils de production. Ils avaient mutuellement besoin les uns des autres.

L'une des conséquences de ces nouveaux rapports, qui constitue l'une des tensions de la société moderne, c'est que la fidélité des gens n'est plus fonction de la seule feuille de paye. Il faut la mériter en prouvant aux travailleurs du savoir que des opportunités exceptionnelles d'exploiter leurs connaissances leur sont offertes. Il n'y a pas si longtemps, « main-d'œuvre » était encore la terminologie la plus employée. Aujourd'hui, on préfère parler de « ressources humaines ». Cette évolution du vocabulaire témoigne que c'est l'individu, surtout le collaborateur compétent possédant des connaissances utiles, qui décide, dans une grande mesure, ce qu'il apportera à l'organisation et quelle sera la rentabilité de ses connaissances.

Comme l'organisation moderne est composée de spécialistes du savoir, elle ne peut les faire travailler que sur un pied d'égalité, en tant que collègues et associés. Aucun compartiment du savoir n'a prééminence sur un autre, on juge chacun à la contribution qu'il apporte à la tâche commune, toute notion de supériorité ou d'infériorité inhérente se trouve donc exclue. De sorte que l'organisation moderne, loin de se contenter de placer des subordonnés sous les ordres de patrons, doit fonctionner comme une équipe.

On distingue seulement trois sortes d'équipes. La première, c'est l'équipe de double en tennis, nécessairement restreinte, où chacun des membres s'adapte à la personnalité, aux compétences, aux forces et faiblesses du ou des partenaires. Vient ensuite la grande famille de l'équipe de football, où chacun occupe une position fixe, ce qui n'empêche pas l'équipe entière de se déplacer ensemble (à l'exception du gardien de but), tandis que chaque individu conserve sa position relative par rapport à ses coéquipiers. Enfin, il y a l'équipe de base-ball, similaire à un orchestre, dont tous les membres occupent des positions fixes.

L'organisation ne peut jouer qu'un seul jeu à la fois, et n'avoir recours qu'à un seul genre d'équipe pour une tâche donnée. À quel jeu veut-on jouer ? Quel type d'équipe va-t-on former ? Dans la vie d'une organisation, peu de décisions sont aussi lourdes de conséquences. Sans compter qu'il s'avère extraordinairement difficile de faire passer un groupe constitué d'une forme d'équipe à une autre.

Les constructeurs automobiles américains ont longtemps eu recours à l'équipe de type base-ball pour développer leurs nouveaux modèles ou produits. Le bureau d'études planchait, passait le dossier à l'industrialisation, celui-ci s'acquittait de sa tâche et transmettait à la production. Les ateliers sortaient le produit fini, puis c'était au marketing d'entrer en action. En règle générale, la comptabilité intervenait à partir du stade de la production et la direction du personnel ne mettait son nez dans l'affaire qu'en cas de crise grave... et encore, pas toujours.

Les Japonais, quant à eux, ont décidé de réorganiser leur développement de nouveaux produits en adoptant la formule type équipe de foot. Dans ce cadre, chaque fonction fait son boulot, mais, dès le début, tout le monde travaille simultanément. Il s'agit d'un mouvement d'ensemble : on suit collectivement le dossier, comme, sur le terrain, on suit le ballon. Il a fallu au moins quinze ans aux constructeurs automobiles nippons pour apprendre cette technique. Mais une fois le nouveau concept parfaitement maîtrisé, ils ont réussi à diminuer des deux tiers leurs délais de développement. Traditionnellement, sortir un nouveau modèle demandait cinq ans – Toyota, Nissan et Honda y parviennent aujourd'hui en dix-huit mois. C'est autant grâce à cette rapidité qu'à leur politique de qualité qu'ils ont conquis la position de force dont ils jouissent aujourd'hui, tant sur les marchés américains qu'européens.

Certains constructeurs américains ont travaillé d'arrache-pied pour réorganiser leur développement suivant le modèle japonais. Chez Ford, par exemple, on s'y est mis dès le début des années quatre-vingt. Dix ans plus tard, malgré des progrès considérables, on était encore loin d'avoir rattrapé les Japonais. C'est que le passage à une nouvelle forme d'équipe exige quelque chose d'infiniment difficile : il s'agit d'apprendre à désapprendre. Cela suppose d'abandonner des savoir-faire que l'on a acquis au prix fort, les habitudes d'une vie entière, des valeurs auxquelles on demeure profondément attaché, tel l'amour du métier et le professionnalisme. Il s'avère plus pénible encore de faire une croix sur certains rapports humains, d'abandonner ce que les gens ont toujours considéré comme leur « communauté », leur « famille ».

L'équipe est pourtant la condition *sine qua non* de la performance. Lorsque les premières organisations ont vu le jour à la fin du XIX⁰ siècle, l'armée constituait le seul modèle disponible. L'armée prussienne faisait figure de modèle d'organisation dans le monde de 1870, au même titre que les chaînes de montage Ford dans le monde de 1920. En 1870, pratiquement tous les militaires prussiens faisaient la même chose, le nombre de ceux qui avaient quelques connaissances était infinitésimal. C'était une structure de commandement et de contrôle, et l'entreprise a commencé par copier ce modèle, ainsi d'ailleurs que la plupart des autres institutions. Tout cela change actuellement sous nos yeux, très vite. En effet, à mesure que les organisations travaillent de plus en plus à partir de l'information, elles se transforment en équipes de foot ou de tennis ; c'est-à-dire en organisations dont chaque membre doit se comporter en décideur responsable. Autrement dit, chacun doit se considérer comme un cadre dirigeant.

On ne peut néanmoins se passer de la présence d'une direction. Celle-ci peut être intermittente et sommaire, comme c'est le cas, par exemple, dans les associations parents-professeurs des écoles de banlieue américaines ; elle peut aussi représenter un travail exigeant et à plein temps pour un grand nombre de personnes, comme dans l'armée, l'entreprise, un syndicat ou une université. Quoi qu'il en soit, il faut qu'il y ait des gens pour prendre les décisions, sinon rien ne se fait jamais. Il faut que certains puissent répondre de la mission que s'est fixée le groupe, de l'esprit dans lequel il travaille, de sa performance et de ses résultats. La société, la collectivité, la famille, se donnent parfois des chefs – seules les organisations connaissent la notion de direction. Celle-ci doit, certes, jouir d'une autorité considérable ; mais sa tâche essentielle, dans une organisation moderne, consiste non à commander, mais à inspirer.

Il n'existe pas, historiquement, de précédent à la société des organisations. Il n'y a aucun précédent à sa capacité de performance, et ceci pour deux raisons. D'abord, chacune des entités qui la composent constitue un outil hautement spécialisé conçu pour une tâche spécifique ; ensuite parce que chacune se fonde sur l'organisation et le déploiement du savoir. Il n'existe aucun précédent à sa structure, pas davantage, il faut le souligner, qu'aux tensions et aux difficultés qui la travaillent. Certes, ces problèmes ne revêtent pas tous la même gravité. Nous savons déjà en résoudre certains, comme ceux qui touchent à la responsabilité sociale, nous l'avons vu plus haut. En revanche, dans d'autres domaines, nous n'avons pas de réponses satisfaisantes à apporter à des questions que nous ne sommes même pas sûrs de poser correctement.

Par exemple, personne ne sait encore comment réduire la tension entre le besoin de stabilité et de continuité de la collectivité et le besoin d'innover et de déstabiliser de l'organisation. Pas plus qu'on ne sait combler le fossé qui sépare les intellectuels des managers. Les deux s'avèrent indispensables : les premiers pour générer du savoir, les seconds pour le mettre en œuvre et le rendre productif. Mais les intellectuels vivent dans un monde de mots et d'idées, tandis que les managers donnent la priorité aux hommes, au travail et à la performance. Nous sommes confrontés à une autre menace qui, elle, concerne le fondement même de la société des organisations, à savoir le socle de connaissances sur lequel elle repose. Le danger découle d'une spécialisation toujours plus poussée, qui tend à émietter le savoir. Mais la menace la plus sérieuse de toutes, c'est celle que présente le nouveau pluralisme de la société.

Voilà plus de six siècles qu'aucune société n'a été dotée d'autant de centres de pouvoir que la nôtre. Le moyen âge, je vous l'accorde, était pluraliste. La société était alors composée de centaines de centres de pouvoir autonomes et rivaux – noblesse féodale, évêchés, monastères autonomes, villes franches. Dans certains territoires, comme au Tyrol autrichien, il y avait même des paysans « libres » qui ne devaient rien à personne sauf à l'Empereur. À cela s'ajoutaient des confréries d'artisans et des ligues transnationales de négoce, comme la ligue hanséatique. Et puis il y avait les banquiers florentins, les agents chargés de collecter les taxes et péages, les « parlements » locaux, dotés de pouvoirs législatifs et du droit de lever des impôts, des armées privées qui louaient leurs services, que sais-je encore ?

En Europe, ainsi qu'au Japon, l'histoire moderne a vu l'autorité centrale – le « prince », puis l'État, soumettre tous ces centres de pouvoir. Au milieu du XIXᵉ siècle, l'État unitaire avait triomphé dans tous les pays développés sauf aux États-Unis, où les structures religieuses et éducatives sont restées obstinément pluralistes. Mais de façon générale, l'abolition du pluralisme fut la grande cause « progressiste » pendant près de six siècles.

À peine le triomphe de l'État parut-il assuré que la grande entreprise commerciale prit son essor. C'était la première d'une longue série de nouvelles organisations. Quant aux anciennes, comme l'université, que les gouvernements européens semblaient avoir réussi à mettre au pas, elles ont repris leur autonomie. Il est amusant de constater que le totalitarisme du XXᵉ siècle, surtout le communisme, a représenté la dernière tentative désespérée de sauver l'ancien dogme progressiste où prédomine un seul et unique centre de pouvoir, une seule organisation, plutôt qu'une multitude d'organisations autonomes.

Cet effort s'est soldé par un échec. L'échec de l'autorité centrale, en elle-même, ne résout pas les problèmes créés par l'existence d'une société pluraliste. Je me propose d'illustrer ceci en vous racontant une histoire qui repose sur un malentendu.

De son vivant, Charles E. Wilson fut une éminente personnalité américaine, d'abord en sa qualité de PDG de la General

Motors, à l'époque numéro un de la construction automobile mondiale, puis en qualité de secrétaire de la défense sous la présidence d'Eisenhower. Aujourd'hui, on se souvient surtout de lui pour une phrase qu'il n'a jamais prononcée : « Ce qui est bon pour General Motors est bon pour les États-Unis. » En fait, il avait dit dans son discours d'investiture au Pentagone, « Ce qui est bon pour les États-Unis est bon pour la General Motors. »

Il consacra le reste de son existence à tenter de rétablir la citation, mais n'y parvint jamais, car tout le monde était convaincu que, même s'il ne l'avait pas dit, il le pensait à coup sûr, ce dont on ne pouvait lui tenir rigueur. En effet, comme nous l'avons longuement expliqué ci-dessus, les dirigeants d'une organisation, que ce soit une entreprise, un groupe de scoutisme ou une université, doivent croire dur comme fer que la mission et la tâche qui lui incombent sont vitales pour la société tout entière et constituent le fondement de tout le reste. S'ils ne sont pas animés de cette foi à déplacer les montagnes, c'est leur organisation qui perdra confiance en soi, sa fierté et finalement son efficacité.

La diversité caractéristique d'une société développée, qui lui confère sa puissance, n'est possible que grâce aux organisations spécialisées sur une seule tâche qui se sont multipliées depuis la révolution industrielle, particulièrement au cours des cinquante dernières années. Or elles doivent précisément leur efficacité au fait que chacune est autonome et spécialisée, ne connaît exclusivement que la mission, la vision et les valeurs qui lui sont propres, en refusant de se mêler de considérations liées à la société ou à la communauté.

Nous sommes donc ramenés au vieux problème, jamais résolu, de la société pluraliste : qui se charge du bien commun ? Qui le définit ? Qui équilibre et sépare les objectifs et les valeurs souvent contradictoires des institutions de la société ? Qui tranche les conflits, sur quelles bases ?

C'est précisément parce qu'il se montrait incapable de résoudre ces problèmes que le féodalisme médiéval a été supplanté par l'État unitaire souverain. Si ce dernier est lui-même aujourd'hui remplacé par un nouveau pluralisme – en termes de fonction plutôt que de pouvoir politique – c'est qu'il ne pouvait ni satisfaire les besoins de la société, ni effectuer les tâches nécessaires à la communauté. En dernière analyse, voilà l'enseignement principal à tirer de l'échec du socialisme, c'est-à-dire l'échec de la foi en un état tentaculaire tout-puissant. Le défi que nous devons aujourd'hui relever, surtout dans les démocraties libérales développées comme les États-Unis, c'est de faire en sorte que la pluralité d'organisations autonomes fondées sur le savoir contribue à la fois à l'efficacité économique et à la cohésion politique et sociale.

[1992]

7

La révolution de l'information en matière de distribution

Dans tous les pays d'Europe où je me suis rendu en 1993, que ce soit en Grande-Bretagne, en France, en Allemagne, en Italie, en Belgique, en Autriche ou en Suisse, on m'a affirmé d'un air sombre que l'unification économique européenne ne progressait ni sur le plan industriel ni sur le plan financier. En revanche, à la surprise générale, elle progresse à pas de géant dans le secteur de la distribution.

Il y a dix ans, Aldi, spécialiste du *hard discount* alimentaire, travaillait exclusivement dans son pays d'origine, l'Allemagne. Il possède maintenant 300 magasins répartis dans sept pays européens. Ses concurrents allemands, français ou danois connaissent une expansion tout aussi rapide à travers l'Europe, de l'Espagne à la Norvège. Le suédois Ikea domine aujourd'hui le secteur du mobilier en Europe occidentale et ouvre des magasins dans les anciens satellites de l'empire soviétique. L'italien Benetton (prêt à porter féminin) et le britannique Body Shop (produits de toilette) conquièrent, les uns après les autres, tous les pays européens et s'y assurent des positions dominantes.

L'internationalisation de la distribution n'est pas, tant s'en faut, un phénomène réservé à l'Europe. Les Japonais sont en train de s'implanter en Chine, tant pour la vente de produits alimentaires que pour celle des autres produits de consommation. Ikea et

Benetton peuvent se targuer d'une pénétration du marché presque aussi importante aux États-Unis qu'en Europe. L'Américain Wal-Mart se prépare à installer ses Sam's Clubs au Mexique, tandis que Toys 'R' Us se lance au Japon.

La plupart des précurseurs du commerce multinational ont tenté de faire un peu mieux ce que leurs concurrents du pays d'accueil faisaient déjà assez bien. Ce fut le cas de Sears, lorsqu'il établit en Amérique latine, au cours des années cinquante, des magasins Sears traditionnels, et aussi celui de l'Allemand Tengelmann et du Hollandais Ahold, lorsqu'ils achetèrent des chaînes de supermarchés américaines dans les années soixante-dix et au début des années quatre-vingt. Par contraste, les nouveaux venus font figure de révolutionnaires, car ils rejettent les principes mêmes que la plupart des professionnels considèrent encore comme parole d'évangile.

Au cours des cinquante dernières années, les centres commerciaux étaient la formule gagnante. Plus ils étaient grands, mieux ils marchaient. La nouvelle génération de distributeurs préfère s'en tenir à l'écart. Ils construisent des magasins indépendants ou s'installent dans des petites galeries commerciales qui ne regroupent que quelques magasins. Le grand patron de l'un des géants de la distribution européenne qui se développent le plus vite m'a affirmé que « les grands centres commerciaux noient la personnalité du magasin individuel dans l'anonymat du parking ». Or les nouveaux distributeurs tiennent à conserver une personnalité nettement marquée et à occuper une niche du marché bien précise.

Dans la profession, on n'aime guère parler de reengineering, apparemment cela évoque trop la production industrielle. Mais les nouveaux grands de la distribution passent leur vie à redéployer leurs opérations et nombre d'entre eux redéfinissent en fait toute leur activité.

Le succès de Wal-Mart, par exemple, repose dans une large mesure sur la façon dont il a redéfini le commerce de détail comme un mouvement de marchandises, plutôt que comme une vente. Cela les a conduit à intégrer la totalité du processus – depuis les ateliers des fournisseurs jusqu'aux linéaires – en s'appuyant sur le suivi en temps réel des achats de la clientèle. Cette politique lui a permis de supprimer trois étapes de stockage intermédiaire et de diminuer d'un bon tiers le coût normal de la distribution. Wal-Mart continue cependant à offrir un assortiment complet de produits, c'est-à-dire des milliers de références.

Aldi s'est réorganisé en appliquant à peu près les mêmes principes. En outre, il a ramené le nombre de ses références aux 600 articles qui, d'après ses enquêtes, faisaient l'objet d'achats réguliers par tous les ménages. Chacun de ces articles est conçu par Aldi, fabriqué en fonction de ses spécifications et vendu sous sa marque. Résultat, le chiffre d'affaires au mètre carré de linéaire, – unité de base de mesure de la performance pour la distribution – a doublé ou triplé.

Spar, autre spécialiste allemand du *hard discount,* va plus loin encore. Il ne propose plus à sa clientèle que les 200 articles achetés chaque semaine par une famille type. Un autre distributeur européen dont la croissance est également très rapide applique le même principe à un concept différent. Dans ses « clubs », qui vendent à prix de gros, on ne trouve que les 200 articles nécessaires à l'organisation d'une réception – anniversaires, mariages, et autres – mais aucun article de consommation courante.

Si Ikea peut se permettre de vendre à des prix attractifs, c'est que cette firme a compris que la moitié du coût d'un meuble réside dans l'assemblage. Si l'on fait en sorte que les éléments soient conçus méticuleusement et que les modes d'emploi soient d'une clarté parfaite, n'importe quel client peut faire l'économie de l'assemblage final en le réalisant lui-même.

On s'accorde, dans le monde de la distribution, à affirmer que la qualité du service est la clé du succès, voire de la survie. Les nouveaux distributeurs disent la même chose. Mais leur conception du service se révèle radicalement différente.

Pour les commerçants traditionnels, offrir un service valable suppose de mettre à la disposition des clients des vendeurs qui s'occupent personnellement et individuellement d'eux. La nouvelle génération de distributeurs n'emploie que très peu de vendeurs. La qualité du service, pour eux, consiste à faire en sorte que les clients n'aient besoin de faire appel à personne, qu'ils n'aient jamais à attendre et rien à demander. Les clients doivent savoir, dès qu'ils entrent dans le magasin, où trouver ce qu'ils cherchent, voir les couleurs et les tailles disponibles, ainsi que le prix. Ce qu'il faut mettre à leur disposition, c'est de l'*information.*

Ajoutons que, dans cette optique, service signifie aussi faire en sorte que le client puisse ressortir du magasin aussi vite que possible après avoir fait ses achats. Un spécialiste européen du *hard discount* étudie une technologie qui permet d'éliminer les caisses de sortie. Quand une cliente aura arrêté son choix sur un article, elle glissera sa carte de crédit dans un lecteur disposé devant chaque produit et elle recommencera chaque fois qu'elle sélectionnera un nouvel article. Elle ne poussera plus de caddie. Ses achats l'attendront à la sortie, tout emballés. Il ne lui restera plus qu'à vérifier si elle a bien ce qu'elle voulait et à signer le reçu de sa carte de crédit, lui aussi préparé d'avance.

« Une mère ne vient pas déjeuner chez nous avec ses deux jeunes enfants parce que nos hamburgers sont délicieux, mais parce que nos toilettes sont immaculées », aurait déclaré Ray Kroc, le fondateur de McDonald's – le premier représentant de la nouvelle vague de distributeurs multinationaux et celui qui a remporté le succès le plus remarquable. On croit souvent qu'il disait cela pour amuser la galerie. En fait, il exprimait par là un concept radicalement nouveau, à savoir que ce que veulent les clients – au moins, en tous cas, bon nombre d'entre eux – ce n'est pas forcément dépenser leur argent en passant un moment agréable, mais surtout en évitant tout désagrément.

Les premiers magasins ont vu le jour à la fin du XVIIᵉ siècle, d'abord au Japon, puis, peu après, en Europe. Dès le début, le commerce a reposé sur trois postulats. D'abord, en faisant ses courses, la ménagère a peut-être la seule occasion de sa vie de prendre quelques décisions, de donner un peu son avis et de jouir d'un certain pouvoir. Ensuite, cela constitue pour elle la seule échappatoire à la routine monotone de sa vie quotidienne, le fameux KKK des Allemands – *Kinder, Kirche, Küche* (les enfants, l'église, la cuisine). Et, finalement, entrer dans un magasin, c'est un peu entrer en contact avec le reste du monde, alors que la seule autre source d'information de ces femmes consiste en menus commérages.

Les magasins ont bien entendu changé plusieurs fois en trois siècles. Mais le commerce traditionnel – grands magasins, centres commerciaux, quincailleries, supermarchés, marchands de chaussures – continue en gros à accepter ces trois hypothèses traditionnelles, au moins inconsciemment.

La nouvelle génération les rejette. Leur cliente type travaille à l'extérieur et fait même parfois carrière. Elle a de multiples occasions de choisir et de prendre des décisions, dont la plupart sont plus intéressantes que d'arrêter le menu du dîner. Même la femme qui ne sort jamais de chez elle jouit d'un accès illimité au monde extérieur grâce à la télévision et au téléphone. Faire les courses n'est plus pour elle une satisfaction, c'est une corvée domestique comme une autre.

Les grands magasins ont connu leur heure de gloire au début du siècle. Aujourd'hui, ils sont partout en perte de vitesse. Les centres commerciaux et les supermarchés, qui étaient, encore tout récemment, si florissants, réussissent au mieux à maintenir leur courant d'affaires. Les nouveaux de la distribution connaissent une expansion rapide, mais certains signes indiquent déjà que leur succès risque, lui aussi d'être relativement de courte durée.

On parle maintenant de faire ses courses sans magasin grâce à la télévision interactive. La réalité virtuelle permettra à la cliente, grâce à une simulation, de parcourir un centre commercial tout en restant dans son salon, devant l'écran de son ordinateur, d'« essayer » un chemisier, puis de passer commande en appuyant sur quelques touches.

La technologie nécessaire est non seulement disponible, mais de moins en moins onéreuse. Et il semblerait qu'un nombre substantiel de clientes y deviennent réceptives. La vente par correspondance « normale » s'est développée dans tous les pays occidentaux. Aux États-Unis, le téléachat par câble fonctionne bien pour des produits comme la bijouterie fantaisie et, dans certaines banlieues aisées, la télévision interactive réussit également pour les traiteurs proposant des repas qu'il n'y a plus qu'à réchauffer. Les salons de coiffure où les femmes peuvent essayer et adapter telle ou telle nouvelle coupe sur un écran vidéo se multiplient.

Faire ses courses sans magasin ? On en est encore au stade de la spéculation, cela fait couler beaucoup d'encre, mais cela n'appartient déjà plus à la science fiction. Quoi qu'il en soit, même en dehors de toute technologie nouvelle, le commerce a déjà beaucoup changé, et ces transformations ont des répercussions importantes sur la publicité, les fournisseurs de produits manufacturés et sur la structure de l'économie. C'est peut-être dans le commerce, plutôt que dans l'industrie ou la finance, que se situe aujourd'hui l'action.

[1993]

8

De la donnée
à l'information
exploitable

Les cadres supérieurs savent aujourd'hui se servir d'un ordinateur. Les plus jeunes d'entre eux connaissent sans doute mieux
le fonctionnement de leur micro-ordinateur que celui de leur
voiture ou de leur téléphone. Cela ne veut pas dire pour autant
qu'ils maîtrisent l'information. S'ils se montrent performants pour
obtenir des données, la plupart d'entre eux ne savent pas encore
comment s'en servir.

Peu de chefs d'entreprise se posent les bonnes questions, à
savoir : de quelles informations ai-je besoin pour faire mon travail ?
Quand ? Sous quelle forme ? Qui devrait me les transmettre ?
Moins nombreux encore sont ceux qui se posent des questions
encore plus pertinentes : Quelles nouvelles tâches puis-je entreprendre, maintenant que je dispose de tous ces renseignements ?
Parmi les anciennes, lesquelles devrais-je abandonner ? Lesquelles
devrais-je réaliser autrement ? Et pratiquement personne ne se
demande quelles informations il doit transmettre aux autres, à qui
précisément il doit les transmettre, quand et sous quelle forme.

Quelle que soit sa richesse, une base de données ne fournit pas
de l'information, mais seulement une matière première brute. Si
l'on veut transformer celle-ci en information utile, il faut l'organiser en fonction d'une tâche précise, l'orienter vers une performance spécifique, l'appliquer à une décision. La matière brute ne
se transforme pas toute seule, et les informaticiens ne sont pas en

mesure de jouer ce rôle. Ils peuvent se mettre en quatre pour leurs clients, les utilisateurs de données, les conseiller, leur faire des démonstrations, leur apprendre des choses. Mais ils ne peuvent pas davantage gérer les données à leur place que la direction des ressources humaines ne peut se charger de la direction d'une équipe placée sous l'autorité de tel ou tel responsable.

Les informaticiens fabriquent des outils. Mais c'est aux utilisateurs, qu'ils soient cadres ou qu'ils exercent une profession libérale, qu'il appartient de décider quelles informations utiliser, dans quel but, et comment. Maintenant qu'ils possèdent la maîtrise de l'ordinateur, les utilisateurs doivent acquérir celle de l'information. C'est le premier grand défi auquel ils sont confrontés.

L'entreprise a le devoir d'en faire autant. Elle aussi doit apprendre à se poser des questions : de quelles informations avons-nous besoin dans notre société ? Quand ? Sous quelle forme ? Où pouvons-nous les trouver ? L'armée reste, jusqu'à nouvel ordre, la seule à se les poser, et encore, essentiellement dans le cadre de ses décisions tactiques quotidiennes. Dans le monde des affaires, quelques multinationales ont ouvert la voie, au premier rang desquelles Unilever, certaines compagnies pétrolières, comme Shell, et les grandes sociétés commerciales japonaises.

Dès l'instant où l'on pose ces questions, il apparaît que l'information la plus vitale à une entreprise ne lui est fournie, si elle l'est, que sous une forme primitive et hasardeuse. En effet, les éléments les plus utiles pour prendre des décisions – surtout les décisions stratégiques – en connaissance de cause sont les données externes. C'est en dehors de l'entreprise, et là seulement, que se trouvent les résultats, les opportunités et les menaces.

Jusqu'à présent, les seuls renseignements de source externe à être intégrés dans les systèmes d'information et dans les processus de décision de la plupart des entreprises sont des données au jour le jour concernant l'état du marché – ce qu'achètent leurs clients, où et comment. Il est rare qu'elles fassent l'effort de se renseigner sur les non-clients, à plus forte raison qu'elles intègrent les informations obtenues dans leurs bases de données. Pourtant, quel que soit le poids d'une entreprise dans son secteur industriel ou sur son marché, les non-clients s'avèrent automatiquement incomparablement plus nombreux que ses clients.

Les grands magasins américains en fournissent un exemple frappant. Leur imposante clientèle a longtemps représenté le tiers du marché des classes moyennes, ils connaissaient infiniment mieux leurs clients que n'importe quel autre secteur. C'est sans aucun doute parce qu'ils ont négligé de se pencher sur les 70 % de non-clients qu'ils traversent aujourd'hui une crise grave. En effet, la partie de la population qui ne franchissait plus leurs portes se trouva coïncider avec le marché de croissance des années quatre-vingt, c'est-à-dire les familles jeunes, aisées, jouissant de deux salaires.

Les banques commerciales ont beau avoir accumulé des montagnes de statistiques sur leurs clients, elles sont pourtant tombées dans la même ornière – elles ont mis très longtemps à comprendre qu'une proportion croissante de leurs clients potentiels était en train de leur échapper. En effet, nombre de ceux-ci se tournaient pour se financer vers le papier commercial au lieu d'emprunter au secteur bancaire.

Quant aux informations ne concernant pas les marchés, je pense à l'évolution démographique, au comportement et aux projets des concurrents présents et potentiels, à la technologie, à l'économie, aux signes précurseurs des fluctuations de devises et des mouvements de capitaux à venir, dans tous ces domaines, ou bien il n'existe aucune information, ou l'on ne dispose que de généralisations très vagues. On n'a pas assez réfléchi aux conséquences de tous ces facteurs sur les décisions d'une entreprise. Comment obtenir ces informations, en tester la validité, les intégrer au système d'information existant, voilà le second grand défi auquel sont aujourd'hui confrontés les utilisateurs d'information.

Il va falloir réagir vite. Aujourd'hui, l'entreprise fonde ses décisions soit sur des données internes, comme les coûts, soit sur des hypothèses non vérifiées sur le monde extérieur. Dans un cas comme dans l'autre, c'est vouloir voler avec une seule aile.

J'en viens finalement au plus difficile, le rapprochement indispensable des deux systèmes d'informations que les entreprises gèrent en parallèle – le traitement informatique de l'information et la comptabilité. Il serait souhaitable, à tout le moins, de les rendre compatibles.

On considère ordinairement la comptabilité comme une discipline « financière ». Ce n'est vrai qu'en ce qui concerne la partie, ancienne de sept siècles, qui traite de l'actif, du passif et de la trésorerie ; cela ne représente qu'une fraction de la comptabilité moderne. Celle-ci traite en majeure partie d'opérations plutôt que de finance ; et pour la comptabilité opérationnelle, les chiffres ne correspondent qu'à une notation, un langage permettant d'exprimer des événements dont le caractère n'a rien de monétaire. D'ailleurs, plusieurs mouvements de réforme visent à éloigner la comptabilité de sa fonction financière pour la rendre opérationnelle, bouleversant de fond en comble la comptabilité traditionnelle.

La nouvelle comptabilité « transactionnelle » se propose ainsi de mettre en regard les opérations et les résultats attendus. Il y a aussi des tentatives de modifier l'appréciation des actifs, en retenant une estimation des rendements attendus et non plus leur coût historique. De toutes les composantes du management, la comptabilité est celle qui suscite aujourd'hui le plus de réflexion, c'est le domaine qui bouge le plus. Toutes les nouvelles théories comptables se donnent le même objectif – transformer les données comptables en informations destinées à éclairer les décisions de la direction. Objectif identique à celui du traitement informatique de l'information.

Aujourd'hui, les deux systèmes d'information fonctionnent séparément, sans même se faire concurrence, en règle générale. Dans les *Business schools*, informatique et comptabilité constituent des matières distinctes, les étudiants se spécialisent dans l'une ou dans l'autre pour obtenir les diplômes correspondants.

Les praticiens de ces deux disciplines proviennent d'horizons différents, leurs valeurs, la progression de leurs carrières diffèrent également. Ils travaillent dans des département distincts, pour des chefs différents. Un directeur de l'informatique, en général ingénieur de formation, est responsable du traitement de l'information. La comptabilité est généralement placée sous l'autorité du directeur financier, qui a reçu une formation orientée vers les finances et la gestion. Autant dire que, d'une façon générale, l'information ne constitue la priorité ni de l'un ni de l'autre.

Les deux systèmes se chevauchent de plus en plus. On constate aussi de plus en plus fréquemment que les données qu'ils fournissent sont contradictoires, ou au moins incompatibles. Il ne faut pas s'en étonner puisqu'ils voient les choses sous des angles très différents. Jusqu'à présent, cela n'a pas créé trop de confusion, car les entreprises, pour les décisions prises au plus haut niveau, écoutaient la direction financière, sans faire grand cas des données fournies par leur système d'informations. L'arrivée de générations plus jeunes aux postes de commande semble toutefois devoir modifier la situation.

Je crois, en tout cas, hautement probable que la gestion des fonds de l'entreprise – ce que nous appelons aujourd'hui « la fonction de trésorerie » – se trouvera à l'avenir séparée de la comptabilité – c'est-à-dire de sa composante information. Elle sera autonome. Mais si nul ne sait encore comment on réussira à conjuguer la gestion des deux systèmes d'information, il semble probable que, d'ici une dizaine d'années, ils seront réunis ou, à tout le moins, que l'on aura réussi à déterminer qui fait quoi.

Les informaticiens continuent à se passionner pour la vitesse et la mémoire, toujours plus impressionnantes, de leurs machines. Néanmoins, le problème ne relève désormais plus de la technique ; le défi, aujourd'hui, c'est de convertir les données en informations exploitables et exploitées.

[1992]

9

De la comptabilité au diagnostic

Ces cinquante dernières années la grande affaire était la quantification, tant pour l'entreprise que pour l'économiste. Les comptables ont proliféré aussi vite que les avocats. Nous ne sommes pourtant toujours pas capables de mesurer efficacement ce qui nous intéresse le plus.

Les concepts et les outils dont nous disposons s'avèrent inadaptés tant au contrôle de gestion qu'à l'information du décideur. En outre, nous ne disposons ni des outils ni des concepts qui pourraient nous donner les moyens de gérer l'entreprise, c'est-à-dire une aide à la décision rationnelle d'un point de vue économique. Néanmoins, ces dernières années, nous avons pris conscience de la nécessité de ces instruments d'analyse. Et dans le domaine du contrôle de gestion de la production, la réflexion nécessaire a été menée à bien et a porté ses fruits.

La comptabilité analytique que l'on pratique dans l'industrie depuis soixante-quinze ans comporte une lacune : elle ne chiffre pas ce que cela coûte de ne pas produire, en cas, par exemple, de qualité défectueuse, de panne de machine ou de chômage technique dû à un manque de pièces. Pourtant, ces coûts, qui ne sont ni contrôlés ni enregistrés, sont aussi élevés dans certaines usines que ceux que chiffre la comptabilité analytique traditionnelle. Une nouvelle méthode, dite d'analyse du coût par activité, (ou « analyse ABC », pour *Activity Based Costing*), développée au cours des dix dernières années, comble cette lacune. Elle enregistre en effet tous les coûts. En outre, elle établit – ce que ne pouvait faire l'ancienne comptabilité analytique, une relation entre les coûts et la valeur ajoutée. Je pense que cette démarche nouvelle sera généralisée d'ici une dizaine d'années, nous disposerons alors d'un contrôle de gestion de la production.

Et seulement de la production, hélas ! Il manquera donc encore l'analyse du coût des services – écoles, banques, services publics, hôpitaux, hôtels, magasins, laboratoires de recherche, cabinets d'architectes, etc. Nous savons ce que consomme un service, à quoi les dépenses correspondent. En revanche, nous sommes incapables d'établir la relation entre les dépenses et les diverses tâches entreprises, et avec les résultats obtenus. Cela explique en partie que les coûts des hôpitaux, des universités ou des services postaux ne soient pas maîtrisés. Problème d'une envergure considérable, puisque, dans tous les pays industrialisés, les services représentent entre les deux tiers et les trois quarts de la production totale, de l'emploi et des coûts.

Quelques très grandes banques commencent, il est vrai, à mettre en place une comptabilité analytique adaptée aux services. Bien que les résultats obtenus s'avèrent encore très parcellaires, ils font ressortir quelques enseignements importants. En premier lieu, contrairement à la comptabilité analytique appliquée à la production, il faudra dans les services adopter une démarche verticale du haut vers le bas, en commençant par chiffrer le coût de l'intégralité du système sur une période donnée. Par ailleurs, l'incidence de l'organisation du travail se révèle beaucoup plus forte que dans l'industrie. La qualité et la productivité jouent autant sur le coût du service que sur la quantité produite. Dans la plupart des services, l'équipe constitue le centre de coûts, et non l'individu ou les équipements. Le point clé n'est pas le coût, mais le rapport qualité-prix du service produit. Le problème est à peine effleuré.

Même si nous disposions des instruments d'analyse nécessaires à la fois pour la production et pour les services, nous ne serions pas pour autant à même de maîtriser véritablement l'ensemble des opérations. Nous continuerions en effet à traiter chaque organisation – entreprise industrielle, banque, hôpital – comme le centre de coûts. Or les coûts réellement intéressants sont ceux de l'intégralité du processus économique – l'entreprise, la banque et l'hôpital ne représentent qu'un maillon de cette chaîne. Le consommateur final ou le contribuable paie en effet la totalité des coûts, d'un bout de la chaîne à l'autre et c'est cela qui détermine si un produit, un service, un secteur industriel, voire une économie sont ou non concurrentiels. Une bonne partie de ces coûts constituent des « coûts de transaction », c'est-à-dire qu'ils découlent des rapports entre le fournisseur et l'industriel, ou entre l'industriel et son distributeur, que ni les uns ni les autres ne mesurent.

Si les Japonais bénéficient d'un avantage en matière de coût, c'est en bonne partie grâce au *keiretsu*, sorte des réseau de fournisseurs et de distributeurs regroupés autour d'une grande entreprise industrielle. C'est, par exemple, en traitant le *keiretsu* comme un flux unique de coûts qu'ils sont parvenus au « juste à temps ». Cette méthode leur permet également de transférer les fabrications là où la performance est la meilleure du point de vue des coûts.

L'analyse du coût sur l'ensemble du processus, de l'usine du fournisseur à la caisse du magasin explique aussi la croissance spectaculaire de Wal-Mart. Cette méthode a abouti à l'élimination d'une kyrielle d'entrepôts et de monceaux de paperasses, qui ont permis de réduire les coûts d'un tiers. Mais elle exige de redéfinir les relations et de modifier les habitudes et les attitudes. Elle requiert aussi que les différents systèmes comptables des sociétés concernées soient compatibles, alors que les entreprises s'enorgueillissent actuellement du caractère unique de leur comptabilité. Elle suppose de choisir la solution performante sur l'ensemble de la chaîne des coûts plutôt que la moins chère en prix d'achat. Enfin, elle suppose que les différentes parties prenantes de la chaîne décident ensemble qui fait quoi.

Les changements nécessaires pour fournir une aide à la décision efficace s'avèrent tout aussi drastiques. Les bilans ont été conçus pour faire ressortir la valeur de liquidation de l'entreprise. Les budgets sont censés garantir que les fonds ne soient dépensés que là où les dépenses ont été autorisées. Mais ce dont les dirigeants ont besoin, c'est un bilan qui établirait le lien entre la situation actuelle de l'entreprise et sa capacité à produire de la richesse à l'avenir, à court et à long terme. Ils ont besoin de budgets qui établissent un lien entre les dépenses envisagées et les résultats futurs, mais aussi qui leur fournissent des informations sur le suivi, montrant si les résultats promis ont ou non été obtenus.

Nous ne disposons encore que d'éléments fragmentaires : la prévision de trésorerie, par exemple, ou l'analyse de l'investissement envisagé. Pour la première fois, certaines grandes entreprises américaines et européennes tentent de rassembler les divers éléments du puzzle au sein de bilans et de budgets par activité.

Mais ce qui serait le plus utile, et qui manque totalement, serait une panoplie d'instruments d'analyse de l'entreprise. La comptabilité, les bilans, les comptes de résultats, la comptabilité analytique, etc. fournissent une radiographie de son squelette. Cependant, tout comme les maladies cardio-vasculaires ou le cancer tuent, mais restent indécelables sur une radiographie du squelette, une érosion de la position sur le marché ou l'incapacité d'innover ne transparaissent pas dans les valeurs comptables, en tout cas pas avant que le mal ne soit profond.

Nous avons donc besoin de nouveaux instruments de mesure, qui permettraient un *diagnostic d'entreprise*, pour parvenir à une maîtrise réelle de la situation. Ces outils pourraient ressembler un peu aux indicateurs avancés de tendance que les économistes ont mis au point au cours de ce demi-siècle afin de prédire dans quelle direction l'économie est susceptible de s'orienter et pour combien de temps. Pour la première fois, les grands investisseurs institutionnels, dont certains des plus gros fonds de pension, travaillent sur ce type de concepts et d'outils pour réaliser un diagnostic d'entreprise des sociétés dans lesquelles ils investissent.

Il ne s'agit encore que d'une première approche, sans compter que, jusqu'à présent, on a travaillé séparément sur chacun de ces domaines. Il semble même vraisemblable que ceux qui étudient certains aspects du problème, par exemple, les fonds de pension, n'ont pas connaissance du chemin parcouru par d'autres dans d'autres domaines.

Il faudra sans doute des années, voire des décennies, avant que nous ne disposions de tous les instruments d'analyse qui nous seraient utiles. Au moins avons-nous désormais conscience d'en avoir besoin. Nous savons quel rôle ils devront jouer. Lentement, à tâtons, nous passons de la comptabilité au diagnostic.

[1993]

10

Les informations dont les états-majors doivent disposer

Depuis l'apparition, il y a trente ou quarante ans, des premiers outils de traitement de l'information, on en a simultanément surestimé et sous-estimé l'importance pour l'entreprise. Tout le monde, moi comme les autres, en a surestimé les possibilités, on allait jusqu'à parler de « modèles » générés par ordinateurs, instruments qui seraient capables, pensait-on, de prendre des décisions et même, pourquoi pas, de diriger plus ou moins l'entreprise à notre place. Parallèlement, on sous-estimait énormément ces nouveaux outils puisqu'on y voyait uniquement le moyen de faire, en mieux, ce qui se faisait déjà.

Des modèles capables de prendre des décisions économiques ? Plus personne n'en parle aujourd'hui. En réalité, jusqu'à présent, ce n'est pas aux équipes de direction que la capacité de traitement de l'information a le plus apporté, mais bien plutôt au terrain – grâce, par exemple, à ces instruments merveilleux que sont la conception assistée par ordinateur ou les extraordinaires logiciels qu'utilisent aujourd'hui les architectes.

Non seulement on a commis des erreurs d'appréciation sur ces nouveaux outils, mais personne n'a compris qu'ils allaient profondément modifier les tâches que nous accomplissons. Outils et concepts sont pourtant interdépendants et interactifs, l'histoire en apporte de multiples témoignages. L'un modifie l'autre. C'est bien ce qui est en train d'arriver au concept que nous appelons l'entreprise et aux outils que nous appelons l'information. Ces instruments nouveaux nous permettent dès aujourd'hui de voir l'entreprise sous un jour différent – à vrai dire, ils nous y obligeront peut-être demain. On la considérera alors comme :

- une machine à produire des ressources, c'est-à-dire une organisation capable de convertir ses coûts en profits ;
- un maillon d'une chaîne économique, que les dirigeants doivent comprendre dans son ensemble s'ils veulent pouvoir agir intelligemment sur leurs coûts ;
- un organe de création de richesse au sein de la société ;
- à la fois le créateur et la créature de son environnement matériel, autrement dit tout ce qui lui est extérieur et recèle opportunités et résultats, mais aussi tout ce qui peut menacer sa bonne marche et même son existence.

Je traiterai ici des outils qui peuvent procurer aux dirigeants l'information dont ils ont besoin, ainsi bien sûr que des concepts sur lesquels reposent ces outils. Certains d'entre eux existent depuis longtemps tout en n'ayant que rarement, voire jamais, été conçus expressément pour les tâches de direction d'entreprise. Certains devront être repensés car, dans leur forme actuelle, ils ne sont plus adaptés. D'autres enfin semblent prometteurs mais, loin d'être opérationnels ce ne sont encore qu'un ensemble de spécifications schématiques.

Si l'on commence à peine à savoir transformer l'information en outil, on peut cependant déjà discerner sans gros risque d'erreur quelles seront les caractéristiques essentielles des systèmes d'information dont les états-majors auront besoin pour s'acquitter de leur tâche. On peut, à partir de là, comprendre les concepts nouveaux qui sous-tendront demain l'entreprise.

DE LA COMPTABILITÉ ANALYTIQUE À LA MAITRISE DE LA RENTABILITÉ

C'est peut-être dans le domaine de la comptabilité, le plus ancien de tous les systèmes d'information, que l'on est allé le plus loin dans la reconfiguration à la fois des tâches et de l'information. De fait, nombre d'entreprises sont déjà passées de la comptabilité analytique traditionnelle à l'analyse des coûts par activité (*Activity Based Costing* ou ABC). Cette nouvelle approche représente à la fois un nouveau concept du process, particulièrement dans l'industrie, et de nouvelles méthodes de mesure.

La comptabilité analytique, que General Motors fut le premier à développer il y a soixante-dix ans, se fonde sur le postulat que le coût total de la production égale la somme des coûts des opérations intermédiaires. Mais ce qu'il nous faut cerner, dans une perspective de compétitivité et de rentabilité, c'est le coût de l'ensemble du processus. Voilà précisément ce qu'étudie la nouvelle approche de l'analyse des coûts par activité, ce qu'elle rend possible. En partant du principe de base que la production industrielle est un processus intégré, qui démarre au moment où les fournitures, les matières premières et les pièces sont livrées à l'usine et qui se poursuit même après que l'utilisateur soit en possession du produit fini. Le service après-vente constitue en effet lui aussi l'un des coûts du produit, au même titre que l'installation, qu'elle soit ou non facturée au client.

La comptabilité analytique traditionnelle mesure ce que cela coûte de *faire quelque chose*, comme de tailler un filetage de vis. L'analyse de coût par activité, elle, chiffre aussi ce que cela coûte de *ne pas faire quelque chose*. Elle intègre par exemple les pannes des machines, les retards – tant pour les livraisons de pièces ou d'outils indispensables que pour l'expédition des stocks – enfin les retouches et la mise au rebut d'une pièce défectueuse. Ce coût de ce que l'on ne fait pas, dit coût d'opportunité, que la comptabilité traditionnelle ne prend pas en compte car elle n'est pas en mesure de le faire, s'avère souvent égal et parfois supérieur à celui de ce que l'on fait. Il en résulte que l'analyse de coût par activité permet non seulement un contrôle des coûts bien plus efficace, mais aussi un contrôle du résultat.

La comptabilité analytique classique part du principe qu'il faut exécuter telle ou telle opération, le traitement de l'air, par exemple, elle n'en remet en question ni l'opportunité ni le lieu ni la manière. Tandis que l'analyse des coûts par activité pose la question de savoir si cette opération est réellement indispensable, et, en cas de réponse affirmative, quel serait le lieu idéal pour le faire. Elle intègre en une seule analyse plusieurs approches autrefois distinctes : l'analyse de valeur, l'analyse de process, la politique qualité, et l'analyse de coût.

Grâce à cette intégration, la méthode permet de réduire nettement les coûts de production, dans certains cas d'un bon tiers, voire plus. Mais c'est dans le domaine des services qu'elle aura certainement l'impact le plus puissant. En effet, si, dans la plupart des entreprises industrielles, la comptabilité analytique s'avère décevante, les firmes qui se consacrent au service – banque, distribution, secteur hospitalier, enseignement, journaux, radio et télévision – ne disposent, quant à elles, d'aucune information concernant leurs coûts.

L'analyse des coûts par activité permet de comprendre pourquoi la comptabilité analytique traditionnelle n'a jamais donné de résultats satisfaisants dans le secteur des services. Non que les techniques employées étaient mauvaises, mais elles reposaient sur des postulats erronés. Dans le service, il s'avère impossible de commencer par cerner le coût individuel de chaque opération comme cela se fait dans l'industrie grâce à la comptabilité analytique. Il faut commencer par poser le principe qu'il n'y a qu'un seul coût : celui de l'ensemble du système, qui est fixe sur une période donnée. La célèbre distinction entre coûts fixes et coûts variables sur laquelle se fonde la comptabilité analytique n'a pas grande signification dans le secteur des services. Pas plus d'ailleurs qu'une autre hypothèse fondamentale de la comptabilité analytique, à savoir que l'on peut substituer du capital au travail. En réalité, surtout pour les activités fondées sur le savoir, un nouvel investissement en capital requiert la plupart du temps un surcroît de travail, et non l'inverse. Par exemple, un hôpital qui se dote d'un nouvel outil de diagnostic risque d'être contraint d'embaucher quatre ou cinq personnes pour le faire fonctionner. D'autres organisations fondées sur le savoir ont fait le même constat. Or l'hypothèse sur laquelle s'appuie l'analyse des coûts par activité, c'est que tous les coûts sont fixes sur une période donnée et que l'on ne peut pas substituer une ressource à une autre, de sorte que c'est le coût de l'opération *dans sa totalité* qu'il faut chiffrer. En appliquant ces hypothèses aux services, on obtient pour la première fois une information sur le coût et la rentabilité.

Cela fait plusieurs décennies que les banques tentent d'appliquer les techniques traditionnelles de la comptabilité analytique à leur activité, c'est-à-dire d'évaluer le coût des divers services et opérations ; les résultats obtenus se sont révélés décevants. Aujourd'hui, elles commencent à envisager la question sous un angle tout à fait différent : quelle *activité* se trouve au centre des coûts et des résultats ? Réponse : le service apporté au client.

Ainsi, c'est la recette par client – autrement dit à la fois le volume de services qu'il utilise et leur répartition par nature – qui détermine les coûts et la profitabilité. Les géants de la distribution, surtout en Europe, en ont pris conscience il y a un certain temps déjà. Pour eux, une fois qu'une surface de vente est installée, le coût est fixé et la tâche de la direction consiste à en obtenir le rendement maximal sur une durée donnée. C'est en se concentrant sur le contrôle de la rentabilité que ces entreprises ont réussi à augmenter leur profitabilité tout en pratiquant des prix attractifs et de faibles marges.

Les services commencent seulement à appliquer les nouveaux concepts de comptabilité des coûts. Dans certains domaines, comme celui des laboratoires où il est quasiment impossible de mesurer la productivité, il faudra peut-être se contenter d'une estimation basée sur l'intuition. En revanche, pour la majeure partie des activités fondées sur le savoir et le service, des outils fiables permettant de mesurer et de gérer les coûts et de les lier aux résultats devraient apparaître d'ici dix à vint ans.

Lorsque nous connaîtrons mieux le coût des services, il sera sans doute plus facile d'évaluer ce que cela coûte d'acquérir un nouveau client et de le fidéliser, pour toutes sortes d'entreprises. Si General Motors, Ford et Chrysler disposaient d'une analyse des coûts par activité, il y a belle lurette qu'ils auraient compris la futilité de la guerre des prix qu'ils se sont livrée ces dernières années, grâce à laquelle les acheteurs ont pu profiter de promotions spectaculaires et de remises considérables. Toutes ces promotions ont coûté aux trois géants de la construction automobile américaine des sommes énormes et, ce qui est pire encore à long terme, un nombre impressionnant de clients potentiels. Tout le monde a souffert de la dégradation du marché. Mais ni le coût de cette guerre commerciale ni ses conséquences négatives n'apparaissaient dans les résultats de leur comptabilité analytique traditionnelle, leurs états-majors n'ont donc pas vu l'étendue des dégâts. En effet, la comptabilité analytique ne fait ressortir que le coût de chacune des opérations de production, qui n'étaient pas affectés par les remises et les rabais accordés sur le marché. Ajoutons qu'elle ne montre pas non plus l'impact de telle ou telle politique de prix sur les parts de marché. Au contraire, l'analyse des coûts par activité fait ressortir – ou du moins elle s'y efforce – l'impact des modifications de coûts et de rendement de chaque activité sur le résultat de l'ensemble de l'entreprise. Si ils y avaient eu recours, les trois frères ennemis auraient très vite décelé les dégâts causés par leur guerre des prix. C'est parce que les Japonais utilisent déjà une forme, encore assez rudimentaire il est vrai, d'analyse des coûts par activité que Toyota, Nissan et Honda n'ont pas commis l'erreur de livrer bataille à leurs concurrents américains à coups de baisses de prix, ce qui leur a permis de maintenir à la fois leurs parts de marché et leurs profits.

DE LA FICTION JURIDIQUE À LA RÉALITÉ ÉCONOMIQUE

Il ne suffit cependant pas de connaître le prix de revient de sa production. Pour tirer son épingle du jeu sur un marché mondial de plus en plus concurrentiel, toute entreprise doit connaître le coût de l'ensemble de sa chaîne économique et travailler avec d'autres membres de celle-ci à les maîtriser et à optimiser les rendements. C'est la raison pour laquelle on s'attache de plus en plus à chiffrer non seulement ce qui se passe au sein de l'entreprise, mais aussi la totalité du processus économique, dont les entreprises géantes ne sont elles-mêmes que de simples maillons.

L'entité juridique dite entreprise constitue certes une réalité aux yeux de ses actionnaires, de ses créanciers, de son personnel et de l'administration fiscale. Mais *économiquement*, c'est une fiction. Il y a trente ans, Coca-Cola franchisait ses opérations, la célèbre boisson était embouteillée par des sociétés indépendantes. Aujourd'hui, aux États-Unis, des usines appartenant à Coca-Cola assurent à nouveau la quasi-totalité de l'embouteillage. Si tant est qu'ils soient au courant de cette évolution, les consommateurs, pour leur part, ne s'en soucient guère. Ce qui compte, sur le marché, c'est la réalité économique, le coût de la totalité du processus, et non de savoir qui est propriétaire de telle ou telle usine.

Vous êtes-vous jamais demandé par quel miracle on voit si souvent une entreprise totalement inconnue sortir de l'ombre et, en quelques années, dépasser les leaders établis de son secteur, apparemment sans même fournir un effort surhumain ? On vous dira qu'elle le doit à l'excellence de sa stratégie, de sa technologie, de son marketing, on vous parlera de production au plus juste. Peut-être... Je souligne quant à moi qu'à chaque fois, sans exception, le nouveau venu bénéficie aussi d'un avantage de coût considérable, que j'évalue à 30 % environ. La raison en est toujours la même : la firme ne se contente pas de connaître et de maîtriser ses propres coûts, mais aussi ceux de la chaîne économique tout entière.

Toyota en représente sans doute l'exemple le plus célèbre. Ses fournisseurs et ses distributeurs sont tous, bien entendu, membres de son *keiretsu*. Grâce à ce réseau, Toyota maîtrise la totalité de ses coûts de production, de distribution et de service après-vente ; il les traite comme un flux unique de coûts et chaque tâche est réalisée là où elle coûte le moins cher et rapporte le plus.

À la vérité, les Américains ont précédé les Japonais dans ce domaine et ce, dès le début du siècle. En effet, vers 1908, William Durant, père fondateur de la General Motors, se mit à acheter de petits constructeurs automobiles florissants, tels Buick, Oldsmobile, et Chevrolet ; il les fusionna pour former la nouvelle General Motors Corporation. Puis, en 1916, il créa une filiale autonome, United Motors, qu'il chargea de racheter de petites entreprises de qualité, spécialisées dans la fabrication des pièces. Au nombre des premières acquisitions de celle-ci, la firme Delco, qui détenait le brevet du démarreur électrique.

Durant finit par se retrouver à la tête d'une vingtaine de ses fournisseurs. Il faisait participer les producteurs de pièces et d'accessoires au processus de conception de ses nouveaux modèle, dès les premières étapes, ce qui lui permettait de traiter la totalité des coûts de la voiture terminée comme un seul et unique flux de coûts. En fait, on peut dire que Durant a inventé le *keiretsu*.

Hélas, entre 1950 et 1960, le *keiretsu* façon Durant finit par étrangler la General Motors, car la forte syndicalisation des entreprises du groupe se traduisait par des coûts salariaux plus élevés que ceux de leurs concurrents indépendants. Quand les clients externes, les constructeurs indépendants, tels Packard et Studebaker, dont les achats avaient représenté jusqu'à la moitié de la production, disparurent l'un après l'autre, GM perdit tout contrôle, tant de la qualité que du coût de ses principaux fournisseurs. Néanmoins, plus de quarante ans durant, son système de maîtrise des coûts lui avait procuré un avantage avec lequel son meilleur concurrent de l'époque, Studebaker, ne pouvait rivaliser.

Sears & Roebuck fut le premier à copier le système Durant. Dès les années vingt, il passa des contrats de longue durée avec ses fournisseurs, chez qui il prit des participations minoritaires. Cette politique lui permit de les consulter dès la conception des produits et de comprendre et maîtriser la totalité des coûts. Il en résulta un avantage concurrentiel décisif, dont Sears bénéficia pendant des décennies.

Au début des années trente, Marks & Spencer imita cette démarche et obtint les mêmes résultats. Vingt ans plus tard, les Japonais, à commencer par Toyota, étudièrent ces deux exemples et s'en inspirèrent. Puis, dans les années quatre-vingt, les magasins Wal-Mart adaptèrent la méthode en accordant à leurs fournisseurs la possibilité de stocker leurs produits directement sur leurs linéaires, supprimant ainsi la nécessité de les déposer en entrepôt, ce qui représente presque le tiers du coût de la distribution traditionnelle.

Ces quelques exemples constituent de rares exceptions. En effet, si les économistes connaissent l'importance du chiffrage de la totalité de la chaîne des coûts depuis longtemps – Alfred Marshall écrivait déjà à ce propos à la fin du siècle dernier – la plupart des hommes d'affaires n'y voient encore qu'une abstraction purement théorique. La maîtrise de la chaîne totale des coûts s'avérera pourtant de plus en plus indispensable. En réalité, les chefs d'entreprise doivent organiser et gérer non seulement cette chaîne totale des coûts mais aussi tout le reste – je pense surtout à la stratégie d'entreprise et à la politique de nouveaux produits – et traiter ces divers éléments comme un tout économique, sans tenir compte des frontières juridiques qui séparent les entreprises.

Le passage de la fixation des prix de vente à partir des coûts de fabrication à la fixation des coûts à partir des prix de vente devrait entraîner les entreprises vers la maîtrise de la totalité de la chaîne des coûts. Traditionnellement, les entreprises occidentales calculent leurs prix de vente en partant de leurs coûts et en y ajoutant la marge souhaitée : c'est la définition même de la fixation des prix à partir des coûts. Sears et Marks & Spencer sont passés depuis longtemps à la démarche inverse, qui consiste à partir du prix que le consommateur accepte de payer pour déterminer les coûts à ne pas dépasser, et ce, dès l'étape de la conception. Jusqu'à une époque très récente, ces entreprises constituaient l'exception. Aujourd'hui, cette méthode est en passe de devenir la règle. Les Japonais ont été les premiers à l'adopter pour leurs exportations. Aujourd'hui, Wal-Mart la pratique, ainsi que tous les grands de la distribution *discount* aux États-Unis, au Japon et en Europe. Dans le domaine de la construction automobile, Chrysler et General

Motors l'ont utilisée avec succès pour leurs derniers modèles, en particulier la Saturn. Or une entreprise ne peut fixer ses coûts à partir du prix de vente souhaité que si elle connaît et maîtrise l'ensemble des coûts de la chaîne économique.

Les mêmes idées s'appliquent à l'externalisation, aux alliances et aux *joint ventures* – en fait, à toute structure d'entreprise reposant sur le partenariat plutôt que sur le contrôle. Ces entités sont en passe de se substituer à la formule traditionnelle de la société mère dotée de filiales à 100 % en tant que modèle de référence de la société de croissance, surtout dans le cadre de l'économie mondialisée.

Il n'en demeure pas moins que le passage au chiffrage des coûts de la chaîne économique sera une tâche ardue. Cela suppose en effet que toutes les entreprises de la chaîne utilisent des systèmes de comptabilité identiques ou au moins compatibles. Or chacun a sa méthode comptable, et chacun est convaincu que c'est la seule possible. Cela suppose également de partager l'information entre entreprises, alors que l'on rencontre déjà des résistances pour le faire au sein d'une même société. Malgré ces difficultés, rien n'empêche de s'atteler à cette tâche dès maintenant, comme le démontre Procter & Gamble. Le géant de la lessive a pris pour modèle la façon dont Wal-Mart s'est rapproché de ses fournisseurs pour initier le partage de l'information avec les trois cents grands de la distribution qui vendent ses produits dans le monde entier.

Quels que soient les obstacles, on viendra forcément à la prise en compte de la totalité de la chaîne des coûts. Faute de quoi, l'entreprise la plus performante souffrirait de plus en plus d'un différentiel de coûts à son détriment.

INFORMER POUR CRÉER DE LA RICHESSE

Les entreprises sont payées pour créer de la richesse, pas pour contrôler des coûts. Ce fait, pourtant évident, n'est pas reflété par les instruments de mesure traditionnellement utilisés. Les étudiants apprennent en première année de comptabilité que le bilan indique la valeur de liquidation de l'entreprise et fournit à ses créanciers une information utile au cas où les choses tourneraient mal. En principe, cependant, l'objectif numéro un d'un chef d'entreprise n'est pas de l'amener droit à la liquidation. Il s'attache de préférence à la faire marcher, c'est-à-dire à créer de la richesse. Dans ce but, il a besoin d'informations lui permettant de porter des jugements en connaissance de cause. Cela suppose de se doter de quatre outils de diagnostic, de disposer de quatre sortes d'informations. Il lui faut connaître, tout d'abord, l'état de ses indicateurs clés, ensuite, il doit suivre la productivité de son affaire, troisièmement, il lui faut savoir si les compétences dont il dispose sont suffisantes et bien utilisées, enfin il doit être renseigné sur la manière dont sont affectées les ressources rares. Ces quatre familles d'informations réunissent l'ensemble des indicateurs dont la direction générale a besoin pour son travail quotidien.

Les indicateurs clés

Les outils de diagnostic les plus anciens et aussi les plus utilisés sont les prévisions de résultats et de trésorerie ainsi que certaines mesures standard comme, par exemple, le ratio entre les stocks de voitures disponibles chez les concessionnaires et les ventes de véhicules neufs, le taux de couverture des résultats par rapport aux frais financiers encourus à l'occasion d'emprunts obligataires, et enfin les ratios entre les créances à plus de six mois, le total des créances et le chiffre d'affaires. Ces chiffres sont un peu comparables à ceux qui composent un bilan de santé : poids, pouls, température, tension artérielle et résultats d'analyses. Lorsque les chiffres sont normaux, ils n'apportent guère de renseignements intéressants. Dans le cas contraire, ils signalent un problème qu'il faut identifier et traiter. C'est pourquoi je les appelle indicateurs clés.

Les informations sur la productivité

La seconde grande famille d'informations nécessaires au diagnostic sur la plus ou moins bonne marche de l'entreprise concerne la productivité des ressources de base. Les plus anciennes remontent à la Seconde Guerre mondiale et se bornent à mesurer la productivité du travail manuel. De nouveaux instruments permettant de mesu-rer la productivité des travailleurs du savoir ou celle des activités de services apparaissent progressivement, ils s'avèrent encore assez frustres. Quoiqu'il en soit, on ne peut plus se contenter de mesu-rer la productivité des hommes, qu'il s'agisse de cols bleus ou blancs ; il faut désormais être informé sur la productivité de tous les facteurs de production.

C'est ce qui explique le succès rencontré par l'analyse de la valeur économique ajoutée (*Economic Value Added Analysis, EVA*). Cette méthode d'analyse se fonde sur une constatation qui ne date pas d'hier, à savoir que ce que nous appelons généralement bénéfice, c'est-à-dire l'argent qui reste pour rémunérer le capital, n'en est généralement pas un*. En effet, tant qu'une entreprise ne permet pas de réaliser un bénéfice plus important que la somme nécessaire pour rémunérer le capital, elle travaille à perte. Même si elle paye effectivement des impôts sur les bénéfices comme si elle en réalisait. En réalité, elle rapporte moins à l'économie, dans ce cas de figure, qu'elle ne consomme de ressources. Elle ne couvre véritablement tous ses frais que si le profit extériorisé excède le coût du capital. Faute de quoi, au lieu de créer de la richesse, elle en détruit. Signalons au passage que si l'on retient cette façon de voir les choses, peu d'entreprises américaines peuvent se targuer d'avoir été rentables depuis la Seconde Guerre mondiale.

En mesurant la valeur ajoutée à l'ensemble des coûts, y compris le coût du capital, la méthode EVA mesure en réalité la producti-vité de l'ensemble des facteurs de production. En revanche, elle n'explique pas pourquoi tel ou tel produit ou service n'ajoute pas de valeur, pas plus qu'elle ne précise ce que l'on peut faire pour remédier à cette situation. Simplement, elle montre sur quoi faire porter les investigations nécessaires et s'il convient de passer à l'action. On devrait aussi utiliser l'EVA pour déceler ce qui fonc-tionne de façon satisfaisante, car les renseignements fournis per-mettent de discerner quels produits, services, opérations ou activi-tés ont une productivité particulièrement élevée et créent une valeur ajoutée supérieure à la norme. On peut alors se demander quels enseignements tirer de ces succès.

---

* J'ai traité longuement d'EVA dans mon ouvrage *Managing for Results*, publié en 1964. Mais la dernière génération d'économistes classiques, Alfred Marshall en Angleterre et Eugen Böhm-Bawerk en Autriche, en parlaient déjà à la fin du siècle dernier.

Le plus récent des outils utilisés pour obtenir des renseignements sur la productivité, c'est l'étalonnage concurrentiel dit *benchmarking*, c'est-à-dire la comparaison de la performance de l'entreprise avec celle des meilleures du secteur ou, mieux encore, avec la meilleure performance tout court pour l'ensemble des entreprises. Le *benchmarking* part, à juste raison, du principe que si une entreprise peut faire quelque chose, il n'y a aucune raison pour qu'une autre ne puisse en faire autant. Autre principe fondamental, tout aussi valable, il faut être au moins aussi bon que le meilleur pour être compétitif. En conjuguant l'EVA et le *benchmarking*, on dispose d'outils de diagnostic permettant de mesurer la productivité de l'ensemble des facteurs et d'agir sur eux.

Connaître ses compétences clés

Le troisième casier de notre boîte à outils propose des instruments destinés à dresser l'état des lieux des compétences de l'entreprise. En effet, depuis que C. K Pralahad et Gary Hamel ont publié « La compétence clé de l'entreprise », article qui a réellement fait date, (*Harvard Business Review*, mai-juin 1990), il est établi que pour figurer parmi les meilleurs, il faut savoir faire ce que les autres ne savent pas faire du tout, ou réalisent médiocrement et avec difficulté. Pour cela, il faut posséder des compétences clés qui conjuguent la valeur pour le client et un savoir-faire particulier au producteur ou au fournisseur.

J'en donnerai quelques exemples : l'habileté dont les Japonais font preuve pour miniaturiser les composants électroniques, fruit de la tradition trois fois centenaire de l'*inro*, c'est-à-dire l'art de peindre des paysages sur de minuscules boîtes laquées, et de sculpter une véritable ménagerie sur le petit bouton, dit *netsuke*, qui permet d'accrocher la boîte à sa ceinture ; le don extraordinaire de réussir les acquisitions dont, nous l'avons vu ci-dessus, General Motors a fait preuve pendant plus de quatre-vingts ans ; le talent, également unique, de Marks & Spencer pour concevoir de délicieux repas emballés, prêts à déguster, à la portée du budget de la classe moyenne. Mais, me direz-vous, comment identifie-t-on d'une part les compétences clés que l'on maîtrise déjà, d'autre part celles dont l'entreprise a besoin pour acquérir et maintenir une position dominante ? Comment sait-on si celles que l'on possède sont en train de s'affiner ou de s'éroder ? Si elles sont encore valables, et quelles modifications pourraient s'avérer nécessaires ?

Jusqu'à présent, la discussion sur les compétences clés est restée largement anecdotique, mais il ne faut pas perdre espoir : certaines entreprises de taille moyenne hautement spécialisées, à savoir un laboratoire pharmaceutique suédois et un industriel américain qui fabrique des outils spécialisés, pour n'en citer que deux, sont en train de développer la méthodologie permettant de mesurer et de gérer les compétences clés. Le premier impératif consiste à suivre de très près et à enregistrer soigneusement sa propre performance, ainsi que celle de ses concurrents, en s'attachant à rechercher les succès inattendus et les résultats décevants obtenus dans des domaines où l'on aurait dû réussir. Les succès indiquent ce à quoi le marché attache de la valeur, ce qu'il s'avère prêt à payer. Ils indiquent les domaines dans lesquels on possède un avantage décisif. Les déceptions doivent être considérées comme le premier indice soit que le marché est en train de changer, soit que les compétences de l'entreprise s'affaiblissent.

Cette analyse permet de repérer précocement les opportunités. C'est, par exemple, en cherchant à comprendre les raisons du succès inattendu de certains articles qu'un producteur d'outils américains s'est aperçu que des petits ateliers japonais achetaient ses outils high-tech et très chers, qu'il n'avait pourtant pas conçus à leur intention, pas plus qu'il ne les leur avait présentés. C'est alors que l'entreprise s'est trouvé une nouvelle compétence clé ; elle découvrit en effet que les Japonais étaient attirés par ses produits parce que, malgré leur complexité technique, ils étaient faciles à entretenir et à réparer. Ayant compris cela, il lui suffit alors d'en tenir compte au moment de la conception de ses nouveaux produits pour s'arroger une position de leader sur le marché des petites unités de production et des ateliers d'outillage aux États-Unis et en Europe occidentale, immenses marchés sur lesquels elle n'était pas encore implantée.

Les compétences clés varient d'une entreprise à l'autre, elles constituent, pour ainsi dire, une facette de la personnalité de chacune. Mais toute organisation, pas seulement dans le monde des affaires, a besoin d'une compétence commune – la capacité d'innover. De même que toute organisation doit avoir les moyens d'enregistrer et d'évaluer sa performance en matière d'innovation. Celles qui le font déjà, entre autres plusieurs laboratoires pharmaceutiques de haute volée, ne partent pas de leur propre performance, mais du suivi méticuleux des innovations réalisées dans l'ensemble du secteur au cours d'une période donnée. Lesquelles ont rencontré un véritable succès ? Combien d'entre elles sont à l'actif de notre firme ? Notre performance est-elle à la hauteur des objectifs que nous nous sommes fixés ? Est-elle en harmonie avec la direction du marché ? Avec notre position sur le marché ? Avec notre investissement en recherche ? Nos innovations réussies se trouvent-elles dans les domaines qui recèlent les plus grands gisements de croissance et d'opportunités ? Combien d'innovations réellement importantes avons-nous manquées ? Pourquoi ? Parce que nous ne les avons pas vues ? Ou bien parce que nous les avons vues, mais rejetées ? Ou sabotées ? Et puis, avons-nous su convertir une innovation en produit commercial ? Avec quelle efficacité ? Je reconnais qu'une bonne partie des réponses à ces questions tiendra davantage de l'estimation que de la mesure et qu'à vrai dire, on se trouve plutôt devant des questions que devant des réponses, mais il se trouve que ce sont les bonnes questions, celles qu'il faut absolument se poser.

S'informer sur l'affectation des ressources

Le dernier domaine dans lequel on a besoin d'informations permettant de poser des diagnostics, c'est l'affectation des ressources rares, à savoir le capital et les hommes de talent. Combinés, ces deux éléments permettent de convertir en action toute l'information dont dispose la direction sur son entreprise. Ce sont eux qui déterminent si elle réussira ou non.

Voilà environ soixante-dix ans que GM a développé le premier processus systématique d'affectation du capital. Toutes les entreprises en disposent aujourd'hui, mais peu d'entre elles l'utilisent correctement. En général, elles ne mesurent les affectations de capital envisagées qu'à l'aune d'un ou deux, pas davantage, des critères suivants : rentabilité du capital investi, durée de retour, cash flow, et valeur actualisée nette. Cela fait pourtant une bonne soixantaine d'années que l'on sait qu'aucune des méthodes précédemment énumérées n'est la bonne. Pour bien comprendre un investissement envisagé, l'entreprise doit prendre en compte les quatre critères. Certes, il y a soixante ans, cela aurait demandé des calculs à n'en plus finir, mais aujourd'hui, quelques minutes suffisent à les sortir sur un ordinateur portable. Nous savons aussi depuis soixante ans que la direction ne devrait jamais envisager une affectation de capital isolément, mais tenter, au contraire, de choisir les projets qui offrent le meilleur ratio risques-opportunité. Il faut établir un budget de l'affectation des ressources pour que les choix apparaissent clairement – là encore, beaucoup d'entreprises ne s'en donnent pas la peine. Il y a plus grave – la plupart des processus d'affectation de capital ne comportent même pas la collecte de deux renseignements dont l'importance s'avère pourtant vitale :

- Que se passera-t-il si l'investissement envisagé ne parvient pas à produire les résultats escomptés, comme c'est le cas deux fois sur cinq ? L'entreprise en souffrira-t-elle sérieusement ou y laissera-t-elle juste quelques plumes ?
- Si l'investissement se révèle un succès et surtout si ce succès dépasse ses espérances, à quoi cela l'entraînera-t-il ?

Personne, à la General Motors, ne s'était apparemment demandé à quoi le succès de la Saturn engagerait la firme. Résultat, elle sera peut-être contrainte de tuer son propre succès en raison de son incapacité à le financer.

De plus, l'affectation des capitaux exige de poser des délais précis : quand peut-on en attendre les premiers résultats ? Ensuite, ces résultats – succès, demi-succès, échec ou demi-échec – doivent être notés et analysés. Il n'y a pas de meilleure façon d'améliorer la performance d'une entreprise que de mesurer les résultats de ses affectations de capital et de les mettre en regard des promesses et des attentes qui avaient conduit à leur déblocage. Je vous assure que les États-Unis se porteraient beaucoup mieux aujourd'hui si l'on avait pratiqué ce retour d'information sur les programmes du gouvernement ces cinquante dernières années.

Le capital n'est, cependant, que l'une des ressources de l'entreprise, à mon avis ce n'est pas la plus rare. Ce sont les hommes performants qui constituent la ressource la plus rare, quel que soit le type d'organisation. Depuis la fin de la Seconde Guerre mondiale, l'armée américaine a appris à vérifier l'opportunité de ses décisions d'affectation. Jusqu'à présent, elle est la seule à savoir le faire. Elle commence par une réflexion approfondie sur ce qu'elle attend des officiers supérieurs avant de leur confier des postes de commandement importants. Ensuite, elle apprécie leur performance en la comparant aux attentes précédemment définies. De plus, elle évalue constamment son propre processus de sélection par rapport aux succès et aux échecs des nominations. Dans le monde des affaires, au contraire, ce que l'on attend des hommes n'est pratiquement jamais formulé de façon précise et un bilan systématique des résultats obtenus n'est jamais établi. Pourtant, pour créer de la richesse, les dirigeants doivent consacrer autant d'attention à l'affectation des ressources humaines qu'aux investissements en capital et le résultat de ces décisions devrait être enregistré et étudié aussi scrupuleusement.

CONNAÎTRE SES RÉSULTATS

Cependant, ces quatre catégories d'informations ne nous renseignent que sur les affaires courantes. Elles ne font qu'informer et orienter la tactique. Pour établir une stratégie, il faut posséder des informations organisées sur l'environnement. Une stratégie doit en effet se fonder sur des indices concernant les marchés, les clients et les non-clients ; sur la technologie du secteur où l'on se trouve et celle des autres ; sur des renseignements financiers venant du monde entier ; il faut enfin savoir comment évolue l'économie internationale. Car c'est là que se trouvent les résultats. Au sein de l'entreprise, il n'y a que des centres de coûts. Le seul centre de profit qui soit, c'est le client qui ne vous fait pas des chèques en bois.

Les transformations majeures démarrent elles aussi en-dehors de l'entreprise. Quelque performant qu'il soit, aucun grand de la distribution n'est jamais parvenu à compter au nombre de ses clients plus qu'une infime fraction du marché, dont l'immense majorité est constituée de non-clients. C'est toujours au sein du groupe majoritaire des non-clients que surgissent et se développent les évolutions profondes et lourdes de conséquences.

La moitié, au bas mot, des nouvelles technologies importantes qui ont transformé tel ou tel secteur industriel au cours des cinquante dernières années apparaissent en-dehors du secteur concerné. L'essor du papier commercial, qui a révolutionné le monde de la finance aux États-Unis, n'est pas né au sein des banques. La biologie moléculaire et l'ingénierie génétique n'ont pas été développées par l'industrie pharmaceutique. Même si l'immense majorité des entreprises continuent à opérer uniquement au niveau local et régional, elles sont toutes confrontées, au moins potentiellement, à la compétition mondiale d'entreprises implantées dans des pays dont nul n'avait encore entendu parler il y a quelques années.

À l'évidence, on ne dispose jamais de toute l'information souhaitable sur le monde extérieur à l'entreprise. C'est ainsi que l'on manque totalement de renseignements, fiables ou non, sur la situation économique de la plus grande partie de la Chine ou sur la législation en vigueur dans les États qui ont succédé à l'empire soviétique. Même lorsqu'elles disposent d'informations, nombre d'entreprises n'en tiennent pas vraiment compte. Que de firmes américaines se sont ainsi lancées à la conquête de l'Europe, dans les années soixante, sans même prendre la peine de se renseigner sur leur législation du travail. Leurs homologues européennes ne sont pas en reste, qui se sont montrées tout aussi aveugles et mal informées lorsqu'elles ont tenté la grande aventure aux États-Unis. L'une des causes essentielles de la débâcle des investissements immobiliers réalisés par les Japonais en Californie dans les années quatre-vingt-dix réside dans le fait qu'ils ne se sont pas préoccupés de rassembler les données fiscales élémentaires ni de se renseigner sur les servitudes de l'urbanisme.

Dans les affaires, une des causes de déconvenue les plus fréquentes consiste à partir du principe que les conditions que l'on va rencontrer – je pense à la fiscalité, à la législation sociale, aux préférences du marché, aux canaux de distribution, aux problèmes de propriété intellectuelle, etc. – sont forcément conformes à l'idée que nous nous en faisons. Un système d'information valable se doit de comporter les informations qui permettent aux dirigeants de remettre en question ce genre d'hypothèses. Au lieu de se contenter de leur apporter des éléments confirmant leurs prévisions, il doit les inciter à poser les bonnes questions. Cela suppose d'abord que les dirigeants sachent de quels renseignements ils ont besoin et qu'ils puissent ensuite les obtenir régulièrement. Enfin, il faut qu'ils intègrent systématiquement ces renseignements dans la prise de décision.

Quelques multinationales – Unilever, Coca-Cola, Nestlé, les grands exportateurs japonais et quelques grands noms du bâtiment et travaux publics – ont consacré beaucoup d'efforts à la mise en place de systèmes permettant de collecter et d'organiser les informations externes à l'entreprise. Ils sont l'exception ; en général, tout reste à faire dans ce domaine.

Les grandes entreprises elles-mêmes seront amenées à faire appel à des intervenants extérieurs pour répondre correctement à cette nécessité. Réfléchir aux besoins du secteur concerné suppose de connaître et de comprendre le domaine hautement spécialisé de l'information. La matière est si foisonnante que les non-spécialistes s'y perdraient à coup sûr. Les sources sont d'une diversité extrême. Les entreprises peuvent collecter elles-mêmes une partie de l'information dont elles ont besoin, par exemple ce qui concerne les clients et les non-clients ou la technologie de leur secteur. Mais la majeure partie de ce qu'elles ont besoin de savoir sur leur environnement, elles ne peuvent l'obtenir que de sources extérieures – toute la panoplie de banques de données, journaux publiés dans diverses langues, associations professionnelles, publications gouvernementales, rapports de la banque mondiale, articles scientifiques et études spécialisées.

Si l'entreprise doit faire appel à des intervenants extérieurs, c'est aussi parce qu'il faut organiser la documentation réunie de façon à ce qu'elle mette en cause la stratégie de l'entreprise. Il ne suffit pas de collecter et de fournir les données. Il faut les intégrer à la stratégie, elles doivent remettre en question les hypothèses et les habitudes de travail. Un nouveau logiciel peut s'avérer efficace pour offrir des informations sur mesure à un groupe précis, comme un hôpital ou une compagnie d'assurances accidents. La base de données Lexis fournit des informations spécialisées aux avocats, mais elle ne leur apporte que des réponses ; elle ne pose pas de questions. Ce qu'il faudrait, c'est un concept capable de formuler des suggestions sur la façon d'utiliser l'information, de poser des questions précises sur les affaires et les pratiques de l'utilisateur et, pourquoi pas, de proposer une consultation interactive. On pourrait aussi sous-traiter le système d'informations externes. Les consultants indépendants, qui constituent les fournisseurs d'informations externes préférés de l'entreprise, pourraient jouer ce rôle d'outsiders travaillant en interne.

Quelle que soit la technique utilisée, l'entreprise a un besoin de plus en plus urgent d'être informée sur son environnement, puisque c'est là que se trouvent les plus grands dangers, mais aussi les plus belles opportunités.

On me dira que, d'une façon générale, ce besoin d'information n'a rien de nouveau, et j'en conviens volontiers. Cela fait effectivement des années que l'on parle de ces concepts, un peu partout. Ce qui est nouveau, ce sont les moyens dont nous disposons pour traiter l'information, moyens qui nous permettent de faire vite et à peu de frais ce qui, il y a encore peu d'années, aurait été aussi laborieux que dispendieux. Il y a soixante-dix ans, l'étude des postes productifs a rendu possible la comptabilité analytique. Aujourd'hui, l'ordinateur ouvre la voie à la comptabilité analytique par activité qui, sans ordinateurs, serait tout à fait inenvisageable.

Cependant, là n'est pas la question. Ce ne sont pas les outils qui sont importants, mais les concepts qui se trouvent derrière, car ils convertissent ce que l'on avait toujours considéré comme des techniques séparées, à utiliser isolément dans des buts distincts, en un seul système intégré de l'information. L'existence de ce système éclaire le diagnostic, la stratégie et les décisions. Il y a là une conception nouvelle, radicalement différente, du sens et de l'utilité de l'information, que l'on considère dans cette perspective comme une référence sur laquelle fonder l'action future et non comme une autopsie, un témoignage de ce qui a déjà eu lieu.

On pourrait comparer l'organisation fondée sur la commande et le contrôle qui a vu le jour vers 1870 à un organisme qui tiendrait grâce à sa coquille. L'entreprise qui est en train de naître sous nos yeux possède un squelette, c'est l'information, à la fois système d'intégration et articulation de l'entreprise.

Même si l'on a parfois recours à des techniques mathématiques sophistiquées et à un jargon sociologique impénétrable, l'idée qui sous-tend traditionnellement les affaires est simple : acheter à bas prix et vendre cher. La nouvelle approche définit l'entreprise comme une organisation qui ajoute de la valeur et crée de la richesse.

[1995]

III

L'économie

11

Mondialisation et commerce international

La politique commerciale internationale suscite bien des divergences, tout particulièrement aux États-Unis. Chacun avance ses arguments avec passion, mais rarement en les appuyant sur des preuves irréfutables. En fait, l'économie mondiale a connu un essor plus rapide au cours des quarante dernières années qu'à aucun moment depuis la « révolution commerciale » du XVIIIᵉ siècle, qui a fondé les premières économies modernes et l'économie elle-même en tant que discipline. Malgré la stagnation, voire la récession, dont souffrent nombre de pays industrialisés, l'économie mondiale continue à se développer assez vite. Mais personne ne cherche ni à connaître les faits, ni à en tirer des enseignements, en particulier en matière de politique intérieure.

Ces faits sont pourtant riches d'enseignements dans quatre domaines : la structure de l'économie mondiale ; la nouvelle nature des échanges et des investissements internationaux, les rapports entre l'économie mondiale et l'économie intérieure ; enfin la politique commerciale. Dans chacun de ces domaines, on parvient à des conclusions très différentes de ce que pratiquement tout le monde croit et déclare haut et fort, que ce soit les protectionnistes, les partisans du libre-échange, ou ceux de l'encadrement du commerce international.

I

Personne, il y a vingt ans, ne parlait d'« économie mondiale ». Le terme consacré était alors « commerce international ». Cette évolution sémantique reflète une transformation profonde de la réalité économique. On pouvait encore, il y a vingt ou trente ans, considérer le commerce d'un pays au-delà de ses frontières – surtout s'il s'agissait d'une puissance de grande ou de moyenne envergure – comme un élément différent, séparé du reste, dont on pouvait se permettre de ne pas tenir compte lorsqu'on traitait des affaires sérieuses, l'économie et la politique économique intérieures. Les faits prouvent sans l'ombre d'un doute qu'adopter cette attitude illusoire serait une erreur aujourd'hui. C'est pourtant encore celle de la majorité des économistes, des hommes politiques et du grand public, surtout aux États-Unis.

L'« économie internationale » comportait traditionnellement deux volets, le commerce international et les investissements à l'étranger. L'économie mondiale comporte, elle aussi, deux composantes, mais elles ont changé de nature. La première consiste en flux de devises et d'informations, la seconde en investissements commerciaux ; les deux s'amalgament très vite en une transaction unique et constituent en fait deux manifestations d'un phénomène que l'on retrouve partout et qui constitue l'élan intégrateur de l'économie mondiale, le développement des alliances par-delà les frontières. Si ces deux composantes connaissent une croissance rapide, celle des flux de devises et d'informations se révèle la plus spectaculaire. C'est pourquoi ils méritent d'être traités en premier.

Le centre des flux monétaires mondiaux, la place de Londres (*London Interbank Market*), traite en un seul jour des sommes plus importantes qu'il n'en faudrait pour financer de nombreux mois, peut-être même une année entière de l'« économie réelle » du commerce et des investissements internationaux. De même que les échanges quotidiens sur les principaux marchés de devises – Londres, New York, Zurich et Tokyo – excèdent de plusieurs ordres de magnitude les sommes qui suffiraient à financer les transactions internationales réelles.

Les flux d'informations utilisent aujourd'hui de nombreux vecteurs – conférences, réunions et séminaires ; télécommunications (téléphone, téléconférences, fax ou courrier électronique) ; transmissions d'ordinateur à ordinateur ; logiciels ; journaux, magazines

et livres ; films et vidéos ; ainsi que nombre de nouvelles technologies de communication pour la plupart électroniques. Au total,
ils dépassent peut-être les flux monétaires par le chiffre d'affaires,
les royalties et les bénéfices. Ajoutons qu'ils connaissent une croissance vraisemblablement plus rapide qu'aucune autre catégorie de
transactions dans l'histoire de l'économie.

Quant aux flux monétaires transnationaux, on peut les considérer comme les successeurs de ce que les banquiers appellent des
« investissements de portefeuille », c'est-à-dire des placements, en
général à court terme, destinés à rapporter des revenus financiers,
tels les intérêts ou dividendes. Les flux monétaires que nous
connaissons aujourd'hui sont non seulement plus considérables par
leur masse que ne l'ont jamais été les investissements de portefeuille, mais surtout totalement autonomes et incontrôlables, par
quelque agence ou politique nationale que ce soit. Ajoutons, et
c'est une remarque essentielle, que leur impact économique se
révèle différent. Les flux monétaires engendrés par les investissements de portefeuille jouaient un rôle *stabilisateur* dans l'économie
internationale. Les masses monétaires se déplaçaient de pays où les
rendements de l'argent à court terme étaient modestes – en raison
soit de la faiblesse des taux d'intérêt, soit de la surévaluation du
marché boursier ou de la monnaie – vers d'autres pays offrant de
meilleurs rendements à court terme, ce qui rétablissait l'équilibre.
Ils *réagissaient* à la politique financière du pays ou à sa situation
économique. De nos jours, les flux monétaires mondiaux jouent au
contraire un rôle terriblement *déstabilisateur*. Ils contraignent les
gouvernements à prendre des mesures drastiques comme de porter
les taux d'intérêt à des niveaux astronomiques, ce qui étrangle
l'activité ; ou encore à dévaluer leur monnaie du jour au lendemain en en fixant la valeur bien en dessous de sa parité en termes
commerciaux ou de pouvoir d'achat, ce qui engendre des tensions
inflationnistes. Les flux monétaires que nous connaissons
aujourd'hui ne sont en général pas entraînés par l'appât d'un
meilleur revenu financier, mais par celui de profits spéculatifs
immédiats. Ils constituent un phénomène pathologique, traduisant
le fait que ni les taux de change fixes, ni les taux variables, seuls
systèmes connus à ce jour, ne fonctionnent plus. Comme il ne
s'agit que d'un symptôme, il serait vain pour un gouvernement de
tenter de les contenir, par exemple en taxant les profits qu'ils
engendrent ; les échanges ne feraient en effet que se déplacer

ailleurs. Ce sont des poussées de fièvre, certes, mais pas la maladie elle-même. Tout ce que l'on peut faire – il faut cependant l'inclure dans les spécifications d'une politique commerciale efficace – c'est rendre l'économie résistante aux coups de boutoir des flux monétaires.

L'impact économique des flux d'information se révèle, au contraire, salutaire. De fait, peu de choses stimulent autant la croissance économique que le développement rapide de l'information, que ce soit par les télécommunications, les échanges entre ordinateurs, les réseaux, comme Internet ; voire l'ouverture sur le reste du monde, toute déformée qu'elle soit, qu'apportent les feuilletons télévisés. Aux États-Unis, les flux d'information et les matériels nécessaires pour leur servir de support constituent aujourd'hui la première source de revenus en devises étrangères. Mais, de même que nous ne considérons pas les cathédrales du moyen âge comme un phénomène économique – alors qu'elles furent pendant plusieurs siècles, avec l'agriculture, l'activité économique principale et le plus grand employeur à part les armées – de même l'impact des flux d'informations est essentiellement culturel et social. Les facteurs économiques, tels que les prix élevés auxquels se vendent certains matériels, freinent plus qu'ils ne stimulent les flux d'information – qui sont pourtant bel et bien en passe de devenir le facteur dominant de l'économie mondiale.

Ainsi, la première leçon de l'économie mondiale, c'est que ses deux phénomènes les plus significatifs, les flux monétaires et celui des informations, ne cadrent avec aucune des théories ou politiques dont nous disposons. Ils ne sont même pas « transnationaux » ; mais carrément au-delà de toute notion de frontière, « non-nationaux ».

II

Pour l'homme de la rue, *commerce international* signifie échange de marchandises, autrement dit importations et exportations de produits manufacturés, agricoles, ainsi que de matières premières comme le pétrole, le fer, le cuivre ou le bois. Les journaux nous informent chaque mois de la performance réalisée par notre commerce extérieur, ils nous disent combien de *marchandises* nous avons acheté et vendu à l'extérieur. Or le commerce international porte chaque jour davantage sur les services, les « invisibles », qui méritent bien leur nom car on en parle peu et ils passent facilement inaperçus. À la vérité, même le négoce de marchandises n'est plus ce que pratiquement tout le monde croit, y compris les économistes et les hommes politiques. Il donne de moins en moins lieu à une « transaction » sous forme d'achat ou de vente de produits, mais s'inscrit de plus en plus souvent dans le cadre d'une « relation » – structurelle ou institutionnelle – chaque opération se ramenant alors à une « livraison » accompagnée d'une facturation. Qu'il s'agisse de cette nouvelle variété d'échanges découlant d'une relation préexistante ou des services, les choses ne se passent pas du tout comme dans le cadre du commerce transactionnel de marchandises.

Chacun sait que les États-Unis ont un déficit commercial immense, que nous sommes incapables de maîtriser. En réalité, cependant, notre balance commerciale est à peu près équilibrée, peut-être même légèrement excédentaire. Le déficit dont nos journaux, nos hommes politiques, les membres du gouvernement et nos économistes se lamentent tous les jours est celui du commerce de marchandises. Il résulte, pour l'essentiel, d'abord de la façon abominable dont nous gaspillons le pétrole et ensuite du déclin régulier, tant en volume qu'en prix (à cause de la baisse des cours mondiaux), de nos exportations de produits agricoles. En revanche, la balance des services américaine s'avère largement excédentaire, grâce aux services financiers et à la distribution ; à Hollywood et au fait que nous possédons des élites mieux formées ; au tourisme ; à la qualité de nos hôpitaux ; aux droits d'auteurs sur les livres, les vidéos et les logiciels ; aux cabinets de consultants ; aux honoraires et aux royalties engrangés dans le domaine des technologies de pointe ; grâce enfin à une myriade d'autres activités et professions. À en croire les chiffres officiels, qui ne sont publiés que trimestriellement – et encore, dans un petit opuscule que peu de gens lisent – ce surplus de la balance des services représente les deux tiers du déficit de la balance commerciale portant sur les produits. Mais, comme le reconnaissent même les statisticiens du gouvernement chargés de collecter les chiffres, nos exportations de services sont largement sous-estimées, peut-être même de 50 %, et leur croissance continue à être très rapide.

Les États-Unis s'arrogent la première place des échanges mondiaux de services, suivis par la Grande-Bretagne ; le Japon arrive au dernier rang des pays développés. Mais dans tous ces pays industrialisés, le commerce des services croît au moins aussi vite que le commerce de marchandises, probablement nettement plus. Dans dix ans, il sera sans doute aussi important, sinon plus, que le commerce de marchandises, au moins en ce qui concerne les pays les plus riches.

Parmi les composantes des échanges de services, le tourisme constitue le seul secteur tant soit peu susceptible aux « facteurs » qui gouvernent le commerce international tel que l'envisagent la théorie et la politique commerciales. Il répond en effet immédiatement aux fluctuations de devises et, beaucoup plus lentement, aux variations du coût de la main-d'œuvre. Tout le reste, c'est-à-dire les deux tiers du total, voire davantage, s'avère absolument insensible à ce genre de changements. La majeure partie des échanges de services implique l'importation et l'exportation de *savoir*.

Une partie de plus en plus importante du commerce de biens réagit également de moins en moins aux variations à court terme (et même à long terme) des facteurs économiques traditionnels. Considérons les échanges structurels : la décision de produire tel ou tel produit dans tel ou tel pays est prise dès la conception du produit en question. Prenez le cas d'un *nouveau* modèle de voiture – nombre d'éléments importants comme le moteur, la transmission, l'électronique et la carrosserie seront produits dans des usines, dont certaines appartiennent au constructeur, mais d'autres, beaucoup plus nombreuses, à ses fournisseurs, implantées dans une bonne douzaine de pays, par exemple les États-Unis, le Mexique, le Canada, la Belgique, le Japon et l'Allemagne. Quant au montage, il sera également réalisé dans des usines situées dans quatre ou cinq pays différents. Et jusqu'à ce que le modèle soit modifié de fond en comble, dix ans plus tard, les usines et les pays spécifiés dès le départ sont immuables. Il faudrait une catastrophe majeure, une guerre ou un incendie qui détruirait une usine, pour que le système adopté au départ soit changé.

La grande usine que possède un groupe pharmaceutique suisse en Irlande ne « vend » rien. Elle expédie des produits chimiques intermédiaires aux usines spécialisées dans les produits finis du groupe, réparties dans dix-neuf pays, des deux côtés de l'Atlantique. Elle leur demande un « prix de cession », pure convention comptable plus liée à des préoccupations fiscales qu'aux coûts de production. Les marchés et le savoir jouent un rôle considérable dans les décisions d'échanges structurels ; le coût de la main-d'œuvre, du capital et le cours des devises y sont considérés comme des contraintes plutôt que comme des facteurs déterminants.

Considérons maintenant les échanges « institutionnels ». Lorsqu'un industriel construit une nouvelle unité de production ou qu'un géant de la distribution ouvre une très grande surface, neuf fois sur dix, il a recours aux machines, outils, équipements et fournitures qu'il utilise déjà dans ses usines ou grandes surfaces existantes parce qu'il a l'habitude de travailler avec et se sent en confiance. Il les achète à ses fournisseurs habituels. Ceci est vrai que la nouvelle usine, ou grande surface, soit située dans le pays d'origine ou à l'étranger. Cela s'applique tant à l'entreprise américaine qui construit une usine en Espagne, qu'au distributeur allemand qui ouvre un hypermarché aux États-Unis, ou encore à l'affaire japonaise qui vient d'acheter une usine à Shanghai et a décidé de la moderniser. Comme pour le commerce structurel, les « facteurs de production » traditionnels n'ont quasiment aucune influence.

Ces échanges institutionnels et structurels ne suivent donc pas les règles habituelles du commerce international ; soulignons surtout, la chose se révèle nettement plus importante, que ni les uns ni les autres ne *sont* réellement du commerce international, sauf juridiquement, et cela même lorsque ces activités impliquent de franchir les frontières. Pour l'entreprise concernée, cela ne fait absolument aucune différence que tel ou tel produit vienne de son propre pays ou bien d'une usine ou d'un fournisseur implanté dans un pays étranger. Cela devient aussi vrai des livraisons de fournisseurs que des échanges internes d'une unité à l'autre. En effet, pour le constructeur automobile, le grand laboratoire pharmaceutique ou le géant de la distribution, ces transactions se déroulent au sein de son propre « système ».

À mesure que les entreprises ont acquis une dimension multinationale de plus en plus marquée, les échanges structurels et institutionnels ont connu une croissance explosive. Nous ne possédons malheureusement pas de données chiffrées suffisantes pour évaluer précisément l'ampleur du phénomène. Les estimations varient du tiers de la balance commerciale produits américaine (c'est sans doute largement en dessous de la réalité) aux deux tiers (chiffre presque certainement trop élevé). Chaque fois que j'ai pu obtenir des chiffres dans les entreprises, j'ai constaté que leurs échanges structurels et institutionnels représentaient de 40 à 50 % du volume de leurs exportations et de leurs importations, qu'il s'agisse d'une grande entreprise ou d'une PME. Je suis convaincu pour ma part que le commerce transactionnel classique porte encore sur des volumes plus importants, mais les échanges qui se déroulent dans le cadre d'une relation se développent plus vite. Aujourd'hui, le commerce transactionnel de marchandises ne représente vraisemblablement que le tiers du commerce international d'un pays développé. Les deux autres tiers sont constitués soit de services, soit d'échanges de marchandises fondées sur une relation préexistante – qui se comportent tous deux, nous l'avons vu, de façon fort différente du commerce classique.

Parallèlement, l'investissement, autre domaine du modèle traditionnel de l'économie internationale, subit lui aussi une mutation profonde. Les investissements de portefeuille, dont nous avons parlé plus haut, se sont mutés en flux monétaires, absolument pas assimilables à des investissements. De plus, les « investissements directs », c'est-à-dire les investissements à l'étranger destinés à lancer une nouvelle activité ou à acquérir une entreprise, sont eux aussi en train de changer, très vite. Durant de longues années, pendant la période d'après-guerre, ces investissements directs ont paru insensibles aux changements. Les multinationales des années soixante-dix qui les réalisaient n'étaient pas si différentes que cela des multinationales de 1913 – qui contrôlaient une partie aussi considérable de l'industrie mondiale que les multinationales d'aujourd'hui et une partie plus considérable encore du secteur banque et assurances. Les investissements directs traditionnels continuent à croître – ceux qu'ont réalisé les Européens, les Japonais, les Canadiens et les Mexicains aux États-Unis ont même connu une croissance explosive. Simplement, le jeu des « alliances » est en train de leur voler la vedette, qu'il s'agisse de filiales communes, de partenariats, d'accords portant sur des échanges de savoir ou de sous-traitance. Or, dans le domaine des alliances, l'investissement ne s'avère pas indispensable. Exemple l'alliance récente entre Intel, le concepteur américain de microprocesseurs, et Sharp, grand fabricant japonais de produits électroniques. Aux termes de cet accord, Intel partagera avec les Japonais la conception d'un microprocesseur très avancé ; quant aux Japonais, ils seront chargés de la fabrication ; le produit sera partagé entre les deux entreprises. L'une apporte sa compétence technique, l'autre sa compétence en matière de production. Des alliances se sont nouées entre des dizaines de laboratoires de recherche universitaires et des entreprises, qu'il s'agisse de laboratoires pharmaceutiques, de firmes spécialisées dans l'électronique, de bureaux d'études, de constructeurs d'ordinateurs, ou d'entreprises du secteur alimentaire. Dans certaines alliances, les entreprises externalisent les activités de support. C'est ainsi qu'un grand nombre d'hôpitaux américains confient aujourd'hui à des partenaires extérieurs les tâches d'entretien, la facturation, les encaissements et le traitement de données, mais aussi, de plus en plus fréquemment, leurs laboratoires d'analyse, la rééducation et les centres de diagnostic. Il en va de même en Grande-Bretagne et au Japon. Quant aux constructeurs d'ordinateurs, ils confient la gestion informatique de leur propre entreprise à des firmes comme EDS et sont tous en train de nouer des alliances avec de petits concepteurs de logiciels indépendants. Les banques commerciales en font de même avec les fonds mutuels. Enfin les universités privées, de petite et de moyenne envergure, nouent des alliances entre elles pour réaliser ensemble leurs tâches administratives.

Certaines de ces alliances s'accompagnent d'un investissement en capital conséquent, ce fut par exemple le cas des filiales communes américano-japonaises des années soixante et soixante-dix, destinées à produire au Japon et pour le marché japonais des produits américains. Cependant, même dans ce cas de figure, l'alliance ne reposait pas sur le capital mais sur l'existence de savoirs complémentaires, les Américains apportant leurs compétences techniques, tandis que les Japonais apportaient leur connaissance du marché et du management. L'investissement consenti a tendance à devenir plus symbolique qu'autre chose – chacun prendra par exemple une petite participation minoritaire au capital de l'autre pour concrétiser le lien qui les unit. Néanmoins, un nombre croissant d'alliances se font sans que s'établisse la moindre relation financière entre les partenaires ; il en fut apparemment ainsi entre Intel et Sharp. Ce fut également le cas pour les alliances les plus anciennes et les plus harmonieuses qui aient jamais été nouées, celles qui unirent, dès le début des années trente, Marks & Spencer et une kyrielle d'industriels du secteur textile et de la chaussure (et plus tard avec des spécialistes des plats tout préparés) – alliances que devaient imiter les Japonais après 1950 avec leurs *keiretsu*. Marks & Spencer développe ses produits conjointement avec ses partenaires industriels qui s'engagent à lui en réserver l'exclusivité tandis que Marks & Spencer s'engage de son côté à n'acheter le produit en question qu'à ce seul fournisseur.

Nul ne sait combien il y a aujourd'hui d'alliances. Elles restent parfois officieuses, ne donnant même pas lieu à un contrat. Quoi qu'il en soit, les alliances sont en passe de devenir la forme privilégiée de l'intégration économique. Certaines très grandes entreprises, telles Toshiba, le géant japonais de l'électronique ou Corning Glass, le numéro un mondial des verres spéciaux de haute technicité – sont entrées dans des centaines d'alliances, avec des partenaires des quatre coins du monde. L'intégration de l'Union européenne se fait bien davantage par le biais d'alliances que de fusions-acquisitions, surtout en ce qui concerne les PME, qui dominent la plupart des économies européennes. Exactement comme pour les échanges structurels et institutionnels, les entreprises se lient indifféremment avec des partenaires du même pays ou avec des étrangers. Une alliance crée un rapport systémique, un rapport de famille, dans lequel cela ne gêne personne qu'un partenaire parle japonais, un autre anglais et un troisième allemand ou finlandais. Ces alliances se révèlent, chaque jour davantage, à l'origine des échanges et de l'investissement, elles ne sont pas fondées dessus. Elles mettent le savoir en commun.

III

La théorie et la politique économique prennent toutes deux en compte l'importance, pour les pays en voie de développement, de leurs échanges avec le reste du monde. On parle, à leur sujet, de développement induit par les exportations ou par les investissements étrangers. En revanche, en ce qui concerne les pays industrialisés, tout particulièrement les grandes et moyennes puissances économiques, l'hypothèse que seule compte l'économie intérieure semble prévaloir. Tout se passe comme si les économistes, les hommes politiques et le grand public avaient la certitude absolue que l'économie de leur pays fonctionne de façon autonome et que leurs gouvernements ont toute latitude pour appliquer la politique qu'ils souhaitent.

Hélas, comme les développements précédents l'ont, je l'espère, clairement démontré, la distinction entre économie intérieure et internationale a cessé de correspondre à la réalité – même si elle a profondément marqué notre réalité politique, sociale, culturelle et psychologique. *Si l'on peut tirer une leçon sans ambiguïté des quarante dernières années, c'est qu'une participation accrue à l'économie mondiale constitue aujourd'hui la clé de la croissance intérieure et de la prospérité.* Depuis 1950, il existe une corrélation directe entre la performance intérieure d'un pays et sa participation à l'économie mondiale. Les deux nations qui ont montré le plus de dynamisme sur les marchés mondiaux, le Japon et la Corée, sont aussi celles qui ont connu l'expansion intérieure la plus rapide. En Europe, le même constat s'applique aux deux pays qui ont le mieux tiré leur épingle du jeu mondial, à savoir l'Allemagne et la Suède. Ceux qui se sont retirés de la compétition mondiale, notamment le Royaume-Uni, ont enregistré les résultats les plus décevants à l'intérieur. Les États-Unis et la France, qui ont participé honnêtement à la mondialisation économique, ont également réalisé des performances intérieures moyennes ; s'ils n'ont pas accompli de miracles, ils n'ont pas non plus connu de malaise persistant ou de crise profonde comme le Royaume-Uni.

On retrouve la même corrélation dans les grands secteurs d'une économie développée. Aux États-Unis, par exemple, les services ont considérablement accru leur activité sur les marchés mondiaux au cours des quinze dernières années – j'en citerai pour exemple le secteur financier, l'enseignement supérieur, l'informatique, etc. Ce sont ces mêmes secteurs qui ont réalisé la meilleure croissance à l'intérieur. De même, dans l'industrie, les activités qui ont augmenté leur participation mondiale de façon significative – que ce soit par le biais des exportations, des investissements à l'étranger, ou encore par celui des alliances -, je pense par exemple aux télécommunications, à l'industrie pharmaceutique, à la création de logiciels et au cinéma, ont également réalisé les meilleures performances sur le marché intérieur. Alors que l'agriculture américaine, qui n'a cessé de perdre du terrain sur les marchés internationaux, se trouve en plein marasme et nécessite des subventions toujours plus importantes.

Soulignons qu'il n'existe au contraire aucune corrélation entre la performance intérieure et les politiques mises en œuvre pour stimuler l'économie. Les statistiques montrent qu'il n'est que trop facile, pour un gouvernement, de causer préjudice à l'économie intérieure de son pays. Il suffit pour cela de laisser galoper l'inflation : qu'on se souvienne, par exemple, des dégâts causés par la politique inflationniste de Lyndon Johnson (vingt-cinq ans plus tard, nous n'en sommes pas encore tout à fait remis!) ou de ceux qu'a occasionné en Italie une politique inflationniste persistante. En revanche, je serais bien en peine de trouver un seul exemple de politique de relance qui ait porté ses fruits, qu'il s'agisse d'une démarche keynésienne, monétaire ou néoclassique. Contrairement à ce que nous promettaient les économistes il y a quinze ans, les cycles économiques sont loin d'être abolis, leurs manifestations n'ont guère changé depuis un siècle et demi. Aucun pays n'est encore parvenu à leur échapper. Chaque fois qu'une politique de relance, adoptée en période de baisse d'activité, a coïncidé avec une reprise cyclique (c'est arrivé, fort rarement, à vrai dire), ce fut par pure chance. Aucune politique ne peut se targuer d'avoir bénéficié plus souvent que les autres de ces heureux hasards. De même que dans un pays donné, aucune politique ne peut prétendre avoir donné des résultats satisfaisants pour contrer la crise A, et tout aussi satisfaisants appliquée à la crise B ou C survenues ultérieurement. Les faits démontrent que non seulement les politiques adoptées par les gouvernements pour stimuler leur économie sont inefficaces, mais aussi quelque chose de plus surprenant : en général, elles sont hors de propos. À l'évidence, les gouvernements n'ont aucune prise sur la « météorologie économique ».

La corrélation directe entre la situation de l'économie intérieure et la participation à l'économie mondiale prouve clairement que cette dernière constitue désormais le facteur décisif permettant de contrôler l'économie intérieure d'un pays industriel. C'est vrai sur de longues périodes et dans des situations extrêmement variées, tant en ce qui concerne la structure économique que la fiscalité, et même quelle que soit la forme que prend cette participation à l'économie mondiale. J'en prendrai simplement deux exemples. D'une part si l'économie américaine n'a pas sombré dans une récession profonde en 1990-1992 (à la vérité, elle n'a même pas connu de crise véritable) ; si le taux de chômage des adultes, hommes et femmes, n'a jamais atteint les niveaux enregistrés au cours des récessions précédentes, après la Seconde Guerre mondiale (à la vérité, les taux actuels sont assez bas, quel que soit le critère retenu) c'est uniquement grâce à la participation accrue de l'industrie et des services à l'activité mondiale qui s'est accompagnée, par exemple, d'une augmentation importante des exportations de produits manufacturés. D'autre part, si le Japon, à la fin de 1993, n'avait pas encore traversé de crise grave, si les taux de chômage, loin d'approcher ceux dont souffrent les pays européens (c'est-à-dire 8 à 10 %), restent au pays du soleil levant confinés aux environs de 3 %, c'est que le secteur industriel japonais a réussi à augmenter énormément ses exportations, surtout institutionnelles, vers l'Asie continentale.

L'économie mondiale est ainsi devenue le moteur de la croissance, de la prospérité et de l'emploi dans tous les pays développés, tant il est vrai que toutes les économies sont désormais mondialisées.

IV

Dès lors, il serait intéressant de savoir ce qui marche et ce qui ne marche pas dans l'économie mondiale. Le débat oppose aujourd'hui surtout les partisans du commerce international encadré, à la japonaise, et ceux du libre-échange classique. Ils ont tort tous les deux, il est facile de le démontrer. Le commerce encadré signifie que le gouvernement sélectionne des « gagneurs » et les pousse ; or il se trouve qu'aucun des secteurs sélectionnés par le MITI (le ministère japonais du commerce et de l'industrie) ne s'est véritablement révélé « gagnant ». Au cours des années soixante et soixante-dix, le MITI a fait porter l'essentiel de ses efforts sur l'aluminium et les métaux non ferreux, l'aéronautique et l'aérospatiale ; tous ces domaines se sont révélés décevants. Vers la fin des années soixante-dix et dans les années quatre-vingt, le MITI s'est alors tourné vers les technologies de pointe, encourageant des secteurs comme la biomédecine, les produits pharmaceutiques, la construction de gros ordinateurs, les télécommunications, mais aussi le courtage international et la banque commerciale internationale. Une fois de plus, ses efforts n'ont pas été couronnés de succès sur les marchés mondiaux. Les industries japonaises qui sont devenues championnes du monde l'ont fait soit malgré l'opposition farouche du MITI, comme ce fut le cas pour Sony, à ses débuts, ou pour la construction automobile jusque vers le milieu des années soixante-dix, soit le MITI s'est contenté de les bouder jusqu'à ce qu'ils aient accompli, sans son aide, les exploits que l'on sait. De même, la méthode japonaise consistant à créer des consortiums regroupant les très grandes entreprises pour produire de nouvelles technologies – par exemple, celle des superordinateurs, ou de la biogénétique – n'a obtenu que des résultats très limités.

Rétrospectivement, au moins, les raisons en semblent claires. D'abord, pour sélectionner des gagneurs, il faudrait avoir le sens de la divination. Le MITI a choisi, et c'était tout à fait justifié, les secteurs qui avaient à l'époque le vent en poupe dans les pays les plus avancés, surtout aux États-Unis. Il n'a pas décelé, par contre, et j'affirme qu'il ne pouvait absolument pas le faire, ceux qui allaient décoller plus tard, nul ne savait quand ; nul ne savait d'ailleurs à l'époque qu'ils étaient promis à un brillant avenir. Il a décidé, comme nous l'avons dit plus haut, de favoriser les gros ordinateurs au début des années soixante-dix. Précisément à la veille de l'irruption, totalement imprévue, des PC ; précisément à la veille du moment où les gros ordinateurs ont commencé à plafonner. En second lieu, le MITI choisissait des secteurs qui avaient bien marché dans d'autres pays et qui, en fait, correspondaient aux savoir-faire de ceux-ci. Mais il est passé à côté – et il ne pouvait pas en être autrement – de ce qui allait correspondre exactement au savoir-faire national, c'est-à-dire une habileté extraordinaire dans l'art de miniaturiser. D'abord, l'existence même de ce savoir-faire était bien cachée, virtuellement inconnue des Japonais eux-mêmes. Par ailleurs, personne, au Japon ou ailleurs, n'avait compris l'importance de cette faculté avant l'avènement du micro-processeur. Ajoutons que dans le domaine de l'automobile, le talent dont les Japonais ont fait preuve pour produire des voitures plus compactes et plus économiques que les grosses américaines classiques ne s'est révélé un atout sur le marché américain qu'après les chocs pétroliers de 1973 et 1979. Personne n'aurait pu – ou voulu – prédire l'incapacité où se trouveraient les leaders mondiaux de la construction automobile, les géants américains, de réagir contre l'invasion des voitures japonaises, et cela pendant vingt ans. Finalement, et c'est le plus important, l'économie mondiale est devenue beaucoup trop complexe pour que quiconque puisse deviner ou analyser son évolution future. Les données dont nous disposons sont très incomplètes, puisqu'elles ne chiffrent pas certains éléments aussi importants que la croissance du commerce des services, celle des échanges structurels et institutionnels, ou enfin le développement des alliances.

On vous dira pourtant, non sans raison, que le Japon a enregistré des succès remarquables. Les tenants du libre-échange tentent, sans y parvenir, d'analyser ces exploits comme le triomphe du libre-échange classique. Si nous savons aujourd'hui ce qui les sous-tend, nous le devons essentiellement à une étude récente (1993) de la Banque mondiale, publiée sous le titre *Le miracle de l'Asie de l'Est.**

La Banque mondiale se penche, dans cette étude, sur huit « superstars » extrême-orientales : le Japon, la Corée du Sud, Hong-Kong, Taiwan, Singapour, la Malaisie, la Thaïlande et l'Indonésie. Ces huit pays ont démarré à des époques très différentes, mais une fois lancés, leur économie intérieure et leurs performances sur les marchés internationaux ont connu des croissances comparables. Il y a trente ans, ils produisaient ensemble 9 % des exportations mondiales de produits industriels. Aujourd'hui, ils en produisent 21 % (ce qui se traduit par une perte de 12 % pour des pays comme l'Angleterre, les Pays Bas et la Belgique, l'ex-Union soviétique et certains pays d'Amérique latine). Il y a trente ans, les deux cinquièmes de la population de ces huit pays vivaient en dessous du seuil de pauvreté ; ce chiffre a été ramené à moins de 5 %, malgré une croissance rapide de la population dans la plupart d'entre eux. Plusieurs de ces pays – le Japon, Hong-Kong, Singapour et Taiwan – figurent aujourd'hui parmi les plus riches du monde. Ils diffèrent pourtant par leur culture, leur histoire, leur système politique et leur législation fiscale : cela va du laissez-faire de Hong-Kong à l'interventionnisme délibéré de Singapour, en passant par l'attitude statique de l'Indonésie.

Ce qu'ils ont tous les huit en commun, c'est leur politique économique. Tout d'abord, ils ne tentent pas de maîtriser les fluctuations à court terme de l'économie intérieure ; ils ne cherchent pas à lisser les « tempêtes » économiques. Je dirais même que dans chaque cas, le miracle économique n'a commencé que lorsque le pays a abandonné toute tentative de supprimer ces fluctuations à court terme. Ils consacrent, au lieu de cela, tous leurs efforts à la création d'un climat économique propice. En faisant en sorte que l'inflation reste peu élevée. En investissant des sommes considérables dans l'enseignement et la formation. En récompensant l'épargne et l'investissement et en pénalisant la consommation, de sorte que le taux d'épargne y est élevé.

* J'avais personnellement abouti presque à la même conclusion au moment où cette étude a été publiée, mais elle est beaucoup plus complète et détaillée, elle fait plus autorité que n'importe laquelle de mes recherches ; elle mérite donc d'être considérée comme le dernier mot en la matière.

La seconde caractéristique commune à toutes les politiques économiques de ces pays, c'est qu'elles donnent la priorité à leur performance sur les marchés mondiaux par rapport à toute préoccupation d'économie intérieure. Lorsqu'ils prennent une décision, ils commencent toujours par se demander en quoi elle affectera la compétitivité de leur industrie et sa performance sur les marchés mondiaux. S'il s'avère que la décision en question ne leur portera pas préjudice, alors seulement ils se demandent si elle affectera leur économie intérieure et l'emploi. Or c'est par cette dernière question et celle-là seule que se sont obnubilés les pays occidentaux, surtout les États-Unis et la Grande-Bretagne. Ensuite, tous les huit encouragent, favorisent, promeuvent leurs succès dans l'économie mondiale. Nous l'avons vu, le MITI n'a pas anticipé les succès japonais. Certes. Mais tout le système économique du pays est conçu de telle sorte que lorsqu'une entreprise réussit une percée sur les marchés mondiaux, on l'aide à transformer l'essai qu'elle vient de marquer. Les exportateurs bénéficient, par exemple, de déductions fiscales considérables, ils ont accès à des crédits destinés à financer l'exportation et les investissements à l'étranger (alors que l'argent est rare et cher pour les projets purement japonais). Le gouvernement japonais fait aussi en sorte que le marché intérieur, protégé, permette aux entreprises nippones de pratiquer une politique de prix et de marges élevés, afin de dégager des fonds pour leurs investissements à l'étranger et pour pénétrer les marchés internationaux (les soi-disant « faibles marges » japonaises sont une légende). Enfin on décerne, fait extrêmement important dans ce pays, des honneurs tout particuliers aux chefs d'entreprise qui ont remporté des succès marquants sur les marchés internationaux – par exemple, ils sont admis au comité de direction du très prestigieux *Keidanren*, premier organisme industriel du pays, etc. Chacun des huit pays qui ont connu le miracle économique de l'Est asiatique a son style. Mais ils appliquent tous deux principes fondamentaux : le premier consiste à créer un climat économique favorable (en accordant la priorité à la stabilité monétaire, à la présence d'une main-d'œuvre bien formée et qualifiée, ainsi qu'un taux d'épargne élevé) ; le second à donner la priorité absolue à la performance au sein de l'économie mondiale.

Les deux pays occidentaux qui ont, jusqu'à une époque très récente, connu une croissance comparable, à savoir l'Allemagne et la Suède, poursuivent des politiques économiques différentes, mais ont appliqué des principes similaires ; ils ont tous deux commencé par créer et entretenir un climat économique favorable à la croissance, puis ont pris les mêmes mesures que les « tigres de papier » : contrôle de l'inflation, investissements élevés dans l'enseignement et la formation, et enfin l'encouragement d'un taux d'épargne élevé grâce à une taxation sévère de la consommation et une fiscalité favorable à l'épargne et à l'investissement. Ils ont également tous deux accordé une priorité systématique à l'économie mondiale dans les décisions gouvernementales. Dans ces deux pays, comme en Extrême-Orient, on commence toujours par se demander comment telle ou telle décision affectera la position sur le marché, la compétitivité internationale, la performance sur les marchés mondiaux. Dès l'instant où ces réflexes sont oubliés, lorsque, par exemple, les syndicats allemands ont, il y a quelques années, subordonné leur position concurrentielle sur les marchés à leurs exigences en matière de salaires ; lorsque les Suédois ont, pour leur part, subordonné la compétitivité de leur industrie à des dépenses toujours accrues en matière de protection sociale, l'économie intérieure de chacun de ces deux pays a plongé dans la stagnation.

S'il s'avère si important de créer un climat économique propice, c'est que cela constitue la seule et unique manière de renforcer l'économie nationale, de la rendre résistante aux fluctuations monétaires et aux chocs qu'elles entraînent.

Il existe un autre enseignement à tirer des quarante dernières années de l'économie mondiale : il est faux d'affirmer que les investissements à l'étranger exportent les emplois. Au contraire, ils en créent dans le pays concerné. Les Américains auraient dû s'en souvenir, car c'est ce qui s'est passé pour eux dans les années soixante. Lorsque les multinationales d'origine américaine ont alors investi un peu partout en Europe, en Amérique du Sud, au Japon, les emplois se sont multipliés aux États-Unis. Lorsque, dans les années quatre-vingt, ces mêmes multinationales ont renoué avec cette politique d'investissements à l'étranger, surtout en Europe, l'emploi aux États-Unis a de nouveau connu une progression rapide. Cela s'est aussi vérifié au Japon où, comme nous l'avons vu plus haut, les investissements importants réalisés en Asie de l'Est, souvent consacrés à la construction d'usines vouées à produire des biens destinés au marché intérieur japonais, bien loin de faire perdre des emplois, en ont sauvé un grand nombre. Le même phénomène s'est également vérifié en Suède, qui a été plus loin que tous les autres pays industriels dans les implantations d'usines à l'étranger.

Ces retombées positives sur l'emploi dans le pays d'origine découlent, bien entendu, du fait que ces investissements entraînent dans leur sillage des échanges institutionnels. Dans l'industrie – de même que pour nombre d'activités de service, comme la distribution – l'investissement par salarié sur un nouveau site, en outillage et en équipement productif, atteint un niveau qui se situe entre deux et cinq fois celui de la production annuelle. Les échanges institutionnels nécessaires avant que le nouveau site devienne opérationnel créent donc des emplois en nombre sensiblement plus élevé, pendant plusieurs années, que ceux du futur site ; de même que les sommes dépensées dans le pays d'origine excèdent la valeur de la production annuelle prévue. L'immense majorité de ces échanges institutionnels se fait dans le sens pays d'origine-pays d'accueil, et porte sur des biens produits par de la main-d'œuvre à salaires élevés. Exporter des emplois, c'est donc, en réalité, au moins à moyen terme, en créer plusieurs dans le pays d'origine pour chaque poste dit « exporté ». C'est ce qui explique que Ford, qui s'est fortement implanté au Mexique depuis que ce pays s'est ouvert aux investissements étrangers il y a cinq ou six ans, soit le seul constructeur automobile américain à avoir aussi *créé* de nouveaux postes aux États-Unis. C'est ce qui explique également que les deux industriels mexicains, un cimentier et un producteur de verre, qui ont acheté et construit des usines aux États-Unis, figurent parmi les rares grandes entreprises industrielles nationales à avoir créé des emplois au Mexique au cours des dernières années. Ce phénomène, les Japonais semblent encore les seuls à l'avoir compris. Il y a dix ans, ils étaient terrorisés à l'idée de « vider leur industrie de sa substance », c'est-à-dire à l'idée d'exporter en Asie continentale leurs activités les plus gourmandes en main-d'œuvre (par exemple, la fabrication de produits électroniques grand public) afin d'approvisionner leur marché intérieur. Aujourd'hui, les exportations d'outillages et de machines de grande valeur vers ces transplants japonais sur le continent – le mouvement institutionnel – constituent le poste le plus important de l'excédent de la balance commerciale japonaise et le pilier de l'emploi de personnels hautement qualifiés sur l'Archipel.

Les quarante dernières années montrent aussi que les mesures de protection jouent rarement leur rôle. Au contraire, les faits montrent tout à fait clairement que, dans bien des cas, *la protection précipite le déclin de l'industrie qu'elle était censée sauvegarder.*

Tous les pays développés protègent massivement leur agriculture. Aux États-Unis, certains produits agricoles, comme le soja, les fruits, la viande bovine et les poulets, ne bénéficient d'aucune subvention, ou de subventions très inférieures à celles dont bénéficient les produits agricoles « traditionnels » comme le blé, le coton et le maïs. Ces produits moins protégés se sont pourtant, malgré une concurrence farouche, mieux comportés sur les marchés internationaux que les produits lourdement subventionnés. Dans tous les pays industriels du monde, la population agricole a connu un déclin rapide depuis la Seconde Guerre mondiale. Mais c'est dans les deux pays qui ont adopté les politiques agricoles les plus protectionnistes et/ou ont accordé le plus de subventions, la France et le Japon, qu'elle a diminué le plus vite. Autre exemple significatif, la perte de parts de marchés, sur son marché national, de la construction automobile américaine, s'est accélérée de façon spectaculaire dès l'instant où, en 1980, elle s'est trouvée à l'abri de mesures protectionnistes contraignant les Japonais à des restrictions « volontaires » de leurs exportations. Bien avant Adam Smith, on savait déjà que la protection engendre l'autosatisfaction, l'inefficacité et les cartels. Les protectionnistes ont toujours rétorqué qu'elle permettait de sauvegarder l'emploi. Ce que nous avons pu observer au cours des quarante dernières années tend à prouver le contraire. Les emplois du secteur agricole n'ont été maintenus dans aucun pays industriel. Pas plus que ceux de l'industrie automobile américaine et même européenne, comme semblent l'indiquer les dernières années. Le protectionnisme n'a pas non plus réussi à sauver les emplois dans le secteur de la sidérurgie américaine, européenne ou japonaise. Non, le protectionnisme ne protège plus les emplois, je dirais même qu'il accélère vraisemblablement leur disparition.

CONCLUSION

Ce que nous enseignent les quarante dernières années, c'est que le libre-échange ne suffit pas ; il nous faut aller au-delà.

L'économie mondiale se révèle aujourd'hui trop importante pour qu'un pays puisse se permettre de ne pas mondialiser sa politique économique. Vouloir encadrer le commerce international, c'est une illusion de grandeur. Le protectionnisme ne peut faire que du mal. Mais il ne suffit pas de lui tourner le dos. Ce qu'il faut, c'est une politique délibérée, active, je dirais même agressive, accordant la priorité absolue à l'économie externe, en se pliant à ses exigences, en profitant des opportunités qu'elle recèle, en entrant dans sa dynamique, au lieu de ne considérer que les exigences et les problèmes de l'économie intérieure. Pour les États-Unis, et pour un pays comme la France, de même que pour la plupart des pays d'Amérique latine, adopter cette démarche se traduirait par l'inversion radicale d'une politique extrêmement ancienne. Aux États-Unis, cela supposerait l'abandon, dans une large mesure, des politiques économiques qui gouvernent la pensée et l'économie nationales depuis 1933, certainement en tous cas depuis 1945. Nous considérons encore, dans ce pays, les exigences et les opportunités de l'économie mondiale comme des facteurs « externes ». Normalement, nous ne nous demandons même pas si telle ou telle décision risque de nuire à notre participation au commerce mondial, à notre compétitivité, à notre place sur les marchés internationaux. Avant de prendre quelque décision de politique intérieure que ce soit, nous devrions pourtant vérifier si elle s'avère de nature à promouvoir et renforcer notre participation dans l'économie mondiale et notre compétitivité. La réponse à ces questions devrait seule déterminer quelles sont les décisions valables en politique intérieure et pour le monde des affaires. C'est, comme nous l'enseigne l'expérience des quarante dernières années, la seule et unique politique économique qui puisse fonctionner de façon satisfaisante. C'est aussi – et là encore, l'expérience acquise au cours des quarante dernières années ne laisse pas la place à la moindre ambiguïté – la seule politique capable de redresser rapidement une économie souffrant alternativement de turbulences et de rechutes dans la récession chronique.

[1994]

12

Les
nouveaux marchés

Après l'achèvement de la reconstruction consécutive à la dernière guerre, l'économie mondiale a joui pendant une quarantaine d'années d'une expansion sans précédent. Celle-ci était induite par la demande des consommateurs, qui a culminé dans les années quatre-vingt pour les pays développés. Hélas, les signes se multiplient d'un changement structurel profond – la croissance et l'expansion économique ne peuvent plus se fonder sur la demande.

En voici un symptôme : depuis que la première télévision est apparue sur le marché, chaque nouveau produit d'électronique grand public provoquait traditionnellement un raz de marée d'achats, particulièrement au Japon. Pourtant, l'an dernier, plusieurs nouveaux produits techniquement très intéressants ont été lancés sur ce même marché japonais, hélas sans faire de vagues.

Plus important encore, les nouveaux marchés ne concernent ni les produits de consommation, ni les biens d'équipement destinés aux usines. Il existe probablement une surcapacité mondiale de biens de production, particulièrement au Japon et en Europe occidentale. Trois de ces nouveaux marchés portent sur divers types d'infrastructure, c'est-à-dire des équipements utiles à la fois aux producteurs et aux consommateurs. Quant au quatrième, il ne met pas en œuvre des produits ou des services au sens traditionnel.

Le plus immédiatement accessible de ces nouveaux marchés intéresse *la communication et l'information*. La demande en équipements téléphoniques des pays du tiers monde et de l'ancien bloc soviétique semble pratiquement insatiable. Aucun obstacle n'entrave plus effectivement le développement économique qu'un mauvais réseau téléphonique, aucun aiguillon n'est plus efficace, dans la même perspective, qu'un réseau téléphonique performant. L'investissement nécessaire s'avère lourd. Mais l'avènement des nouvelles technologies qui remplacent le réseau « fil » des téléphones traditionnels par le réseau haute fréquence des téléphones cellulaires est en passe de réduire considérablement le capital nécessaire. Ajoutons qu'une fois le système installé, il devient vite rentable, surtout si l'on prend soin de l'entretenir correctement.

Dans le monde développé, le marché de l'information et de la communication est peut-être plus vaste encore. Elles seront au cœur des bureaux et écoles de demain. Dans les usines, tout tournera autour de l'information (et non autour de l'automation, comme on le pensait il y a dix ans). La technologie existe, elle est déjà fonctionnelle, il ne reste plus qu'à la présenter correctement.

Le second nouveau marché – que j'appellerai le « *marché de l'environnement* » – pourrait se révéler plus prometteur encore. Il comporte trois composantes distinctes, dont chacune connaît une croissance rapide.

1. *Le marché des équipements destinés à purifier l'eau et l'air.* Aux États-Unis, la purification de l'eau et des effluents avance à grands pas. Les industriels ont déjà réduit d'un tiers leur consommation d'eau depuis 1977, on peut espérer qu'ils la réduiront encore d'autant d'ici à l'an 2000. La pollution industrielle de l'air aux États-Unis a également diminué de façon marquée. Le Japon est sans doute encore plus en avance dans ce domaine, tandis que l'Europe a pris un net retard. Encore l'industrie n'est-elle pas le plus grand pollueur du monde. En ce qui concerne l'eau, par exemple, les rejets des égouts municipaux portent une responsabilité incomparablement plus lourde. Les technologies qui permettraient d'y porter remède existent, mais aucun pays ne s'est encore attaqué sérieusement au problème.

2. *Le marché agrobiologique.* Il s'agit de remplacer les herbicides et les pesticides chimiques par des produits non polluants, d'origine essentiellement biologique. Les premiers d'entre eux viennent juste d'apparaître sur le marché. Mais, à en croire les spécialistes, à la fin du siècle, l'agriculture des pays développés n'emploiera pratiquement que des désherbants et pesticides d'origine biologique et non plus chimiques.

3. *Le marché de l'énergie.* S'il constitue l'élément le plus important du marché de l'environnement, il faudra pourtant attendre le troisième millénaire pour qu'il devienne réellement un facteur majeur. La nécessité se fait de plus en plus pressante de réduire le recours aux sources d'énergie hautement polluantes, comme les hydrocarbures pour les automobiles et le charbon pour les centrales électriques. Les premières technologies permettant de le faire ne sont plus du domaine de la science-fiction, elles seront rentables d'ici une dizaine d'années.

Le troisième nouveau marché résulte de la nécessité de plus en plus évidente, à la fois dans les pays industrialisés et dans les pays en voie de développement, de rénover, compléter et moderniser certaines de leurs *infrastructures,* en particulier celles qui concernent les transports – routes, voies ferrées, ponts, ports et aéroports.

La majeure partie de celles-ci, dans le monde entier, est au moins trentenaire ; la situation s'avère plus préoccupante encore dans les pays en voie de développement, puisqu'elles y ont généralement été totalement négligées depuis 1929, voire depuis la Première Guerre mondiale. Même dans un pays avancé comme le Japon, les rares autoroutes remontent aux années soixante ; quant au réseau routier américain, qui fut une des merveilles du monde, il est plus ancien encore. En Europe, aucun réseau ferré ne transporte plus du dixième du fret national, tous perdent de l'argent. La situation est comparable au Japon : le réseau ferroviaire transporte un nombre impressionnant de voyageurs, mais il se révèle incapable de servir l'économie en qualité de transporteur de fret.

Les chemins de fer américains semblent plus performants, ils s'arrogent en tous cas les deux cinquièmes du transport de marchandises dans des conditions de rentabilité satisfaisantes. Même aux États-Unis cependant, les infrastructures surchargées et sous-entretenues seraient bien incapables de faire face à une augmentation significative du trafic. Dans l'ensemble, le transport maritime

– généralement resté privé dans les pays développés du monde non communiste – dispose de flottes adéquates. À cette exception près, tous les autres systèmes de transport vont sans doute exiger un effort d'investissement gigantesque, qu'il faudra poursuivre au moins une dizaine d'années sur l'ensemble de la planète. La meilleure comparaison qui me vienne à l'esprit est celle de la construction extrêmement rapide des premières voies ferrées, au milieu du XIXᵉ siècle.

Le quatrième nouveau marché découle de l'évolution de la démographie. Je pense aux *produits d'investissement* destinés à financer l'allongement de l'espérance de vie.

L'assurance sur la vie, qu'il serait, à l'évidence, plus approprié d'appeler « assurance sur la mort », constitua un des tout premiers produits d'investissement au XIXᵉ siècle. Elle protégeait les familles contre la catastrophe économique que représentait la disparition prématurée du chef de famille. Dans les pays développés, on pourrait appeler « assurance survie » le produit qui connaît aujourd'hui la croissance la plus rapide – il s'agit des fonds épargnés par les salariés en prévision de leur retraite. Chacun sait que les fonds de pension sont aujourd'hui devenus les seuls véritables capitalistes de l'économie américaine. Ce phénomène est en passe de s'étendre à la majeure partie des autres pays développés, pour la même raison, à savoir la multiplication des personnes qui vivront encore de longues années après leur départ en retraite. Il en résulte une demande de produits d'investissement et d'épargne dépassant largement tout ce que l'on avait vu jusque-là.

Le potentiel de développement économique s'avère donc considérable, il permettra peut-être même à nouveau quarante ans de croissance. La demande existe, de même que les technologies et les ressources en capital. En revanche, ce potentiel ne coïncide plus avec les traditionnels postulats, ni avec les propositions des démocrates américains ou du parti travailliste britannique, selon lesquelles un accroissement de la dépense publique stimule la consommation. Cela ne stimulerait en réalité que l'inflation. Ce n'est pas d'une consommation accrue des ménages que nous avons besoin, mais d'investissements à long terme créateurs d'emplois.

Il semble peu vraisemblable que les mesures envisagées par les républicains américains ou les conservateurs anglais pour encourager ce type d'investissements soient de nature à réussir. Elles partent en effet du principe que ce sont les « riches » qui investissent, alors qu'en réalité, ce sont aujourd'hui des personnes dont les revenus sont modestes. La contribution moyenne individuelle aux fonds de pension est nettement inférieure à 10 000 dollars par an ; quant à l'achat de titres de fonds mutuel – qui constitue le support favori des épargnants individuels – il tourne autour de 2500 dollars.

Il faut adopter une démarche résolument différente, consistant à privatiser l'infrastructure. Les besoins dans le domaine de la communication, de l'environnement et des moyens de transport doivent être satisfaits par des entreprises privées, cherchant à réaliser des bénéfices et opérant sur des marchés concurrentiels. Il existe un précédent : le concept de « l'utilité publique », inventé aux États-Unis dans la seconde moitié du XIXᵉ siècle, qui a permis aux compagnies de chemin de fer, d'électricité et de téléphone américaines de rester privées et concurrentielles, alors que partout ailleurs dans le monde, ces secteurs se sont trouvés nationalisés.

On peut déjà observer quelques progrès dans la privatisation des marchés d'infrastructure. Il y a bien longtemps que l'Allemagne a nettoyé la Ruhr, le plus pollué de ses fleuves, en faisant en sorte que les industriels trouvent profit à respecter l'environnement. Dans la vallée centrale de Californie, les agriculteurs peuvent désormais revendre leurs droits en eau, système qui incite à éviter le gaspillage et la pollution inutile.

La privatisation constitue le seul et unique moyen de mener à bien la réalisation des infrastructures nécessaires. Aucun gouvernement au monde n'a la capacité de les financer tout seul, que ce soit par l'impôt ou par l'emprunt. Pourtant, le capital nécessaire existe en abondance, de même que les opportunités d'investissements rentables.

[1992]

13

L'Asie du Pacifique, partenaire clé de la mondialisation

Il sera intéressant d'observer, au cours des quelques années qui nous séparent de l'an 2000, comment l'Asie du Pacifique s'intégrera dans une économie mondiale en mutation rapide. Les pays concernés le feront-ils en ordre dispersé, en se livrant entre eux à une concurrence farouche ? Ou bien verrons-nous se former un certain nombre de zones commerciales, comme l'a suggéré le Premier ministre de Malaisie ? Se regrouperont-ils en une seule entité, comparable à celles qui se constituent actuellement en Occident ? Verrons-nous alors se former une zone de libre-échange protégée par un tarif extérieur commun, qui serait, de loin, la plus vaste du monde ? Certains facteurs externes, tels l'évolution du monde occidental, mais surtout leur propre croissance économique, ne tarderont pas à contraindre ces pays à prendre une décision. Quelle qu'elle soit, elle modifiera profondément la donne économique et politique en Extrême-Orient et dans le monde entier.

C'est la construction européenne – sans doute le développement économique le plus important des années quatre-vingt, qui a poussé le monde occidental à s'organiser en superblocs régionaux. En Amérique du Nord, le Canada et le Mexique étaient en fait déjà tellement intégrés à l'économie des États-Unis que la signature du traité créant l'ALENA (Accord de Libre-échange Nord

Américain), n'a fait que conférer un caractère officiel à une situation préexistante. La seule question qui se pose désormais est celle de savoir si d'autres pays d'Amérique latine – à commencer par le Chili, suivi de l'Argentine, et pour finir, du Brésil, seront attirés vers l'ALENA, comme l'Europe entière, à la suite de l'Angleterre, a été irrésistiblement attirée dans le giron de la Communauté économique européenne et aujourd'hui dans celui de l'Union européenne.

L'ALENA et l'Union européenne constituent les zones de libre-échange les plus vastes et les plus riches que le monde ait jamais connues. Ce qui ne les empêche pas de subir toutes deux la pression inexorable de nouveaux réflexes protectionnistes tendant à les empêcher d'étendre leur libre-échange interne au reste du monde. Chacune cherche à promouvoir ses exportations tout en protégeant farouchement son industrie. Loin de se fonder sur une réflexion économique, cette attitude découle d'une préoccupation d'ordre social, autrement plus puissante. Dans cette perspective, la priorité qui s'imposera à l'avenir pour l'Europe occidentale et pour les États-Unis consistera à protéger les emplois industriels respectivement en Europe de l'Est et au Mexique. L'alternative serait en effet de se trouver inondé par une immigration massive de personnes peu ou pas qualifiées ne trouvant pas de travail dans leur pays. Or, comme les événements ne l'ont montré que trop clairement un peu partout, notamment en Allemagne et à Los Angeles, l'immigration a d'ores et déjà largement franchi les seuils de ce qui est socialement acceptable et politiquement viable. Il se trouve que les seules industries qui peuvent fournir des emplois à ces candidats à l'émigration dans leur pays d'origine, que ce soit la Slovaquie, l'Ukraine, ou le Mexique, sont des industries traditionnelles qui font largement appel à la main-d'œuvre ; à savoir le textile, le jouet, la chaussure, l'automobile, la sidérurgie, les chantiers navals et l'électronique grand public. Précisément, hélas, les secteurs sur lesquels les pays asiatiques en pleine croissance continueront à fonder leur expansion. Précisément, aussi, ceux dont des exportations ont permis les premières croissances « miracles » en Extrême-Orient, celle du Japon dans les années soixante et soixante-dix, puis, plus tard, celle des « Quatre Tigres ». C'est tout naturellement sur ces mêmes secteurs industriels que les économies de croissance d'aujourd'hui, la Chine du littoral, la Thaïlande et l'Indonésie comptent fonder leur propre développement.

L'Occident se trouve certes confronté à un problème d'envergure, mais ce qui se passe en Asie même est autrement important. La Chine va devoir affronter des problèmes considérables au cours des prochaines années – la double menace d'une inflation désastreuse et d'une instabilité politique plus désastreuse encore. Malgré tout, les régions côtières du pays, riches de trois à quatre cents millions d'habitants compétents et ambitieux, devraient figurer dès l'an 2000 parmi les toutes premières puissances économiques du globe. La production et le revenu par tête seront sans doute encore plus caractéristiques d'un pays en voie de développement que d'un pays industrialisé. Mais, dans dix ans, la production industrielle de la Chine du littoral en fera un candidat à la seconde place de l'industrie mondiale, que se disputent aujourd'hui le Japon et l'Allemagne.

Le développement économique de la Chine du littoral reposera, comme ce fut le cas de celui du Japon et des « Quatre Tigres », sur ses exportations. Politiquement, le marché intérieur semble certes avoir vocation à absorber la majeure partie de la production : les huit cents millions d'habitants de l'immense Chine continentale rurale, tout à fait distincte, économiquement, socialement et culturellement des régions côtières, constituent pour celles-ci un marché comparable à un marché extérieur. Comme le Japon il y a quarante ans, la Chine du littoral n'aura pas besoin de consentir des investissements aussi importants que l'Europe en reconstruction au lendemain de la Seconde Guerre mondiale, et elle peut s'appuyer sur l'un des taux d'épargne les plus élevés du monde (ne serait-ce que parce que, jusqu'à une époque récente, il n'y avait pas grand chose à acheter sur place). Depuis que les décisions d'investissement sont essentiellement prises par des entrepreneurs sur le marché et non plus par des bureaucrates dans le cadre d'une planification centralisée, la productivité du capital semble assez élevée, même si elle reste en deçà de celle que connaissait le Japon dans les années soixante et soixante-dix. Il n'en demeure pas moins que la Chine du littoral ressentira la nécessité d'exporter massivement. Je pense que dans quelques années, les exportations indispensables pour couvrir ses besoins représenteront une masse supérieure au total des exportations de tous les autres pays de l'Asie du Pacifique, à l'exclusion du Japon.

Où iront ces exportations ? Elles concerneront pratiquement toutes des secteurs déjà en situation de surcapacité importante dans le monde développé. Les pays industrialisés de l'Asie du Pacifique, Singapour en tête, s'éloignent dès à présent des industries traditionnelles reposant sur l'emploi d'une main-d'œuvre nombreuse. En l'an 2000, le Japon lui-même aura cessé d'exporter des voitures vers les pays développés du monde occidental pour les fabriquer sur place. Mais les pays en voie de développement – surtout ceux qui se développent vite – n'ont pas le choix. La Thaïlande et l'Indonésie se trouvent confrontées à peu près au même problème. En tout état de cause, c'est certainement dans les régions côtières de la Chine que la difficulté se posera de la façon la plus aiguë, en raison de son immense population et de sa croissance explosive. De fait, pour l'administration du président Clinton, l'élimination du déficit commercial avec la Chine fait déjà figure de priorité numéro un. Et l'Union européenne n'a pas la moindre intention de se laisser envahir par des produits chinois qui concurrenceraient ceux de ses propres industries en difficulté.

Cette situation crée la nécessité d'une approche radicalement nouvelle : les Asiatiques doivent déterminer leur propre politique commerciale. Jusqu'à maintenant, l'Extrême-Orient s'est contenté de réagir aux politiques commerciales des pays développés. Même la politique commerciale du Japon a, jusqu'à présent, consisté à exploiter habilement la politique commerciale des États-Unis – ou son absence. Aujourd'hui, les Asiatiques doivent passer à l'action. Ils sont en effet les seuls à pouvoir intégrer une Asie qui se développe à toute allure au sein de l'économie mondiale. La question qui se pose est celle de savoir qui prendra la direction des opérations.

[1993]

14

La Chine,
marché prometteur

La Chine du littoral, riche de 400 millions d'habitants de culture urbaine et mercantile, a connu ces dix dernières années le développement économique le plus rapide du monde. Aujourd'hui, néanmoins, comme le reste du pays, elle se trouve confrontée à des problèmes colossaux.

Pour éviter une inflation galopante, des milliers d'entreprises nationalisées, qui ne sont ni productives ni rentables mais emploient des millions d'ouvriers et forment le socle du parti communiste, devront être démantelées. Les tensions sociales s'aggravent à mesure que les populations paysannes s'agglutinent dans des villes déjà surpeuplées, où les logements, les structures hospitalières et surtout les emplois s'avèrent notoirement insuffisants. Le pays entier prépare la disparition attendue de l'équipe dirigeante actuelle, constituée d'octogénaires, en se livrant à une lutte pour le pouvoir. Le prochain gouvernement pourrait fort bien ne pas être démocratique.

Si les conséquences internes de la croissance chinoise sont préoccupantes, ses effets externes sont, eux, déstabilisants. L'armée chinoise se rue – sans le moindre ennemi à l'horizon – pour acheter toutes les armes sophistiquées vendues par les Russes, qui cherchent désespérément à renflouer leurs finances. Le reste du monde reste confondu devant un dragon chinois qui exporte comme un pays capitaliste mais importe comme un communiste. Il nous faudra trouver de nouvelles voies pour relever le défi que nous lance cette grande nation.

Les échanges internationaux en fournissent un exemple frappant. La politique commerciale des États-Unis vis-à-vis de la Chine devrait se fonder sur la certitude que dès les premières années du prochain millénaire, la Chine du littoral devrait figurer parmi les toutes premières puissances économiques du monde en termes de produit national brut, de production industrielle et d'exportations de produits manufacturés.

Une approche bilatérale classique risque fort de tomber à côté de la plaque ; il s'avère en effet essentiel de comprendre la nature fondamentalement différente des relations commerciales que la Chine devra entretenir avec le reste du monde. Ce pays pourrait bien devenir le premier à s'intégrer dans l'économie mondiale bien plus par le biais des échanges de services que par celui des échanges de biens, il importera par conséquent de considérer la balance des paiements, et non la balance commerciale, comme clé de voûte des relations économiques avec la Chine.

À l'évidence, le marché chinois, mieux verrouillé que le Japon ne l'a jamais été, doit s'ouvrir aux produits étrangers. Mais même si les portes de la Chine s'ouvraient toutes grandes, on peut douter qu'elle fournisse de grands débouchés aux produits étrangers. Malgré l'immensité du marché potentiel – plus d'un milliard d'habitants dont le revenu s'élève rapidement – et un appétit insatiable pour les marques étrangères, la Chine n'importera ni Coca-Cola ni jeans Levi's. Ils seront vraisemblablement produits sur place, par le biais de filiales communes, de franchises d'embouteillage, de licences et d'alliances de toutes sortes. En 1993, par exemple, Coca-Cola a signé un accord avec le gouvernement de Beijing, aux termes duquel la firme s'engage à investir 150 millions de dollars pour construire dix usines d'embouteillage en cinq ans.

Une nécessité sociale impérieuse explique cette démarche : seule, en effet, l'industrialisation peut permettre aux masses paysannes de passer de l'ère féodale à l'ère moderne. Dans dix ans, la moitié de la population chinoise sera sans doute employée dans des usines. Tout ce qui peut être fabriqué en Chine le sera – c'est-à-dire l'immense majorité des produits manufacturés.

Il faut travailler, et même d'arrache-pied, à l'abaissement des barrières qui interdisent l'entrée en Chine des produits étrangers.

Mais il est plus essentiel encore de créer le cadre juridique et administratif nécessaire pour qu'une société étrangère puisse intervenir en Chine en qualité de partenaire. Aujourd'hui, les lois ne sont souvent pas appliquées, voire même, à l'occasion, publiées. Une société étrangère qui accorde une licence ou détient une participation minoritaire ne bénéficie d'aucune protection ; les droits de propriété intellectuelle sont souvent peu respectés. Une politique commerciale avec la Chine doit établir et protéger l'accès au partenariat.

Cela dit, ce sont les services et non l'industrie qui offrent les plus grandes opportunités de marché dans ce pays grand comme un continent, dont la croissance s'avère plus que prometteuse.

J'en prendrai pour premier exemple l'enseignement. Si le taux d'alphabétisation est relativement élevé, puisqu'il atteint 73 %, le système universitaire, l'un des plus retardataires du monde, s'avère notoirement incapable de satisfaire aux besoins d'une croissance économique soutenue. On compte à peine un million et demi d'étudiants en Chine, ce qui représente par rapport à la population totale un taux inférieur à celui des États-Unis il y a cent ans. L'Inde, par contraste, possède une population estudiantine quatre fois plus nombreuse malgré un taux d'alphabétisation inférieur de moitié environ. Plus grave encore, la majeure partie des universités chinoises préparent leurs étudiants à des carrières administratives, ils apprennent ainsi davantage à empêcher leurs concitoyens de faire ce qu'ils ont envie de faire qu'à les y aider.

À moins que cet état de choses ne change vite, la croissance chinoise achoppera sur le manque d'ingénieurs et de chimistes, de statisticiens et de comptables, de cadres et d'enseignants. La Corée du Sud, qui se trouvait dans une situation comparable il y a quarante ans, a réagi en envoyant des milliers de jeunes se former aux États-Unis ; de retour au pays, ils ont jeté les bases du « miracle coréen » qui a fait d'un pays rural, ravagé par la guerre, plongé dans la misère, l'un des Quatre Tigres – et cela en moins de trente ans.

Ce n'est pas en envoyant quarante mille étudiants par an à l'étranger, comme elle le fait aujourd'hui, que la Chine comblera ce déficit. Il lui faut, sans coup férir, reconstruire complètement l'ensemble de son système éducatif – ce qui ne peut être entrepris que dans le cadre d'une vaste opération de partenariat avec des spécialistes étrangers chargés de concevoir, planifier et mettre en place les nouvelles institutions. Ces experts existent bel et bien de par le monde – les instituts polytechniques britanniques, par exemple, ont l'habitude de ce genre d'entreprise, de même que nombre d'universités américaines, qui offrent des contrats de services dans une perspective humanitaire.

Cette démarche généreuse a le tort d'ignorer un marché potentiel. Il n'y a pas de raison pour que ce genre d'opération, organisée et gérée par des professionnels, ne rapporte pas d'argent. Nombre d'universités américaines ont déjà des filiales au Japon, il n'est pas inconcevable que l'enseignement supérieur fournisse un jour aux États-Unis un premier secteur exportateur tout à fait lucratif.

Le domaine de la santé publique offre des opportunités comparables. La vision erronée du président Mao, celle d'une Chine que soigneraient des médecins aux pieds nus, est aussi ridicule aujourd'hui qu'il y a trente ans. Ce dont la Chine a besoin, c'est de partenaires expérimentés (donc étrangers) capables de prévoir, concevoir, construire et gérer des centres de soins, ainsi que de former le personnel médical. Les hôpitaux nécessaires pourraient être construits assez vite, les hôpitaux militaires de campagne que les Américains ont développés au cours des trente dernières années et testés pendant la guerre du Golfe constituent un prototype intéressant.

Les services financiers, véritable système circulatoire d'une société moderne, fournissent une autre opportunité de marché importante. Dans ce domaine, la situation est plus dramatique encore que dans l'enseignement supérieur et la santé publique. En simplifiant un peu, disons que la Chine jouit d'un taux d'épargne élevé mais ne dispose d'aucun moyen de faire travailler ces capitaux de façon productive. Les structures juridiques qui sous-tendent toute activité financière n'existent pas, les institutions financières sont primitives et leur personnel mal formé. Si des banques commerciales et des banques d'affaires étrangères, ainsi que de caisses d'épargne, de compagnies d'assurance et des fonds mutuels s'implantaient, ils fourniraient des informations fiables sur la conjoncture et sur les affaires qui contribueraient à développer l'infrastructure indispensable. Les Chinois seraient bien incapables d'y parvenir en temps utile par leurs propres moyens et surtout de lui donner l'envergure nécessaire.

La Chine a-t-elle besoin d'autre chose ? Certainement. De services de télécommunications et d'information, à une échelle gigantesque. Ce besoin est si immense, les infrastructures existantes tellement dépassées, que le pays sautera sans doute à pieds joints sur un siècle de technologie occidentale pour atterrir directement sur les formes les plus modernes de télécommunications sans fil – transmissions téléphoniques par ondes courtes pour desservir directement les logements urbains, ou par ondes ultra-courtes et par satellites pour couvrir les immenses distances dans les régions rurales.

Autre grand secteur recelant des opportunités gigantesques, les transports. La Chine a la chance de posséder d'excellents ports naturels ; fort peu d'entre eux sont hélas suffisamment équipés pour traiter beaucoup de trafic ou de fret. Lorsque c'est le cas, l'infrastructure routière et ferroviaire s'avèrent totalement insuffisantes pour transporter les marchandises à l'intérieur du pays. Sept décennies se sont écoulées depuis la construction des voies ferrées les plus récentes, il s'agit pour la plupart de voies uniques étroites, les gares de triage sont obsolètes et les Chinois ont encore recours à la traction à vapeur.

C'est donc à l'aune du développement des ventes de services plutôt que de biens qu'il faudra mesurer le succès des relations commerciales avec la Chine. Bien sûr, il ne s'agit pas là de « libre » échange. Mais quelque souhaitable qu'il puisse être, ce dernier ne peut pas s'appliquer au développement des échanges avec la Chine – il en sera ainsi tant que l'immense surplus de population en provenance des zones rurales n'aura pas été absorbé par la société et des emplois urbains.

À n'en pas douter, les syndicats seront les premiers à accuser une politique d'échanges commerciaux orientée sur les services, de ne pas créer d'emplois. Mais cette façon de voir les choses est dépassée. Dans tous les pays industrialisés, la majorité des emplois, surtout les emplois bien payés, se situent précisément dans les secteurs qui bénéficieraient le plus d'une politique d'échanges orientée sur les services : l'ingénierie, le design, la santé, l'enseignement, le management, la formation, etc. Ce qui compte vraiment, c'est que ces domaines de services sont ceux où l'émergence de la Chine comme puissance économique crée des opportunités. Car c'est là que sont les marchés.

[1993]

15

Japon
et compagnie,
c'est fini ?

apon et compagnie est en difficulté. Certes, les entreprises
japonaises se livrent tout aussi farouchement que naguère à la
compétition mondiale. Mais il n'existe plus de politique japonaise
distincte, surtout dans le domaine économique – mesures à court
terme et réactions de panique s'y sont substituées. Sans plus de
succès que dans le monde occidental, car ce genre de décisions n'a
jamais remplacé une vraie politique. Le problème tient en partie à
ce qu'aucune des options qui s'offrent au Japon ne semble assez
séduisante pour susciter un consensus – bien au contraire, elles
sèmeraient à coup sûr la zizanie entre fonctionnaires, hommes
politiques, chefs d'entreprise, universitaires, classes laborieuses et
autres grands groupes japonais. La presse nipponne se fait l'écho de
plaintes constantes sur la faiblesse du leadership, mais il ne s'agit
là que d'un symptôme. Le problème de fond, c'est que les quatre
piliers sur lesquels reposait la politique nationale depuis trente ans
vacillent sur leurs bases ou se sont effondrés.

À commencer par une certitude qui avait paru inébranlable : le
Japon jouait un rôle d'une telle importance, en tant que bouclier
contre le communisme soviétique, que les États-Unis subordonne-
raient toujours leurs intérêts économiques au maintien de sa stabilité politique et à l'alliance stratégique Washington-Tokyo. Au
cours des années soixante-dix et quatre-vingt, l'ambassadeur amé-

ricain Mike Mansfield ne cessa de confirmer la priorité des relations américano-nipponnes sur toute autre considération. L'administration Bush partageait manifestement cette optique. Les Japonais en conclurent à juste titre que les Américains avaient beau
aboyer fort, ils ne mordraient jamais jusqu'au sang.

Aujourd'hui, cette belle certitude se trouve remise en cause.
L'administration Clinton continuera-t-elle à subordonner les intérêts économiques des États-Unis, réels ou perçus comme tels, à sa
politique d'alliances ? Certes, en cas de menace militaire, l'Amérique défendrait le Japon. Les Japonais commencent cependant à
comprendre qu'ils devront payer ce soutien au prix fort. Les États-
Unis se préparent à exiger désormais une contrepartie économique
– au moment même où la Chine, le grand voisin, est le seul grand
pays du monde à renforcer sa puissance militaire. Quant aux Européens, qui n'ont jamais souscrit aux thèses de Mansfield, leur position s'avère moins délicate. Au cours des prochaines années,
l'Europe déterminera non seulement combien de produits japonais
seront autorisés à franchir ses frontières, mais également si ceux
qui seront fabriqués sur le sol européen par des entreprises japonaises pourront être vendus librement et en grandes quantités sur
ses marchés.

La politique économique japonaise reposait sur une seconde
grande certitude : les entreprises nationales maîtrisaient une technique leur permettant de dominer les marchés mondiaux – il leur
suffisait d'extrapoler les tendances occidentales, puis de faire
mieux et plus vite ce que leurs concurrents occidentaux faisaient
lentement et sans enthousiasme. Cette stratégie, inaugurée par
Sony, au début des années soixante avec les radios à transistors et
reprise quelques années plus tard avec les appareils photo et les
photocopieuses, a remporté succès sur succès. Elle reste payante –
en témoigne la façon dont les Japonais ont pris de vitesse les
exportations de voitures européennes de luxe sur le marché américain ces dernières années ou celle dont ils ont dépossédé les Américains, qui l'avait inventé, de l'exploitation commerciale du fax.

Ces victoires ne sont cependant plus gagnées d'avance, comme
le montre le secteur des ordinateurs. En l'occurrence, les Japonais
ont calqué la politique d'IBM pour pouvoir le battre sur son propre
terrain, et n'ont, du coup, pu se placer sur le marché de croissance
des stations de travail et des réseaux. Même scénario pour les
microprocesseurs – ils ont manqué le passage aux circuits dédiés à

forte valeur ajoutée pour se concentrer sur les produits de grande consommation, à faible valeur ajoutée, où ils se trouvent aujourd'hui en butte à la concurrence sauvage de producteurs implantés dans des pays à faibles coûts salariaux. De même, dans le domaine des télécommunications, ils n'ont pas su voir venir le passage au sans fil, qui fournira vraisemblablement les plus belles croissances sur les marchés mondiaux. Enfin, dans le secteur de l'électronique grand public et de la télévision à haute définition, où tout n'est pas encore joué, les Japonais, loin d'être en situation de porter le coup de grâce à leurs concurrents, se trouvent, une fois encore, sur la défensive.

Si le surplus commercial du Japon par rapport aux États-Unis a continué à augmenter quantitativement en 1992, il se détériore qualitativement. Pour les trois quarts, il correspond en effet aux ventes d'un secteur industriel traditionnel dont les marchés sont saturés dans tous les pays industrialisés, celui de l'automobile. Même sur ce marché, les ventes japonaises ne se font plus au détriment des constructeurs américains mais plutôt aux dépens des importations de voitures européennes. Si General Motors continue à perdre des parts de marché, c'est désormais en faveur de Ford et de Chrysler.

Le troisième pilier du credo japonais consistait à considérer l'économie nationale comme plus ou moins insensible aux tourmentes économiques qui secouaient le reste du monde, car la majorité des importations était constituée de produits alimentaires et de matières premières, tandis que le pays exportait essentiellement des produits manufacturés. Or, en période de récession, les cours des matières premières baissent plus vite et de façon plus marquée que ceux des produits manufacturés, en particulier ceux que le Japon exportait. Il en résultait donc que sous la double action des termes de l'échange (traduisant la puissance économique relative du pays) et de leur équilibre (traduisant sa puissance économique en valeur absolue), le solde de la balance commerciale japonaise s'améliorait à mesure que l'économie mondiale s'enfonçait.

Cette équation reste juste et explique largement les surplus constants de la balance commerciale japonaise au cours des dernières années. L'effondrement continu, depuis plus de dix ans, des cours mondiaux des produits agricoles et des matières premières apporte une énorme bouffée d'oxygène à l'économie japonaise. Le

Japon les achète aujourd'hui pratiquement moitié moins cher qu'en 1979, par référence à l'évolution des prix des produits manufacturés. Il n'empêche qu'une récession intérieure sévit depuis plus de deux ans dans l'Archipel. L'emploi, la production, les profits et l'investissement ne cessent tous quatre de se dégrader, apparemment sous l'influence des tendances de l'économie mondiale dont ils étaient censés être protégés.

Le quatrième pilier de l'économie japonaise était l'attachement à une politique à long terme, pratiquée avec une certaine souplesse : on y faisait, à l'occasion, quelques entorses pour servir certains intérêts ou saisir telle ou telle opportunité. Cette politique à long terme était régulièrement examinée et, si nécessaire, corrigée ou mise à jour. Cette stratégie permettait d'éviter les mesures à court terme dont l'inefficacité aurait mis en danger le consensus national.

Vingt-cinq ans durant, de 1960 à 1985, le Japon conserva cette politique de long terme. La décision de faire flotter le dollar lui fut fatale, qui se traduisit par une chute de 50 % en quelques mois du billet vert, jusque-là surévalué, par rapport au yen. Les Japonais furent alors pris de panique – leurs exportations, dont les deux cinquièmes étaient destinées aux États-Unis, n'allaient-elles pas se trouver gravement menacées ? Le gouvernement s'engagea dans une grande campagne de relance de la consommation intérieure, afin de remplacer les exportations perdues et de garantir l'emploi à vie et la stabilité sociale.

Il n'est pas évident que l'état de l'industrie japonaise ait justifié une injection d'adrénaline à dose si massive. La plupart des entreprises se sont en effet très vite adaptées à la baisse du dollar et de leurs exportations. Quoi qu'il en soit, le moment aurait difficilement pu être plus mal choisi. Le pouvoir d'achat et les habitudes de vie des Japonais se trouvaient justement à une période charnière ; la génération qui avait connu la guerre et les privations subséquentes était remplacée par les *yuppies* nés à l'époque du *baby boom*, nettement plus enclins à céder aux charmes de la société de consommation. La politique nouvelle déclencha donc la plus grande fièvre acheteuse de l'histoire économique, ainsi qu'une folle spéculation immobilière et boursière. Il y a trois ans, au sommet de ce que les Japonais appellent aujourd'hui « l'économie de bulle », la capitalisation boursière des titres, à la bourse de Tokyo, représentait cinquante ou soixante fois les bénéfices avant impôts des sociétés concernées (d'où des rendements après impôts très faibles, souvent inférieurs à 1 %). Dans les quartiers les plus prestigieux de Tokyo, le mètre carré de bureaux valait jusqu'à cinquante fois le revenu annuel de location correspondant.

Hélas, la bulle éclata au début de 1990, lorsque les titres cotés en bourse perdirent la moitié de leur valeur en quelques mois. Si les caisses d'épargne, les banques commerciales et les compagnies d'assurance avaient alors été contraintes d'extérioriser leurs moins values boursières et immobilières, on aurait assisté à un krach financier de première grandeur. Au lieu d'organiser une retraite en bon ordre, attitude comparable à la façon dont les Américains ont traité les créances de leurs banques commerciales et de leurs caisses d'épargne en Amérique latine, le Japon fit comme si ces pertes ne s'étaient jamais produites. Au cours du printemps 1993, le gouvernement effectua des achats massifs d'actions et d'obligations, qui représentaient jusqu'à un tiers de la valeur totale des transactions à la Bourse de Tokyo. À en croire les déclarations officielles, les marchés se redresseraient dès que l'économie aurait retrouvé la santé, le Gouvernement pouvant alors revendre ses titres et même réaliser un bénéfice. Hélas, ce système n'a jamais fonctionné. L'existence même de ces avoirs gouvernementaux bloque les marchés. Chaque jour passé à refuser de regarder en face la réalité financière rend le problème un peu plus insoluble, politiquement plus corrosif, et suscite davantage de controverses et de divisions.

Officiellement, le pays renouera avec sa politique à long terme dès que la situation redeviendra « normale ». Je doute fort qu'un seul Japonais bien informé, au sein du gouvernement ou ailleurs, prenne ces belles paroles au sérieux. Il semble au contraire très probable que le Japon ne retrouvera pas de politique économique dans un avenir proche. Ce qui lui en tiendra lieu ressemblera sans doute de plus en plus à la politique économique des grands pays occidentaux, dont les Japonais critiquent depuis des années l'irrésolution et le manque de stratégie. Fini, « Japon et compagnie », envolé le consensus, révolue l'époque où l'équipe gouvernementale était en mesure de déterminer la politique et de piloter l'économie nationale grâce à des « directives administratives ». Les entreprises, les industries et les groupes d'intérêt feront désormais chacun ce que bon leur semble, dans l'Archipel comme sur les marchés extérieurs. La « politique » sera remplacée par des mesures *ad hoc*, à court terme, et peut-être aussi par un immobilisme croissant (qu'accompagneront sans doute, comme dans nos pays occidentaux, des promesses de plus en plus grandiloquentes).

Cette discorde sera universellement déplorée au Japon, comme elle l'est en Occident, mais pas nécessairement universellement impopulaire. Les grands capitaines d'industrie, surtout ceux qui réussissent sur les marchés mondiaux, préfèrent sans aucun doute un retour à une politique cohérente, menée par un gouvernement fort. En revanche, nombre d'hommes d'affaires japonais ont été déçus par les « directives administratives » qui les ont conduits, au cours des dix dernières années, à des erreurs stratégiques graves, comme de miser sur les grands ordinateurs ou de laisser subsister les monopoles dans les télécommunications et les équipements de télécommunications.

En l'absence de politique consensuelle et de directives administratives, les entreprises japonaises devraient devenir des compétiteurs plus mordants encore sur les marchés mondiaux. Elles réagiront plus vite aux opportunités et aux défis du marché et affûteront davantage encore les trois pointes du trident avec lequel elles attaquent leurs concurrents occidentaux, à savoir :

- le contrôle économique de l'ensemble du processus de production et de distribution, face à la méthode traditionnelle qui consiste à se contenter d'évaluer chaque étape grâce à la comptabilité analytique ;
- la qualité zéro-défaut ;
- le raccourcissement des délais de développement et des cycles de production et de livraison, grâce à des investissements permettant de gagner du temps.

Certaines entreprises ont d'ores et déjà tourné le dos à la stratégie traditionnelle consistant à imiter et à prendre de vitesse leurs concurrents occidentaux pour se livrer elles-mêmes à une recherche authentique, afin de parvenir à de réelles innovations. De même que certaines entreprises occidentales ont prospéré parce qu'elles faisaient les choses à leur manière, de même certaines entreprises japonaises devraient se trouver fort bien de travailler à leur façon plutôt qu'à la japonaise. Rien ne dit cependant que l'économie nipponne dans son ensemble s'accommodera mieux de l'absence de politique à long terme cohérente, menée par une direction forte, que ne l'ont fait les pays occidentaux comme les États-Unis, l'Angleterre, la France ou l'Allemagne, qui n'ont jamais connu que des politiques à court terme.

Les États-Unis seraient bien avisés de ne pas succomber à la tentation de jubiler et de s'en prendre aux Japonais. Une crise financière grave au Japon serait la dernière chose dont ils auraient besoin, eux ou qui que ce soit d'autre dans le monde industrialisé. Il n'est pas non plus de l'intérêt américain que la seconde puissance économique du monde soit dirigée par un gouvernement velléitaire ou mal organisé, ni que la société de ce pays perde ses repères. Dans de telles circonstances, on ne manquerait pas de chercher un bouc émissaire, et Oncle Sam pourrait en faire les frais.

Washington va certainement, et à juste titre, renforcer considérablement sa pression sur Tokyo pour permettre le libre accès au marché japonais des biens, services et investissements américains. Le pays est loin d'être aussi protectionniste que ne le croit le grand public américain – sinon, nos exportations de produits manufacturés n'y auraient pas quasiment doublé ces dix dernières années, particulièrement celles de produits de haute technologie. En réalité, par rapport au total des échanges bilatéraux, le déficit actuel ne représente plus qu'une infime partie de ce qu'il était il y a dix ans. Dans le même temps, le Japon est resté notre plus gros acheteur de produits alimentaires et forestiers, alors qu'il pourrait aisément se les procurer ailleurs au même prix et à qualité égale.

Il n'en demeure pas moins que de sérieux obstacles s'opposent encore à l'entrée sur le marché japonais. Qu'on le veuille ou non, la disparition de la menace soviétique signifie que les États-Unis n'ont aujourd'hui plus de raison de ne pas exiger que leurs produits, services et investissements, jouissent d'un accès aussi facile au Japon que celui dont bénéficie le Japon sur les marchés américains moins protégés.

Washington doit adopter une politique commerciale orientée sur les secteurs où la suppression des barrières douanières sera le plus sensible. En revanche, il faudrait cesser de se battre sur le refus japonais d'importer du riz. Lorsque les Américains harcèlent leurs interlocuteurs nippons sur cette question, ils ne font qu'apporter de l'eau au moulin de certains hommes politiques japonais qui, très adroitement, prétendent que c'est sous la pression américaine que l'on réduit les subventions onéreuses dont bénéficient les puissants producteurs de riz nationaux. À supposer qu'un État étranger parvienne un jour à fournir de grandes quantités de riz au Japon, ce ne sera pas la Californie, mais plutôt la

Thaïlande ou le Vietnam, dont les coûts de production sont moins élevés. De la même façon, si l'on pénalisait les importations de voitures japonaises, comme les Trois Grands de Detroit le réclament à cor et à cris, les syndicats applaudiraient certes à deux mains, mais la construction automobile américaine n'en tirerait aucun profit. En revanche, cela donnerait certainement un bon coup de pouce à la communication des grands constructeurs japonais, en leur fournissant le prétexte dont ils ont tant besoin pour accélérer leur projet de transplanter aux États-Unis, où les coûts de main-d'œuvre sont moins élevés que chez eux, toute la production destinée au marché américain. Ce serait une merveilleuse excuse pour réaliser ce qui politiquement est impensable, mais économiquement inévitable – licencier des ouvriers japonais bénéficiant de l'emploi à vie.

D'une façon générale, il serait bon de faire davantage appel à notre matière grise et un peu moins aux effets de manche dans nos relations avec le Japon ; ainsi que de faire l'effort de comprendre la transition que vit aujourd'hui ce pays. Il nous faut prendre le Japon au sérieux, car c'est notre dernier très grand client de produits agricoles et forestiers, et l'un de nos plus gros acheteurs de produits manufacturés. Soulignons enfin que le Japon reste le seul pays non-occidental à être totalement industrialisé et démocratique et que son économie est la seconde du monde. Le fait qu'au sein du gouvernement américain actuel, il ne se trouve pas un seul responsable qui connaisse un tant soit peu le Japon – ou au moins s'y intéresse – ne présage sans doute rien de bon.

[1993]

16

La nouvelle
grande puissance :
la diaspora chinoise

Aux États-Unis, en Europe et au Japon, les journaux et les magazines font souvent allusion à une nouvelle variété de milliardaires – je pense à un quarteron de Chinois expatriés qui ont bâti d'immenses multinationales, dont le siège est en général situé à Hong-Kong, Taipei ou Singapour, voire en Thaïlande, en Malaisie ou en Indonésie. Ces magnats ont beau être célèbres et avoir amassé des fortunes colossales, ils ne représentent en réalité que l'infime pointe d'un immense iceberg. D'autres Chinois expatriés possèdent en effet un nombre impressionnant de multinationales d'une discrétion extraordinaire. Ce sont, pour la plupart, des entreprises de taille moyenne, dont le chiffre d'affaires mondial se monte à quelques centaines de millions de dollars. Collectivement, elles pèsent cependant beaucoup plus lourd que tous les magnats (dont nous parlions plus haut) réunis.

J'en prendrai pour exemple le groupe de 400 millions de dollars bâti par un Chinois d'origine, dont le grand-père avait immigré aux Philippines pendant la Première Guerre mondiale pour y travailler comme ouvrier. Son groupe comprend seize petites usines disséminées de par le monde, dont chacune ne fabrique que quelques produits extrêmement élaborés destinés, en général, à un ou deux clients. Quatre d'entre elles – deux aux États-Unis, une au Japon et une en Angleterre – fabriquent par exemple des pièces qui, pour n'être pas spectaculaires, constituent cependant l'un des éléments vitaux des stations de travail. Trois autres – situées en Indonésie, aux États-Unis et en Angleterre, sont spécialisées dans les pièces de précision destinées aux deux grands constructeurs de machines à coudre du monde, l'Américain Singer et l'Allemand Pfaff, qui font aujourd'hui tous deux partie de l'empire d'un autre groupe chinois. Je pourrais en citer bien d'autres. Chaque usine dépend d'une société indépendante immatriculée au nom du directeur local. Celui-ci est toujours d'origine chinoise (mais de la nationalité du pays d'accueil) et toujours aussi, malgré une indépendance de façade, suivi de très près. Le fondateur du groupe détient la totalité du capital. Ajoutons que chaque unité de production tient le PDG informé dans le plus grand détail, au moins deux fois par semaine. Celui-ci et son état-major viennent de quitter Manille pour Honolulu.

Nul ne sait combien il existe de groupes de ce genre. Aucun n'est coté en bourse, ne publie de bilan ou de rapport annuel, tous cultivent le plus grand secret. Beaucoup ont leurs avocats à Taiwan, où l'on estime leur nombre à au moins un millier. Nul n'a non plus la moindre idée de la taille de la diaspora chinoise. On parle souvent de plus de deux mille milliards de dollars d'investissements à l'extérieur des territoires chinois – mais ce chiffre paraît follement surévalué – il dépasse l'ampleur des investissements américains à l'étranger ! Cinq cents milliards de dollars seraient déjà à peu près l'équivalent des investissements japonais à l'étranger. Les Chinois expatriés sont, en tout état de cause, certainement responsables des plus grands investissements en Chine continentale, dont la masse totale dépasse ceux des Américains, des Japonais, et même ceux du gouvernement chinois au cours des dix dernières années. Ils ont à coup sûr jeté les bases de la croissance économique explosive que connaît aujourd'hui la Chine du littoral. À l'exception de la Corée du Sud, qui leur est fermée, ils jouent également un rôle de tout premier plan dans les économies en pleine croissance des autres pays de l'Asie du Sud-Est. Et je ne parle pas seulement des trois îles dont la population est chinoise – Hong-Kong, Taiwan et Singapour – mais aussi de la Malaisie, (où les habitants d'origine chinoise représentent 30 % de la population), la Thaïlande (10 %), l'Indonésie (2 %), et les Philippines (1 %). Ils ramifient leurs affaires partout où existe une colonie chinoise, même si celle-ci n'est pas particulièrement nombreuse, aux États-Unis et au

Canada, en Australie et en Europe. La diaspora chinoise constitue aujourd'hui *la nouvelle superpuissance économique.*

Vu de l'extérieur, rien ne distingue leurs affaires d'une entreprise quelconque. Il s'agit de sociétés normales, dotées d'un conseil d'administration et d'un comité de direction. Mais leur mode de fonctionnement s'avère bien particulier, il évoque celui d'un clan. Dans le groupe de Manille, chaque directeur d'usine est apparenté, directement ou par alliance, au fondateur et à ses collègues, même s'ils ne sont que cousins lointains. « Nous n'envisagerions même pas de nous lancer dans une nouvelle activité, m'a confié le directeur général, si nous ne savions pas, dès le départ, que, sur place, un parent ou un proche va pouvoir prendre l'affaire en mains. » L'homme n'est pas d'origine chinoise, c'est en fait un Hollandais ; il dirigeait autrefois l'une des grandes usines de Philips en Asie ; mais il a épousé la nièce du fondateur. Il m'a raconté que lorsqu'il est entré dans le groupe, son nouveau patron lui a dit : « Vous pouvez avoir autant de maîtresses et de concubines que vous voulez, je m'en fiche complètement. Mais si jamais vous vous séparez de ma nièce ou demandez le divorce, vous pouvez immédiatement chercher un autre emploi. » La parole du PDG-fondateur fait loi. Mais son autorité ressemble bien plus à celle du chef de famille confucéen (ou d'un chef de clan écossais, il y a quelques siècles), qu'à celle d'un capitaine d'industrie. On attend de lui qu'il fonde ses décisions sur les intérêts du clan et qu'il s'arrange pour garantir sa survie et sa prospérité. Ce ne sont ni la propriété, ni le contrat légal qui cimentent les multinationales appartenant aux Chinois expatriés, mais la confiance et les obligations mutuelles inhérentes à l'appartenance au clan.

Cette structure est profondément enracinée dans la culture et dans l'histoire chinoise, vieille de plus de deux millénaires. Pour les commerçants, elle constituait la seule façon de survivre dans un pays que ne régissait aucune loi civile (c'est encore le cas) et dans laquelle on ne pouvait exercer aucun recours contre un mandarin local, parfois arbitraire, souvent corrompu, n'ayant généralement que mépris pour le commerce (il en va encore ainsi). Pour survivre, il fallait donc être en mesure de transmettre, du jour au lendemain, toutes ses affaires et tous ses avoirs à un cousin lointain, sans contrat, sans le moindre écrit. La seule sanction que comporte le système, mais elle s'avère parfaitement efficace, c'est la disgrâce et l'ostracisme où tombe, pour toute la communauté des affaires, quiconque trahit la confiance qu'on lui a accordée.

Cette tradition est d'une puissance considérable. Elle explique, dans une large mesure, la rapidité du développement des groupes de Chinois implantés loin de la mère patrie. Dès lors qu'un membre qualifié du clan se trouve dans tel ou tel pays, maîtrise telle ou telle spécialité, il suffit en effet pour l'attirer dans le groupe de faire appel à son esprit de famille. De sorte que, contrairement à une entreprise japonaise, il n'est pas nécessaire de consacrer de longues années à former les dirigeants au sein du groupe avant de disposer de cadres en nombre suffisant pour permettre l'expansion. Et, contrairement à ce qui se passe dans les entreprises occidentales, cela suscite peu de résistances internes de confier les commandes à quelqu'un qui vient de l'extérieur, puisqu'il fait, comme les autres, partie de la « famille ». « Sur nos seize directeurs, m'a expliqué le DG du groupe de Manille, dix avaient travaillé auparavant pour des entreprises occidentales, mais ils n'ont pas hésité une seconde à entrer dans nos affaires. » En outre, comme il est admis qu'il faut que le groupe soit bien géré si l'on veut perpétuer le clan et sa prospérité, les paresseux et les médiocres de la famille sont tenus à l'écart des postes clés et même carrément des affaires. Le PDG fondateur du groupe de Manille voulait que ses deux fils lui succèdent. Les directeurs d'usines lui ont clairement fait comprendre qu'ils n'en voulaient pas. Ils sont même parvenus à le convaincre de prendre leur candidat, le Hollandais, comme héritier. « Mon argent, m'a confié le patron d'un autre grand groupe chinois, je peux le léguer à qui je veux. Mais le pouvoir, je ne peux le confier qu'à un homme en qui mes associés ont confiance. » On a souvent dit que les Japonais devaient leur succès à leur capacité de diriger l'entreprise moderne comme on dirige une famille. Les Chinois expatriés doivent le leur à leur capacité de diriger leur famille comme une entreprise moderne.

Malgré tous ces atouts, la multinationale à la chinoise devra se modifier un peu au cours des dix ans à venir. Partout où je suis passé, au cours d'un récent voyage dans le Sud-Est asiatique, je n'ai entendu parler que de cette nécessité de changer les choses. Les fondateurs qui dirigent encore leur groupe commencent à vieillir sérieusement – le patron du groupe de Manille a soixante-treize ans. Leurs successeurs ont grandi dans un monde très différent, beaucoup sortent par exemple d'écoles et d'universités occidentales. « Notre prochain PDG ne pourra plus être un chef de famille ou un grand frère selon la tradition confucéenne, mais il devra savoir constituer et animer des équipes – c'est ce que nous avons appris à Harvard », m'a dit le numéro deux d'une multinationale basée à Taiwan, en pleine croissance. Par ailleurs, si les multinationales appartenant aux Chinois expatriés veulent continuer à se développer, surtout en Chine continentale, elles devront créer des filiales communes avec toutes sortes d'étrangers, occidentaux et japonais, ignorant tout des traditions chinoises. Seuls, les étrangers, Américains, Japonais et Européens, possèdent en effet la technologie nécessaire pour construire, par exemple, les locomotives dont la Chine a un besoin si criant. Il faudra pourtant que ces machines soient entretenues et réparées par un personnel de langue chinoise, donc par des Chinois expatriés. Or les filiales communes, comme le comprennent fort bien les plus jeunes, supposent des *business plans* écrits et des accords contractuels clairs, toutes choses qu'abhorre la tradition chinoise. Cela suppose aussi le partage de l'information, qu'elle déteste encore plus. Surtout, les multinationales ne peuvent se développer que si elles apprennent à faire entrer en leur sein des « étrangers », c'est-à-dire des Chinois n'appartenant pas au clan. Lorsqu'on a besoin d'un spécialiste en informatique ou en métallurgie, ce qui compte, c'est la compétence, pas l'appartenance au clan. Le spécialiste en question s'attend à être traité en égal, autrement, il s'en va. Partout où je suis passé en Asie du Sud-Est, le grand sujet de conversation était précisément la façon dont il convenait de traiter ces « étrangers », c'était aussi le sujet qui suscitait les plus vives controverses. De l'avis général, si l'on voulait maintenir la cohésion du clan, il était impossible de traiter en égal un Chinois qui n'en faisait pas partie. En même temps, tout le monde convenait que c'était une condition indispensable à la croissance des affaires.

Reste la grave incertitude qui plane sur l'avenir de la Chine continentale. Quelques groupes seulement, surtout ceux de Hong-Kong, ont tous leurs œufs dans le panier chinois. Certains autres, essentiellement à Singapour, mais aussi en Malaisie et en Indonésie, ont même choisi de ne pas s'y risquer du tout. Tous les Chinois expatriés ont manifestement conscience que leur avenir se trouve largement lié à celui de la Chine. Dans les pays où ils constituent une minorité (très enviée), à savoir la Thaïlande, la Malaisie, l'Indonésie et les Philippines, les Chinois savent aussi que la bonne santé et la vigueur de la Chine peuvent même conditionner leur survie. Je n'ai pas rencontré un seul Chinois qui ne s'attende à une décennie de surprises et de turbulences en Chine continentale.

Pourtant, sans aucune exception, tous les membres de la nouvelle génération – qui est en train de reprendre les rênes de leurs multinationales – affichent une conviction sans faille que le groupe auquel ils appartiennent saura résoudre ses problèmes tout en conservant sa spécificité. « Ils changeront des détails, mais ils ne toucheront pas plus à leurs caractéristiques fondamentales que les Japonais ne l'ont fait lorsqu'ils se sont modernisés », m'a prédit un avocat de Taipei, confident d'un grand nombre d'hommes d'affaires chinois expatriés. « Et ça marchera! »

Qui sait ? Le best-seller des ouvrages de management, en l'an 2005, sera peut-être intitulé *Les secrets du management chinois* ?

[1995]

IV

La société

17

Un siècle
de transformation
sociale

INTRODUCTION

Aucun siècle, dans l'histoire de l'humanité, n'a connu de transformations sociales aussi nombreuses et aussi radicales que celui qui s'achève. Je considère pour ma part que ces mutations en constitueront l'événement le plus marquant et l'héritage le plus durable. En cette dernière décennie, dans les pays développés où règne l'économie de marché – il n'y vit que le cinquième de la population du globe, mais ils servent de modèle au reste du monde – le travail et la main-d'œuvre, la société et les régimes politiques diffèrent *qualitativement* et *quantitativement* non seulement de ceux des premières années du siècle, mais aussi de tout ce que l'histoire humaine a connu jusqu'ici ; ils en diffèrent par leur configuration, leurs processus, leurs problèmes et leurs structures.

Au cours des périodes antérieures, des transformations sociales plus lentes et de bien moindre envergure ont provoqué de violentes crises intellectuelles et spirituelles, des révoltes et des guerres civiles. Par contre, les transformations extrêmes de ce siècle n'ont causé que peu d'émoi. Elles se sont accomplies avec un minimum de frictions et de troubles ; les universitaires, la presse et le public eux-mêmes ne leur ont d'ailleurs consacré que bien peu d'attention. Notre siècle, qui a vu se succéder guerres mondiales et guerres civiles, tortionnaires de masses, purifications ethniques et génocides, a certes été le plus cruel et le plus violent de l'histoire de l'humanité. Rétrospectivement, il semble évident que toutes ces tueries, toutes ces horreurs infligées à la race humaine par les *Weltbeglücker** n'étaient justement que tueries et horreurs, elles n'avaient pas de sens. Hitler, Staline et Mao, les trois mauvais génies de notre temps, ont détruit ; mais ils n'ont rien créé.

En vérité, si ce siècle prouve quelque chose, c'est bel et bien la futilité de la politique. Les tenants les plus dogmatiques du déterminisme historique eux-mêmes auraient du mal à prouver que les transformations sociales qui l'ont marqué sont le résultat des événements politiques qui ont fait les gros titres ou à expliquer, à l'inverse, que les seconds ont été causés par les premières. Ces transformations sociales, semblables aux puissants courants qui traversent les océans en profondeur, bien en dessous de leur surface houleuse, ont en vérité un effet durable et même permanent. Ce sont elles, et non pas le tumulte apparent, qui ont transformé la société et l'économie, la collectivité et l'organisation de la cité.

I. LA STRUCTURE SOCIALE ET SES TRANSFORMATIONS

Avant la Première Guerre mondiale, les paysans formaient, dans tous les pays du monde, le groupe humain le plus nombreux. L'ensemble de la population n'appartenait certes plus universellement au monde rural, comme, cent ans auparavant, à la fin des guerres napoléoniennes. Mais, à l'exception de la Belgique et de l'Angleterre, sa vaste majorité restait rurale, dans tous les pays développés – Allemagne, France, Japon, États-Unis – ainsi bien entendu que dans tous ceux, en voie de développement, du tiers monde.

Il y a quatre-vingts ans, à la veille de la Première Guerre mondiale, il semblait évident que les pays développés – à la seule exception de l'Amérique du Nord – seraient de moins en moins

* *Weltbeglücker* : individus qui prétendent établir le paradis sur terre en éliminant les non conformistes, les dissidents, ceux qui leur résistent, qu'ils soient bourgeois, Juifs, koulaks, ou intellectuels et même les témoins innocents – il s'agit d'un terme allemand hélas intraduisible.

capables de subvenir à leurs besoins alimentaires et devraient par conséquent avoir recours à des importations de produits agricoles en provenance de zones peu développées ou industrialisées. L'Angleterre et la Belgique le faisaient déjà de façon importante. L'Allemagne, les Pays-Bas et la Suisse couvraient tout juste leurs besoins. La peur de dépendre d'un approvisionnement extérieur se faisait jour au Japon de l'ère Meiji, elle allait devenir la pierre angulaire de la politique nationale, justifier l'annexion de territoires, comme la Corée et Taiwan, pouvant servir de greniers à riz, et ancrer psychologiquement l'impérialisme japonais naissant.

Aujourd'hui, le Japon reste le seul gros importateur de produits agricoles parmi les grands pays industrialisés. Et il pourrait en être autrement – la faiblesse de sa production agricole résulte largement d'une politique de subvention de la culture du riz qui empêche le pays de développer une agriculture moderne et productive. Tous les autres pays développés du monde libre se trouvent aujourd'hui, malgré leurs populations urbaines en pleine croissance, à la tête de surplus alimentaires. La production agricole y représente plusieurs fois les volumes récoltés il y a quatre-vingts ans – aux États-Unis, elle a été multipliée par dix.

Pourtant, dans tous ces pays d'économie de marché – y compris le Japon – la population rurale ne constitue aujourd'hui que 5 %, au plus, de la population active totale, c'est-à-dire le dixième de la proportion atteinte il y a quatre-vingts ans. Encore les exploitants agricoles *productifs* ne constituent-ils que moins de la moitié de la population rurale, et moins de 2 % de la population active totale. Ces producteurs ne sont d'ailleurs plus des « paysans », quel que soit le sens de ce mot, ils gèrent des « agroentreprises » – leur activité figure parmi celles qui exigent le plus de capitaux, de technologie et d'information. Les fermiers « à l'ancienne » ont presque totalement disparu, même au Japon. Espèce en voie d'extinction, ceux qui survivent encore ne le doivent qu'à d'énormes subventions.

Autour de 1900, le second groupe le plus nombreux, tant en valeur absolue que par rapport à la population active, était, dans tous les pays développés, constitué par les domestiques. On les considérait alors comme faisant partie du paysage, au même titre que les fermiers. Le recensement britannique de 1910 définit la petite bourgeoisie comme l'ensemble des foyers en employant moins de trois. Si la population rurale avait décliné régulièrement tout au long du XIXe siècle, par rapport à l'ensemble de la population et par rapport à la population active, le nombre des employés de maison, lui, n'avait cessé d'augmenter régulièrement, tant en valeur absolue qu'en pourcentage, jusqu'à la Première Guerre mondiale. Les États-Unis, grâce à l'immense afflux d'immigrants, battaient tous les records. Comme, au début du siècle, il n'y avait plus de terres disponibles, les nouveaux arrivants ne trouvaient souvent que ce genre d'emploi. Aujourd'hui, dans les pays développés, les domestiques « logés, nourris, blanchis » ont pratiquement disparu. Peu de personnes nées après la Seconde Guerre, c'est-à-dire de moins de cinquante ans, en ont vu ailleurs que dans les vieux films ou au théâtre.

Les paysans et les domestiques composaient les groupes sociaux non seulement les plus nombreux, mais aussi les plus anciens. Ensemble ils formèrent, à travers les siècles, le socle de l'économie et de la société, le fondement de la civilisation. Que ce soit en qualité d'esclaves, de valets ou de journaliers, la population des domestiques a précédé la population paysanne de plusieurs millénaires. Les patriarches de l'Ancien testament étaient encore plutôt des pasteurs nomades que des fermiers sédentaires. Cela ne les empêchait pas de posséder de nombreux serviteurs de toutes sortes.

Les grandes villes n'ont rien de nouveau. Ninive et Babylone furent de très vastes cités, de même que la capitale chinoise de la dynastie Han deux siècles avant la naissance du Christ et la Rome des Césars. Mais ce n'étaient que des îlots d'urbanisation dans une mer rurale. Il en allait encore ainsi en 1900, malgré l'éclat et la renommée de Paris, Londres, New York, Boston ou Tokyo. À l'époque, on considérait généralement, comme en témoignent *Les travaux et les jours* d'Hésiode, rédigé au huitième siècle avant Jésus Christ, ou les *Géorgiques* de Virgile, écrit neuf siècles plus tard, les villes comme des « parasites », les campagnes comme « la nation véritable ». Au début de notre siècle, la technologie se trouvait déjà bien plus proche de l'an 2000 que de 1800 ; elle mettait à la disposition de la société le bateau à vapeur, le chemin de fer, les premières automobiles et, à partir de 1903, l'avion, l'électricité, le téléphone, le télégraphe sans fil, et les premiers films. Socialement, pourtant, on était encore beaucoup plus proche de 1800 et même de l'Antiquité que de notre époque. La vie en société s'organisait encore autour des paysans et des domestiques, qui menaient largement la même vie que leurs ancêtres au temps d'Hésiode et de

Virgile, accomplissant les mêmes tâches, la plupart du temps avec les mêmes outils.

Dans la société développée de l'an 2000, les paysans nous renvoient une image nostalgique du passé, et on ne peut même pas en dire autant des domestiques puisqu'ils ont disparu.

Ces mutations qu'ont connues tous les pays développés du monde libre se sont pourtant accomplies sans guerre civile et presque sans bruit. Les Français, totalement urbanisés, ont attendu ce moment pour revendiquer haut et fort une vocation « rurale » et chanter les vertus de leur « civilisation paysanne ».

Grandeur et décadence de la classe ouvrière

L'une des raisons, sans doute la principale, du peu de troubles suscités par ces changements de société, c'est qu'en 1900, une nouvelle classe sociale, celle des ouvriers de l'industrie – le « prolétariat » de Karl Marx, était désormais socialement dominante. La classe la plus exploitée était manifestement celle des domestiques. Mais, avant la guerre de 1914, lorsqu'on évoquait la « question sociale », par écrit ou dans la conversation, c'est la classe ouvrière que l'on avait à l'esprit. Celle-ci se trouvait encore minoritaire par rapport à l'ensemble de la population – elle n'en constituait que le huitième ou le sixième, au plus, bien moins que les deux autres classes inférieures traditionnelles, les paysans et les domestiques. Mais elle hantait, et fascinait à la fois, la société contemporaine, qui en faisait une obsession psychologique.

Des paysans et des serviteurs, il y en avait partout. Mais, en tant que « classe », ils étaient invisibles. Les domestiques logeaient chez leur maître, à la ville ou à la ferme, ils y vivaient et travaillaient par petits groupes isolés de deux ou trois. Les paysans aussi, bien entendu, étaient disséminés dans les campagnes. Surtout, ces classes laborieuses traditionnelles n'étaient pas organisées – cela leur eût véritablement été impossible. Les esclaves employés dans les mines ou les ateliers s'étaient certes fréquemment mutinés dans l'Antiquité, mais toujours sans succès. L'histoire n'a, nulle part ni à aucun moment, conservé la trace de la moindre manifestation ou protestation d'employés de maison. Les révoltes paysannes, en revanche, ont été extrêmement nombreuses – le Japon de l'ère Tokugawa, à partir de 1700, ou la Chine impériale de la même époque en ont été les sites privilégiés. Mais, à part les exceptions notoires de deux révoltes chinoises, les rixes de Taiping au milieu du XIXe siècle et le soulèvement des Boxers au début du XIXe, qui ont chacune duré des années et ont failli détruire le régime, toutes les jacqueries se sont éteintes après quelques semaines de carnage. L'histoire montre que le monde paysan s'avère très difficile à organiser et que lorsqu'on y parvient, cela ne dure pas. C'est la raison pour laquelle Marx n'a eu que mépris pour eux.

La nouvelle classe sociale, celle des ouvriers, était, au contraire, particulièrement visible. C'est même cette caractéristique qui en a fait une « classe ». Ils étaient en effet contraints de se masser dans les zones urbaines – à St Denis, près de Paris, Wedding, près de Berlin, ou encore Ottakring, à côté de Vienne, dans les villes textiles du Lancashire, les cités sidérurgiques de la vallée de la Monongahela, aux États-Unis, ou encore à Kobé, au Japon. Ils se sont bientôt avérés éminemment organisables et les premières grèves ont éclaté dès qu'il y a eu des ouvriers dans des usines. *Les temps difficiles*, terrible récit d'un conflit social meurtrier dans une filature de coton, a été rédigé par Charles Dickens en 1854, à peine six ans après que Marx et Engels aient publié *Le Manifeste communiste*.

En 1900, il apparaissait clairement que, contrairement à ce que Marx avait prédit quelques décennies plus tôt, la classe ouvrière ne deviendrait jamais majoritaire. Par conséquent, la loi du nombre ne lui permettrait pas, à elle seule, de renverser les capitalistes. Pourtant, l'écrivain radical le plus influent de l'avant-guerre, un Français, ex-marxiste et syndicaliste radical, Georges Sorel, n'a eu aucune peine, en 1906, à faire accepter sa thèse, selon laquelle les prolétaires renverseraient l'ordre existant et s'arrogeraient le pouvoir grâce à leur organisation, dans et par la violence de la grève générale. Lénine en a fait le fondement de sa révision du Marxisme, et ensuite de sa stratégie en 1917 et 1918 ; Mussolini et Hitler, puis Mao Tsé Toung, dix ans plus tard, ont également fondé leur stratégie sur la thèse de Sorel. Lorsque Mao Tsé Toung déclarait par exemple que « Le pouvoir se prend à la pointe du fusil », il citait Sorel, pratiquement mot pour mot. Si la classe ouvrière est devenue la « question sociale » de 1900, c'est qu'elle constituait historiquement la seule classe inférieure à pouvoir s'organiser de façon durable.

Aucune classe n'a connu une ascension plus rapide que la classe ouvrière, ni un déclin plus spectaculaire.

En 1883, l'année de la mort de Marx, les « prolétaires » n'étaient encore qu'une minorité des ouvriers de l'industrie. La majorité d'entre eux travaillaient dans de petits ateliers artisanaux, qui en employaient chacun vingt ou trente au plus. Des deux anti-héros du meilleur roman « prolétaire » du XIXe siècle, *La princesse Casamassima*, publié en 1886, trois ans après la mort de Marx – seul Henry James pouvait donner un tel titre à une histoire mettant en scène des ouvriers terroristes ! – l'un était relieur et hautement qualifié, l'autre, tout aussi qualifié, pharmacien. De même, les protagonistes de la pièce de Gerhart Hauptmann, *Die Weber*, écrite en 1892, seule pièce prolétarienne à succès – qui allait valoir le prix Nobel de littérature à son auteur – étaient des artisans qui travaillaient encore à leur domicile et non dans des usines.

Au début du siècle, ouvrier était devenu synonyme d'opérateur de machine dans des usines qui employaient des centaines, voire des milliers de personnes. Ces hommes étaient bel et bien les prolétaires de Marx, dépourvus de prestige social, de pouvoir politique, économique et surtout de pouvoir d'achat.

À en croire le mythe populaire, le « Modèle T » de Henry Ford, qui date de 1907, était si bon marché qu'il était à la portée des bourses ouvrières. Pourtant, à 750 dollars, son prix représentait le triple du salaire annuel d'un opérateur de machines américain de l'époque – soixante-dix à quatre-vingt cents étaient considérés comme un bon salaire journalier. Ajoutons que les ouvriers américains étaient déjà les mieux payés du monde.

En 1900 – et même en 1913, les ouvriers ne bénéficiaient ni de retraite, ni de congés payés, ni d'assurance maladie – sauf en Allemagne – ni d'indemnisation en cas de chômage, ni de la moindre sécurité du travail, ni d'heures supplémentaires ; s'ils travaillaient le dimanche, ou de nuit, ils étaient payés au tarif normal. L'une des premières lois adoptées, en 1884, en Autriche, pour limiter la durée du travail, fixe la journée de travail à onze heures, six jours par semaine. En 1913, les ouvriers travaillaient partout au minimum trois mille heures par an. Les syndicats ouvriers étaient encore officiellement proscrits, au mieux tolérés. Mais les ouvriers avaient fait la preuve de leur capacité à s'organiser. Ils avaient démontré leur aptitude à adopter un comportement de « classe ».

Au cours des années cinquante, les ouvriers formaient le groupe le plus nombreux, dans tous les pays développés, y compris les pays communistes ; mais ils n'ont été réellement majoritaires qu'en temps de guerre. Entre temps, ils avaient acquis une respectabilité incontestable. Dans tous les pays développés du monde libre, ils faisaient désormais partie des « classes moyennes ». Aux États-Unis, et bientôt en Europe non communiste, les ouvriers syndiqués de l'industrie de production de masse (qui dominait alors partout) avaient atteint et parfois même dépassé des revenus proches de ceux de la bourgeoisie ; leurs salaires annuels, en y ajoutant les avantages sociaux, atteignaient les 50 000 dollars et, dans l'industrie automobile – comme chez Ford par exemple – ils dépassaient les 100 000 dollars. Ils bénéficiaient d'une grande sécurité de l'emploi, de retraites, de longs congés payés, d'une assurance-chômage généreuse ou de « l'emploi à vie ». Surtout, ils jouissaient désormais d'un pouvoir politique. Il n'y a pas qu'en Grande-Bretagne que les syndicats étaient considérés comme « le véritable gouvernement » détenant plus de pouvoir que le Premier ministre et le Parlement. Aux États-Unis aussi, en Allemagne, en France et en Italie, les syndicats constituaient désormais les forces *politiques* les plus puissantes et les mieux organisées du pays. Au Japon, ils ont failli, à deux reprises, à l'occasion des grèves chez Toyota en 1948 et chez Nissan en 1954, renverser le « système » et prendre le pouvoir.

Néanmoins, en 1990, les ouvriers et leurs syndicats se trouvaient tous deux irrémédiablement sur le déclin. En nombre, ils ne représentaient plus qu'un groupe marginal. Les cols bleus, opérateurs ou manutentionnaires, avaient représenté les deux cinquièmes de la population active américaine vers 1950 – au début des années quatre-vingt-dix, ils n'en représentaient plus que moins du cinquième, proportion comparable à celle du début du siècle, au seuil de leur ascension météorique. Dans les autres pays développés du monde libre, le déclin de la classe ouvrière avait d'abord été plus lent, mais à partir de 1980, il s'est accéléré partout. En l'an 2000 ou 2010, dans tous les pays industrialisés d'économie de marché, la main-d'œuvre industrielle non qualifiée ne constituera plus que le dixième ou au maximum le huitième de la population active. Le pouvoir syndical a reculé parallèlement. Alors que dans les années cinquante et soixante, le syndicat anglais des mineurs brisait les premiers ministres comme du petit bois, Margaret Thatcher, dans les années quatre-vingt, a remporté élection sur élection en montrant ouvertement le peu de cas qu'elle faisait des syndicats et en s'attaquant à leur pouvoir politique et à leurs privilèges. Les cols bleus et leurs syndicats suivent la voie tracée par les paysans.

Contrairement aux domestiques, les ouvriers ne sont pas appelés à disparaître totalement – pas plus que les exploitants agricoles. Mais, comme le petit fermier traditionnel est devenu le bénéficiaire de subventions plutôt qu'un véritable « producteur », les ouvriers, eux, deviendront largement une force auxiliaire. La place qu'ils ont occupée est déjà prise par les « techniciens », qui travaillent à la fois de leurs mains et en utilisant leur savoir théorique. J'en prendrai pour exemple les techniciens informatiques ou ceux qui sont spécialisés dans les métiers paramédicaux, comme les techniciens auxiliaires, les kinésithérapeutes, les techniciens de laboratoire, etc. ; ce groupe enregistre depuis 1980 la croissance la plus rapide de toute la population active américaine.

Au lieu de former une « classe », c'est-à-dire un ensemble cohérent, identifiable, défini, conscient de son appartenance, les cols bleus ne seront peut-être bientôt plus qu'un « groupe de pression » parmi d'autres.

Les chroniqueurs de la montée de la classe ouvrière mettent généralement l'accent sur les épisodes violents, avec une préférence pour les heurts entre la police et les grévistes, comme ce fut le cas lors de la grève Pullman aux États-Unis. C'est sans doute parce que les théoriciens et les propagandistes du socialisme, de l'anarchisme et du communisme, de Marx à Herbert Marcuse dans les années soixante, n'ont cessé d'écrire et de parler de « révolution » et de « violence ». En réalité, l'ascension ouvrière a été remarquablement non-violente. Les déchaînements de violence qui ont marqué ce siècle – guerres civiles, génocides, nettoyages ethniques, etc. ne sont jamais venus de la base mais d'en haut ; ils n'étaient pas liés aux transformations de la société, qu'il s'agisse de la réduction de la population rurale, de la disparition des domestiques, ou de la montée en puissance des cols bleus. En fait, personne ne tente même plus d'expliquer ces grandes convulsions par la « crise du capitalisme », comme la rhétorique marxiste classique le faisait il y a encore trente ans.

Contrairement aux prédictions des marxistes et des syndicalistes, la montée de la classe ouvrière n'a pas déstabilisé la société. Au contraire, elle apparaît comme l'*événement social le plus stabilisateur du siècle*. C'est en effet grâce à elle que la diminution considérable de la population rurale et la disparition pure et simple des domestiques ne se sont pas accompagnées de crises sociales.

La pratique des *enclosures*, dans l'Angleterre rurale des XVIIe et XVIIIe siècles, a chassé les paysans des campagnes. Relativement limitée géographiquement, elle a cependant provoqué des réactions sérieuses et souvent violentes. Loin de passer inaperçue, elle a fait l'objet de débats et de commentaires innombrables parmi les écrivains, les poètes et les hommes politiques. Elle a inspiré le grand poème d'Oliver Goldsmith *The deserted village*, publié en 1770, un des textes les plus célèbres et les plus cités de l'Angleterre de 1800. De la même façon, au début du XIXe siècle, les *Bauernlegen* de la Prusse orientale, qui ont forcé les paysans à quitter la terre pour laisser la place à une agriculture extensive, ont eu des répercussions politiques et culturelles profondes. Mais la « fuite de la terre », d'une amplitude autrement plus considérable, qui a débuté au cours des dernières décennies du XIXe siècle pour ne plus s'interrompre, est passée pratiquement inaperçue ; seuls, les statisticiens l'ont enregistrée. D'une ampleur comparable, la « fuite du service », qui a commencé au lendemain de la Première Guerre mondiale, n'a été remarquée par personne, pas même par les statisticiens.

Les populations qui quittaient la terre ou le service le faisaient de leur plein gré. Les bonnes à tout faire et les fermiers n'ont pas fait l'objet de mesures d'éviction, ils se sont précipités, aussi vite qu'ils le pouvaient, vers des emplois dans l'industrie. Ces postes ne demandaient aucune qualification, aucune connaissance qu'ils ne possèdent. Au contraire, les anciens agriculteurs se montraient dans l'ensemble surqualifiés pour travailler à la chaîne – il en allait de même pour nombre d'anciens domestiques. Certes, les emplois industriels ont été mal payés jusqu'à la Première Guerre mondiale. Les salaires offerts dépassaient pourtant largement les revenus du petit fermier ou les gages de l'employé de maison. Jusqu'à 1913 et même, dans certains pays, jusqu'à la Seconde Guerre mondiale, les journées de travail étaient extrêmement longues dans les usines. Moins cependant que celles du fermier ou du domestique. En outre, ils avaient désormais des horaires fixes, le reste de la journée, ils étaient libres, ce qui n'était le cas ni à la ferme ni dans une maison bourgeoise.

Les livres d'histoire dépeignent les conditions de travail sordides dans les usines de l'aube de l'ère industrielle, la misère des ouvriers, leur exploitation. Incontestablement, ils se sont échinés, ils ont vécu dans la pauvreté, ils se sont effectivement fait exploiter. Mais ils vivaient mieux et ils étaient mieux traités que sur la terre ou chez une patronne.

J'en prendrai pour preuve l'effondrement de la mortalité infantile auquel on a assisté dès que les paysans et les anciens domestiques se sont mis à travailler en usine. Historiquement, les villes n'avaient jamais été capables de se reproduire, elles dépendaient, pour leur perpétuation, d'un afflux constant de populations rurales. C'était encore vrai au milieu du XIXᵉ siècle. Cependant, à la faveur de l'industrialisation généralisée, les villes sont devenues les pôles de croissance de la population. Ceci résulte en partie de nouvelles mesures de salubrité publique : adduction d'eau potable, ramassage et traitement des ordures, organisation de quarantaines et campagnes de vaccinations pour lutter contre les épidémies. Ces mesures – qui ont surtout été appliquées dans les villes – ont contrebalancé, ou au moins limité les dangers inhérents à la promiscuité, qui avaient fait des villes le terrain d'élection des miasmes. Cependant, le facteur le plus puissant de la chute spectaculaire de la mortalité infantile qui a accompagné l'industrialisation est indiscutablement l'amélioration des conditions de vie subséquente à la généralisation des usines. Les populations concernées étaient mieux logées, mieux nourries, leur travail s'avérait moins harassant et occasionnait moins d'accidents. La chute de la mortalité infantile – et avec elle la croissance explosive de la population – était en corrélation directe avec l'industrialisation et elle seule. Les premières usines étaient certes « infernales », c'est à juste titre que le grand poète William Blake parle de *satanic mills*. En revanche, les campagnes étaient loin de ressembler au verdoyant paradis qu'il a chanté ; nous l'avons vu, elles étaient pittoresques, mais plongées dans une misère plus satanique encore.

Pour un paysan ou un domestique, le travail en usine constituait une chance. De fait, c'était historiquement la première occasion donnée à l'homme d'améliorer nettement son sort sans émigrer. Dans les pays développés d'économie de marché, toutes les générations qui se sont succédé depuis cent à cent cinquante ans ont pu tabler sur une nette amélioration de leur condition par rapport à la génération précédente. La principale raison en est que les paysans et les domestiques avaient la possibilité d'entrer dans le monde ouvrier et le faisaient.

Comme les ouvriers étaient concentrés par groupes, car ils travaillaient dans de vastes usines et non plus chez eux ou dans de petits ateliers, on a pu s'acharner à améliorer systématiquement leur *productivité*. À partir de 1881, deux ans avant la mort de Marx, l'étude systématique des postes de travail, des opérations et des outils a permis d'augmenter la productivité du travail manuel, qui consiste à fabriquer des objets ou à les déplacer, de 3 à 4 % par an ; on a ainsi réussi à multiplier par cinquante la production par ouvrier en cent ans. C'est là-dessus que reposent toutes les conquêtes économiques et sociales réalisées au cours de cette période. Et contrairement à ce que « tout le monde savait » au XIXᵉ siècle – non seulement Marx, mais aussi les « conservateurs », tels J. P Morgan, Bismarck et Disraeli – pratiquement tous ces gains ont profité à la classe ouvrière ; la moitié sous forme d'une forte diminution de la durée du travail (allant de 40 % au Japon à 50 % en Allemagne) et la moitié sous forme d'une augmentation des salaires réels de la main-d'œuvre ouvrière, qui se sont multipliés par vingt-cinq.

Il existait donc de fort bonnes raisons pour que le développement de la classe ouvrière soit pacifique et non pas violent, voire « révolutionnaire ». Comment expliquer que son déclin se soit avéré tout aussi pacifique et ne se soit accompagné pratiquement d'aucune perturbation ou protestation sociale, d'aucun bouleversement sérieux, au moins aux États-Unis ?

L'essor du travailleur du savoir

L'essor de la « classe » qui succède au prolétariat ne constitue pas une chance, mais un défi pour les ouvriers. Le nouveau groupe appelé à dominer la société est celui des « travailleurs du savoir ». Le terme lui-même était inconnu il y a encore quarante ans – j'assume la responsabilité de ce néologisme, que j'ai utilisé pour la première fois dans un ouvrage publié en 1959, *The Landmarks of Tomorrow*. À la fin de ce siècle, les travailleurs du savoir composeront le tiers, voire davantage, de la population active aux États-Unis, proportion que la classe ouvrière n'a jamais dépassée, sauf en temps de guerre. En majorité, ils seront au moins aussi bien payés que les ouvriers, sinon mieux. Et les nouveaux postes offrent à l'individu des opportunités autrement plus intéressantes.

Mais – et c'est un grand mais – ces nouveaux postes exigent presque toujours des qualifications que le travailleur manuel ne possède pas et peut difficilement acquérir. Ils supposent en effet un certain bagage intellectuel et la capacité d'acquérir et d'appliquer des connaissances théoriques et analytiques, ainsi qu'une conception du travail et un état d'esprit différents. Et surtout, ils requièrent de développer une nouvelle habitude : celle d'apprendre en permanence.

Il suffit d'un temps d'apprentissage relativement court pour qu'un agriculteur, un employé de maison ou un ouvrier du secteur industriel emmagasinent toutes les connaissances dont ils auront besoin au cours de leur vie professionnelle – un an ou deux pour un agriculteur ou un domestique, quelques semaines pour un simple ouvrier. En revanche, contrairement au travail manuel, le travail fondé sur le savoir – ainsi, dans une grande mesure, que le travail lié aux services, par exemple la vente directe – ne s'appuie pas sur *l'expérience*, mais sur *la connaissance*. Y accéder suppose des diplômes, ou au moins une formation. Les caractéristiques du travail d'un ouvrier en faisaient encore un travail traditionnel. Celles du travail fondé sur le savoir et, en général, des activités de services, l'en différencient. Il en résulte que les ouvriers du secteur industriel qui perdent leur emploi ne sont pas en mesure de passer au travail fondé sur le savoir ou aux services aussi facilement que les paysans ou les domestiques, ayant perdu leur emploi, sont passés au travail en usine. Il leur faut commencer, à tout le moins, par changer leurs comportements habituels, leurs valeurs et leurs convictions. Du tout au tout.

Aux États-Unis, la main-d'œuvre du secteur industriel a diminué plus vite au cours des dernières décennies de ce siècle que dans aucun autre pays développé. Dans le même temps, la production industrielle a connu une croissance plus rapide que dans aucun autre pays à part le Japon.

Cette évolution a aggravé le problème américain le plus ancien et le plus lancinant, la position des Noirs. Au cours des quarante dernières années, leur situation économique s'était améliorée plus vite que celle d'aucun autre groupe dans l'histoire sociale de l'Amérique – et de n'importe quel pays. Par leurs revenus, les trois cinquièmes de la population noire américaine avaient réussi à se hisser dans la classe moyenne ; alors qu'avant la guerre, un sur vingt seulement y parvenait. Hélas, si les revenus correspondaient à ceux de la classe moyenne, dans la moitié des cas les emplois, eux, n'y correspondaient pas. Depuis la Seconde Guerre mondiale, en effet, les Noirs ont été de plus en plus nombreux à devenir ouvriers dans le secteur très syndiqué de la production de masse, autrement dit, ils ont obtenu des emplois ne demandant ni formation ni qualification, mais offrant des salaires correspondant aux revenus de la moyenne bourgeoisie, voire plus. Or ce sont précisément les emplois qui, aujourd'hui, disparaissent le plus vite. Il ne faut pas s'étonner que tant de Noirs n'aient aucune formation intellectuelle, mais plutôt, à l'inverse, que tant d'entre eux aient réussi à en recevoir une. En effet, économiquement, le plus rationnel pour un jeune Noir américain de 1945 à 1980 était de *ne pas* poursuivre ses études, mais au contraire de quitter l'école au plus vite pour prendre un emploi dans l'industrie, la production de masse en offrait en abondance. Par voie de conséquence, le déclin en nombre de la population active ouvrière touche les Noirs beaucoup plus durement que les autres groupes. C'est vrai quantitativement, et encore plus qualitativement. Le plus grave, c'est que ce déclin sonne le glas de ce qui avait constitué le plus puissant stimulant de la communauté noire américaine, à savoir la situation de l'ouvrier bien payé, jouissant d'une grande sécurité de l'emploi, d'une bonne assurance maladie et d'une pension de retraite garantie – le tout sans avoir besoin de posséder des compétences particulières ou un bagage intellectuel.

Le fait que la moitié de cette nouvelle bourgeoisie noire a réussi, parce qu'elle avait su saisir les opportunités offertes par l'école et l'université, à se hisser au sein du nouveau groupe des travailleurs du savoir, ne semble pas compenser la perte d'opportunités que le travail industriel avait offertes aux Noirs dépourvus de formation intellectuelle. Les enfants de dix à onze ans, dans les quartiers noirs des centres ville, pouvaient s'identifier à ceux de leurs cousins qui avaient sept ou huit ans de plus qu'eux et travaillaient dans une usine de construction automobile où ils étaient bien payés. Mais il leur est beaucoup plus difficile de s'identifier à ceux qui sont dentistes, comptables, avocats. Ces derniers ont en effet bien vingt ans de plus qu'eux, ils ont dû poursuivre une scolarité de quinze ou seize ans au moins. C'est la raison pour laquelle le tarissement des emplois non qualifiés a été vécu comme un choc traumatisant par la communauté noire américaine. D'où le défaitisme croissant, le désespoir, la colère des Noirs vivant au cœur des villes. Cela explique aussi qu'ils ressentent de plus en plus la différence avec leurs frères de race qui, eux, ont réussi à monter dans l'échelle sociale, en qualité de travailleurs du savoir. Ils ne peuvent que se sentir frustrés, laissés pour compte.

Bien entendu, les Noirs ne constituent qu'une petite minorité de la population d'ensemble et de la population active aux États-Unis. Pour les autres, les Blancs, mais aussi les immigrés d'origine asiatique ou d'Amérique latine, le tarissement des emplois non qualifiés a causé étonnamment peu de troubles, il n'y a pas eu de bouleversement à proprement parler. Même dans les localités entièrement dominées par une ou deux usines de production de masse – les villes de l'acier en Pennsylvanie occidentale ou à l'est de l'Ohio, par exemple, ou celles de l'automobile comme Flint, dans le Michigan, le taux de chômage parmi les hommes et les femmes adultes non noirs a retrouvé en quelques années des niveaux à peine supérieurs à la moyenne nationale. C'est-à-dire à peine supérieurs au taux normal de « plein emploi » américain. On n'a pas assisté à une radicalisation de la classe ouvrière américaine.

La seule explication, c'est que pour l'ensemble de la main-d'œuvre non qualifiée et non noire, cette évolution avait beau être négative, menaçante et douloureuse, ce n'était pas une surprise. Psychologiquement – en termes de valeurs, sans doute plus que d'émotions – l'ouvrier américain acceptait l'idée que les nouveaux emplois supposent d'avoir poursuivi des études ; et que le savoir serait désormais mieux payé que le travail manuel, qualifié ou non.

L'un des facteurs qui ont peut-être joué en ce sens est sans doute le *Bill of Rights* des GIs au lendemain de la Seconde Guerre, qui offrait à tous les soldats de retour à la vie civile la possibilité de poursuivre des études supérieures et a par conséquent établi que la possession d'une formation intellectuelle constituait dorénavant la norme, faute de laquelle on se trouvait en position d'infériorité. La mise en place du service militaire, qui allait être maintenu durant trente-cinq ans, a certainement aussi joué un rôle. En effet, la plupart des adultes américains du sexe masculin nés entre 1920 et 1950, c'est-à-dire l'immense majorité des adultes d'aujourd'hui, a passé plusieurs années sous les drapeaux, et l'armée les a obligés à acquérir une formation correspondant à des études secondaires s'ils ne l'avaient pas déjà reçue. Quoi qu'il en soit, aux États-Unis, le passage du travail non qualifié au travail fondé sur le savoir a été largement accepté – sauf dans la communauté noire – comme nécessaire, ou au moins inévitable.

En 1990, cette évolution était largement accomplie aux États-Unis. Dans les autres nations développées du monde libre, en Europe occidentale et septentrionale et au Japon, elle ne faisait que commencer. Il semble clair, cependant, qu'elle s'y réalisera plus vite. Sera-t-elle, comme de ce côté de l'Atlantique, accompagnée de peu de troubles et d'agitation sociale ? Ou au contraire, l'Amérique fera-t-elle une nouvelle fois figure d'exception, comme elle l'a déjà fait à plusieurs reprises au cours de son histoire sociale, tout particulièrement en ce qui concerne les relations avec le travail ? Au Japon, la supériorité de la culture et des intellectuels est généralement reconnue, de sorte que le déclin des emplois ouvriers devrait être considéré comme souhaitable, exactement comme aux États-Unis, et peut-être même davantage. Soulignons à ce propos que la classe ouvrière s'est constituée relativement récemment au pays du soleil levant, ce n'est que bien après la Seconde Guerre qu'elle a dépassé en nombre les paysans et les domestiques. En revanche, on peut se demander si la transition s'opérera aussi facilement dans les pays européens industrialisés comme le Royaume Uni, l'Allemagne, la France, la Belgique, l'Italie du Nord, etc., qui ont connu une « culture ouvrière » et une classe ouvrière et fière de l'être depuis plus d'un siècle et où, malgré l'accumulation de preuves du contraire, on continue à croire profondément que le travail manuel industriel, et non pas le travail intellectuel, crée de la richesse. L'Europe réagira-t-elle de la même manière que les Noirs américains ? Question manifestement cruciale, dont la réponse déterminera largement l'avenir social et économique des pays européens concernés. Nous en connaîtrons la réponse au cours de la prochaine décennie.

Le déclin du travail ouvrier dans les pays industrialisés d'économie de marché entraîne aussi des conséquences importantes en dehors du monde développé. En effet, les pays en voie de développement ne pourront plus espérer fonder leur développement sur l'avantage dont ils jouissent en termes de coûts de la main-d'œuvre.

De nombreuses personnes, surtout les dirigeants syndicaux bien sûr, croient à tort que la responsabilité de la perte d'emplois non qualifiés dans les pays développés revient largement, sinon entiè-rement, aux délocalisations.

Il y a trente ans, avant 1965 ou 1970, cet argument était valable. Incontestablement, (comme je l'ai montré en détail dans *La société post-capitaliste*, publié en 1993), le Japon, Taiwan, puis, plus tard, la Corée, ont effectivement fondé leur avantage initial sur les marchés mondiaux d'une part sur une innovation améri-caine, la formation presque immédiate à une productivité maxi-male, et d'autre part sur des coûts salariaux encore préindustriels. Ils se sont dotés d'une main-d'œuvre dont la productivité et la qualité valaient celles d'un pays développé, mais dont les salaires étaient ceux d'un pays en voie de développement. Si cela a fonc-tionné à merveille durant vingt à trente ans, il n'en va plus de même depuis 1970 ou 1975.

Aujourd'hui, dans les années quatre-vingt-dix, seulement un pourcentage insignifiant des produits manufacturés importés aux États-Unis le sont en raison du faible coût de la main-d'œuvre du pays d'origine. Nos importations totales représentent 12 % de notre produit intérieur brut, celles en provenance de pays à faibles coûts de main-d'œuvre ne se montent qu'à moins de 3 %, et la moitié seulement de ces 3 % correspondent à des produits manu-facturés. Ceux-ci ne représentent donc que 1 à 1,5 % de notre PIB*. La délocalisation ne saurait être tenue responsable que d'une infime partie de la déperdition d'emplois non qualifiés – ces der-niers, après avoir représenté 30 à 35 % de la population active, n'en représentent plus que 15 à 18 %. La principale concurrence est venue de pays comme le Japon ou l'Allemagne, dont les coûts salariaux sont depuis longtemps équivalents aux nôtres, si ce n'est supérieurs. L'avantage concurrentiel décisif se situe aujourd'hui dans la mise en œuvre de savoirs. J'en prendrai pour exemple les pratiques japonaises innovantes telles la qualité totale, la produc-tion au plus juste, les livraisons en juste à temps, l'analyse des coûts par activité ; ou encore la façon dont les PME suisses et alle-mandes peaufinent le service à la clientèle. Par conséquent, les pays en voie de développement ne peuvent plus considérer le faible coût de leur main-d'œuvre comme l'atout maître sur lequel fonder leur développement. Ils devront, eux aussi, apprendre à

---

* Cf *International Trade and American Wages in the 1980s*, rapport du Brookings Ins-titute sur l'activité économique, 1993.

appliquer le savoir – et cela au moment où, pour la plupart, ils se trouveront confrontés à la nécessité d'offrir des emplois à des millions de personnes, sans instruction ni qualifications, sauf peut-être celles qui leur auraient permis d'effectuer les tâches des cols bleus de naguère.

Cette mutation constitue aussi un défi majeur pour les pays développés. Les cols bleus sont des travailleurs *manuels*, comme l'étaient avant eux les paysans et les domestiques. Ils gagnent encore « leur pain à la sueur de leur front ». Marx proclamait que le prolétariat était une nouveauté absolue, totalement différente de ce que l'on avait connu jusqu'alors. En fait, la différence, c'est que les ouvriers travaillaient dans des usines. Mais, à part cela, c'étaient des travailleurs au sens traditionnel du mot. La plupart de leurs prédécesseurs avaient, comme eux, été plus souvent dépendants qu'autonomes – soit ils louaient leurs bras, cultivaient la terre sans la posséder, soit , domestiques, ils travaillaient pour un maître auquel, dans certaines civilisations, ils appartenaient même ; soit encore, apprentis ou compagnons, ils travaillaient sous l'autorité du maître-artisan. Le fait qu'ils n'aient point possédé les outils de production, comme Marx l'a fait remarquer, n'avait rien de bien nouveau non plus. Les métayers ne les possédaient pas davantage, ni les valets de ferme, encore plus nombreux, ni les domestiques, les apprentis, ou les compagnons. Malgré la prééminence de l'usine, la société industrielle demeurait essentiellement traditionnelle par ses relations sociales de production.

Ce ne sera plus le cas de la société qui est en train de naître, fondée sur le savoir et le travailleur du savoir. Pour la première fois, les gens normaux, ordinaires, c'est-à-dire la majorité, ne gagneront plus leur pain quotidien à la sueur de leur front. Pour la première fois, un « travail honnête » ne se traduira pas automatiquement par des mains calleuses. Pour la première fois, tout le monde n'exécutera pas les mêmes tâches, comme lorsque l'immense majorité de la population était rurale ou se préparait, comme cela semblait parfaitement vraisemblable il y a trente ou quarante ans, à devenir ouvrier.

Bien plus qu'un simple changement social, il s'agit d'une mutation de *la condition humaine*. Nous ignorons encore quelles formes prendra la nouvelle société, quelles seront ses valeurs, ses priorités, ses problèmes. Une chose semble certaine, c'est qu'ils seront différents. Oui, nous savons de façon certaine que le XXIe siècle sera différent, sous l'angle de la politique et de la société, mais surtout pour les êtres humains qui composent celle-ci.

II. LA SOCIÉTÉ DU SAVOIR QUI EST EN TRAIN DE NAÎTRE

Les travailleurs du savoir ne seront pas majoritaires dans la société du savoir, mais dans nombre de pays, sans doute même dans la plupart des pays développés, ils constitueront le groupe le plus nombreux au sein de la population en général et de la population active en particulier. Même, d'ailleurs, si d'autres groupes les dépassent par les effectifs, ce sont eux qui conféreront à la société nouvelle son caractère et son profil humain. Ce sont eux qui la dirigeront. Ils ne formeront pas forcément la classe *gouvernante*, mais à coup sûr la classe *dominante* de la nouvelle société. En outre, leurs caractéristiques, leur position sociale, leurs valeurs et leurs attentes les démarqueront nettement de tout autre groupe ayant historiquement occupé la position gouvernante, voire dominante des sociétés précédentes.

Il convient d'abord de souligner que le travailleur du savoir accède au monde du travail, à son poste et à sa position sociale grâce à sa *formation intellectuelle.*

Une bonne partie du travail fondé sur le savoir demande un haut niveau de compétences pratiques et une quantité non négligeable de travail manuel. La neurochirurgie en fournit un exemple poussé à l'extrême. La compétence du neurochirurgien repose sur la qualité de ses études et de ses connaissances théoriques. Faute d'une habileté manuelle suffisante, nul ne peut prétendre pratiquer ce métier, mais l'habileté manuelle seule, quelque remarquable qu'elle soit, ne permettra jamais à quiconque de devenir neurochirurgien. La compétence intellectuelle requise pour le travail fondé sur le savoir ne peut s'acquérir que dans le cadre de l'enseignement, pas par l'apprentissage.

La quantité et la nature des connaissances théoriques requises varie immensément d'un métier à l'autre. Certains ne demandent que des connaissances relativement modestes, d'autres exigent un bagage comparable à celui d'un neurochirurgien. Il paraît intéressant de noter que, même si les connaissances requises sont assez simples, elles ne peuvent cependant s'acquérir qu'à l'école. L'archivage, par exemple, ne fait certes pas appel à un savoir avancé ; il exige pourtant la maîtrise de l'alphabet – voire, au Japon, celle des idéogrammes chinois – qui ne peut s'acquérir que grâce à un apprentissage systématique, autrement dit par l'enseignement.

La première conséquence en est que les études se trouveront au cœur même de la société du savoir, et l'enseignement en sera l'institution la plus importante. Quelles connaissances tout le monde doit-il posséder ? Quelles matières faut-il enseigner à tous, en respectant quels équilibres ? Peut-on parler de « qualité » de l'enseignement et de son contenu ? Toutes ces questions revêtiront nécessairement une importance vitale pour la société du savoir, elles constitueront des options politiques cruciales. Je pense pouvoir prédire sans trop de risque que l'acquisition et la transmission du savoir en viendront à supplanter le rôle de l'acquisition et de la distribution de la propriété et des revenus au cours des deux ou trois siècles qu'il est convenu d'appeler l'ère du capitalisme.

Paradoxalement, cela ne veut pas forcément dire que l'école, telle que nous la connaissons aujourd'hui, gagnera en importance. En effet, dans le cadre de la société du savoir, il semble clair qu'il faudra continuer à emmagasiner une quantité croissante de connaissances, et surtout de connaissances de pointe, longtemps après l'âge scolaire, peut-être même ces acquisitions se feront-elles dans le cadre de processus éducatifs distincts de l'école traditionnelle, par exemple la formation continue sur le lieu de travail. En même temps, il n'y a guère de doute que l'efficacité du système scolaire et ses valeurs fondamentales seront désormais l'une des préoccupations essentielles de l'ensemble de la société au lieu de continuer, comme par le passé, d'être considérées comme des questions « professionnelles » que l'on peut se permettre de laisser aux bons soins des éducateurs.

On peut aussi prédire sans grand risque d'erreur que le contenu de l'enseignement sera redéfini. Traditionnellement, et surtout au cours des deux derniers siècles, au moins en Occident, et à peu près depuis la même époque au Japon également, les personnes cultivées partageaient un certain corpus de connaissances communes – elles avaient reçu ce que les Allemands appellent *Allgemein Bildung* (l'enseignement général), ce que les Anglais et les Américains à leur suite appelaient, eux, l'« enseignement *libéral* ». Désormais, il s'agira d'avoir appris à apprendre et, toute la vie durant, de continuer à apprendre.

Cette situation s'accompagne de dangers évidents ; plusieurs dérives me paraissent particulièrement menaçantes. Il ne faudrait pas, par exemple, en arriver à attacher une valeur exagérée aux diplômes, ce qui aboutirait à sacrifier la capacité de performance. Le risque est réel de tomber dans un mandarinat confucéen absolument stérile ; les universités américaines me semblent singulièrement vulnérables à ce danger. À l'inverse, une appréciation exagérée des connaissances pratiques immédiatement utilisables conduirait à sous-évaluer l'importance des connaissances fondamentales et de la réflexion.

Cette nouvelle société, dans laquelle les travailleurs du savoir domineront, risque de connaître un nouveau « conflit de classe » entre l'importante minorité de travailleurs du savoir et la majorité de ceux qui continueront à gagner leur vie de façon traditionnelle, soit par le travail manuel, soit par le service, qualifiés ou non. La productivité du travail fondé sur le savoir – aujourd'hui encore dérisoire – sera je crois le grand défi *économique* de la société du savoir. Elle déterminera la situation concurrentielle de chaque pays, chaque secteur, chaque institution de la société. Quant à la productivité des personnes qui travailleront dans les services sans toutefois être des travailleurs du savoir, elle deviendra de plus en plus le défi *social* de la société du savoir. Elle déterminera la capacité de la société nouvelle à leur assurer des revenus corrects, et par conséquent de leur conférer dignité et respectabilité.

Historiquement, aucune société n'a encore été confrontée à ces défis, mais ils s'accompagneront d'opportunités tout aussi nouvelles. Pour la première fois de l'histoire, l'accès au leadership sera ouvert à tous. Parallèlement, l'accès à l'acquisition des connaissances ne sera plus conditionné par l'obtention d'un certain diplôme à un âge donné. Apprendre sera un outil mis à la disposition de chacun, on pourra s'en servir à tout moment de la vie, ne serait-ce que parce que les nouvelles techniques d'apprentissage permettent d'acquérir énormément de savoir-faire et de connaissances.

Le facteur compétitif décisif, ce sera la rapidité avec laquelle l'individu, l'entreprise, le secteur industriel ou le pays acquerront leurs connaissances et les mettront en œuvre. C'est ce qui déterminera la carrière et les opportunités de carrière de l'individu et la performance, peut-être même la survie de l'entreprise, du secteur industriel et du pays. La société du savoir deviendra inéluctablement beaucoup plus concurrentielle que tout ce que nous avons connu jusqu'à aujourd'hui. La raison se révèle fort simple : comme la connaissance sera désormais universellement accessible, il n'y aura pas d'excuses pour ne pas réussir. Il n'y aura plus de pays « pauvres », il n'y aura que des pays ignorants. Cette vérité nouvelle s'appliquera à chaque entreprise, chaque secteur industriel, chaque organisation, quelle que soit sa nature. Elle s'appliquera également à chaque personne. En fait, les sociétés développées sont d'ores et déjà infiniment plus compétitives au niveau individuel que ne l'étaient les sociétés du début du siècle, sans parler de celles du XVIIIe et du XIXe siècles. La plupart des gens ne bénéficiaient alors d'aucune opportunité de s'élever hors de la « classe » où ils étaient nés, la plupart suivaient les traces de leur père, professionnellement et par la position sociale.

Tout au long de ce chapitre, j'ai parlé de savoir au singulier. En toute rigueur, j'aurais dû employer le pluriel. En effet, le savoir de la société du savoir diffère fondamentalement de ce qui était considéré comme tel par les sociétés antérieures et même, en réalité, de ce qui est encore largement considéré comme tel aujourd'hui. Celui que recouvraient l'*Allgemein Bildung* des Allemands ou l'enseignement libéral anglo-américain ne se préoccupait guère du travail quotidien. Il était plus axé sur l'accomplissement personnel que sur l'application des connaissances – et se targuait même, à l'occasion, de n'avoir pas la moindre utilité. En revanche, dans la société du savoir, il n'y a de savoir que dans la mesure où il y a application.

Le savoir appliqué est, par définition, hautement spécialisé – c'est la raison pour laquelle, il y a deux mille cinq cents ans, Platon nous a dit que Socrate préférait le réduire à une simple *techne*, autrement dit un savoir-faire, et non la connaissance au sens noble du mot.

Certains métiers fondés sur le savoir n'en exigent qu'une quantité relativement limitée – j'en prendrai pour exemple certaines fonctions paramédicales, comme celle de technicien radiologue ou de laboratoire. D'autres supposent la possession de connaissances théoriques beaucoup plus approfondies : c'est le cas dans le monde des affaires, qu'il s'agisse d'études de marché, de planification produit ; de la conception des systèmes de production ; de la publicité et de la promotion ; des achats. Dans certains domaines, le corpus se révèle immense, comme en neurochirurgie ou dans de nombreux domaines du management ; c'est ainsi qu'il faut des connaissances très diverses pour diriger un grand hôpital, une université importante, ou une multinationale.

Quoi qu'il en soit, le savoir, dans son application, est spécialisé, toujours spécifique, et par conséquent applicable à rien d'autre. Rien de ce que le technicien radiologue a besoin de connaître ne peut être utilisé dans le cadre de l'étude de marchés, par exemple, ou pour enseigner l'histoire médiévale.

Il en résulte que les personnels hautement spécialisés joueront un rôle essentiel dans la société du savoir. C'est à tort que l'on parle de « généralistes ». Ceux à qui l'on se réfère en utilisant cette expression ont, en réalité, appris à acquérir des spécialités nouvelles et surtout à emmagasiner rapidement les connaissances spécialisées dont ils ont besoin pour passer d'un type de travail à un autre, par exemple, des études de marché à la direction générale, ou d'un poste d'infirmière au conseil d'administration d'un hôpital. En revanche, les généralistes au sens habituel du mot font aujourd'hui plutôt figure de dilettantes que de puits de science.

Voilà encore un élément nouveau. Autrefois, tous les travailleurs étaient généralistes. Ils faisaient ce qu'il y avait à faire, que ce soit à la ferme, à l'atelier, ou pour leur patron. Il en allait de même pour les ouvriers. L'industrie n'a acquis sa place dominante que lorsqu'elle a appris à supprimer le besoin de personnels spécialisés ; autrement dit, lorsqu'elle a réussi, au XIXe et au XXe siècle, à transformer les artisans qualifiés des époques préindustrielles en OS.

Les travailleurs du savoir, pour leur part, seront, par définition, spécialisés, qu'ils maîtrisent peu ou beaucoup de connaissances relativement frustres ou avancées. Une connaissance appliquée ne sert que lorsqu'elle est spécialisée. À dire vrai, plus elle est spécialisée, plus elle est utile. Cela s'applique aux techniciens, qu'ils soient chargés de l'entretien d'ordinateurs, d'un appareil de radiologie, ou d'un réacteur d'avion.* Mais aussi au travail exigeant le plus de connaissances avancées, que ce soit la recherche génétique, l'astrophysique, ou la mise en scène d'un opéra.

---

* Cf : *The Five Pillars of TQM : How to Make Total Quality Management Work for You,* par le général Bill Creech, ancien commandant de l'US Tactical Air Force, (Truman Talley Books/Dutton, New York, 1994). Cet ouvrage décrit brillamment la conversion d'une organisation fondée sur les savoir-faire – l'US Tactical Air Force – en une organisation fondée sur le savoir.

Comme je l'ai dit plus haut, le passage de *savoir* à *savoirs* offre des opportunités fabuleuses à l'individu. Il ouvre la voie à une « carrière » de travailleur du savoir. Mais il pose aussi nombre de problèmes et de défis. Pour la première fois dans l'histoire, il suppose que ceux qui détiennent le savoir assument la responsabilité de se faire comprendre de tous. Il exige que les gens apprennent – tôt, de préférence – à amalgamer aux connaissances relevant de leur propre spécialité celles qui viennent d'autres domaines et d'autres disciplines.

Nécessité d'autant plus vitale que l'innovation concernant un domaine donné prend généralement sa source dans un autre. Les produits et les processus de production innovants, par exemple, contrairement à ce qui se passait au XIXe et au début du XXe siècle, naissent souvent aujourd'hui en-dehors du process ou même du secteur industriel concerné. Il en va de même pour la connaissance scientifique et culturelle. Ainsi les nouvelles méthodes de recherche historique dérivent-elles de l'économie, de la psychologie et de l'archéologie – toutes disciplines que les historiens n'avaient jamais considérées comme ayant le moindre rapport avec leur domaine.

Le mécanisme des savoirs

Dans la société du savoir, la nécessité de spécialiser les connaissances, afin de les rendre productives, entraîne deux nouvelles exigences :

1. Les travailleurs du savoir forment des *équipes*.
2. Ils ont accès à une *organisation*. S'ils ne font pas partie de son personnel, ils doivent au moins lui être affiliés.

On parle beaucoup aujourd'hui « équipes » et « travail en équipe ». À entendre les chantres de ce type d'organisation, on croirait qu'ils l'ont inventée. Elle est pourtant vieille comme le monde – à la vérité, peu de gens seraient capables de fournir un travail efficace entièrement livrés à eux-mêmes. De tout temps, le fermier a compté sur son épouse, il avait besoin d'elle, comme elle avait besoin de lui. Ensemble, ils constituaient une équipe ; ils en formaient une autre avec leurs employés. L'artisan, lui aussi, se devait de prendre femme afin de faire équipe avec elle – l'homme se consacrait à son artisanat, tandis que l'épouse s'occupait des clients, des apprentis et, d'une façon générale, de leurs affaires. Bien entendu, ils fonctionnaient en équipe avec les apprentis et les compagnons. La discussion actuelle considère aussi comme acquis qu'il n'existe qu'une seule sorte d'équipe. À la vérité, il en existe un certain nombre.* Jusqu'à maintenant cependant, on a placé l'accent sur la personne et non sur l'équipe. Or, puisque le travail fondé sur le savoir se révèle d'autant plus fructueux qu'il est spécialisé, les équipes, et non l'individu, forment désormais la véritable unité de travail.

La configuration que l'on nous présente aujourd'hui comme la seule et l'unique – que j'appelle l'équipe type « formation de jazz » ne représente néanmoins qu'une formule parmi d'autres. Je dirais même que c'est la plus difficile à maîtriser, car la plus longue à devenir réellement opérationnelle.

Il faut apprendre à varier les configurations en fonction de l'objectif que l'on cherche à atteindre. Il faut chercher à *comprendre* les équipes – la réflexion mérite un effort qui n'a pas encore été consenti. Les capacités de performance des différentes sortes d'équipes, leurs points forts et leurs limitations, les compromis entre différentes sortes d'équipes – toutes ces considérations vont devenir une préoccupation essentielle dans la gestion des ressources humaines.

Le travailleur du savoir va devoir, lui aussi, apprendre à passer d'une espèce d'équipe à une autre, à s'intégrer au sein d'une équipe, à savoir ce que l'on peut en attendre et, enfin, ce qu'on peut lui apporter.

Les meilleurs devront se montrer capables de préconiser la forme d'équipe la plus adaptée à telle ou telle tâche, puis de la constituer et de s'y intégrer. À ma connaissance, cela ne s'enseigne encore nulle part, sauf peut-être dans certains laboratoires de recherche. À ce jour, très peu de patrons, quelle que soit la nature de leur entreprise ou de l'organisme qu'ils dirigent, se rendent compte qu'il leur appartient de décider quel type d'équipe est le mieux adapté à une situation donnée, comment l'organiser, et comment la rendre performante. Un sérieux travail sur les équipes

---

* Voir, à ce sujet, *La société post-capitaliste.*

s'impose, nous en sommes à peine aux préliminaires : il faut étudier leurs caractéristiques, leurs spécifications, leurs performances et les modalités de leur évaluation.

La nécessité, pour les travailleurs du savoir, d'appartenir à une organisation, me semble tout aussi importante. Elle seule peut en effet leur apporter la continuité, condition de leur efficacité. Elle seule, surtout, peut convertir leurs connaissances spécialisées en performance.

Prenons quelques exemples. Un chirurgien n'intervient à bon escient qu'une fois le diagnostic correctement posé, et ce n'est ni sa tâche, ni sa compétence. Un spécialiste en études de marché fournit des données, rien de plus. Pour les convertir en informations et à plus forte raison les intégrer dans le processus de décision, il faut qu'interviennent des collaborateurs de la direction commerciale, du marketing, de la production et enfin du service après-vente. Un historien, lui, peut fort bien travailler en solitaire, tant qu'il se contente de conduire sa recherche et de rédiger ses ouvrages. En revanche, lorsqu'il s'agit de former ses étudiants, il doit obligatoirement faire appel à des collègues travaillant sur d'autres disciplines – des littéraires, des mathématiciens, ou à des confrères s'intéressant à d'autres périodes de l'histoire. Cela suppose que le spécialiste ait accès à une organisation.

Comment ? En qualité de consultant, par exemple, ou de prestataire de services spécialisés. Mais, pour la majorité des travailleurs du savoir, ce sera comme employé d'une organisation, à plein temps ou à temps partiel ; quant à l'organisation elle-même, il peut s'agir d'un service public, d'un hôpital, d'une université, d'une entreprise ou d'un syndicat, il existe des myriades de structures. Dans la société du savoir, ce n'est pas l'individu qui joue le plus grand rôle. Chaque personne, à la vérité, fait bien plus figure de centre de coût que de performance. C'est l'organisation qui accomplit les tâches. Tel médecin a sans doute des connaissances fort étendues, mais serait totalement impuissant s'il ne pouvait faire appel à tout un ensemble de disciplines scientifiques qui ne relèvent pas de sa compétence : physique, génétique, chimie, etc. Il ne peut rien faire sans les résultats d'analyses et d'examens effectués par une armée de spécialistes capables de réaliser et d'interpréter des images radiologiques ou échographiques, d'utiliser un scanner, etc. Enfin, sans les services de l'hôpital, qui pratiquerait

les injections intraveineuses ? Qui prodiguerait les soins nécessaires à ceux de ses patients qui se trouvent en état critique ? Qui
se chargerait de la rééducation physique ou psychiatrique sans lesquelles la guérison ne peut être totale ? Tout médecin a, quoti-
diennement, besoin de multiples services – qu'il s'agisse d'un élec-
trocardiogramme, d'une analyse sanguine, d'une IRM, ou des soins
d'un kinésithérapeute – chaque fois, il a donc besoin de l'hôpital,
organisation hautement structurée, conçue pour fonctionner en
continu et sur la durée.

La société de l'employé

La société du savoir est une *société de l'employé.*

La société traditionnelle, celle qui a précédé la révolution
industrielle et le développement de la classe ouvrière, n'était pas
composée uniquement d'indépendants. Thomas Jefferson rêvait
d'une société de petits agriculteurs indépendants, chacun étant
propriétaire de sa ferme et l'exploitant sans autre aide que celle de
sa femme et de ses enfants, mais c'est resté du domaine de l'uto-
pie. Historiquement, la plupart des hommes ont toujours vécu
dans la dépendance de quelqu'un d'autre – mais pas d'une organisation. Ils travaillaient pour leur propriétaire ; à la ferme, comme
esclaves, serfs, ou journaliers ; à l'atelier, comme compagnons ou
apprentis ; au magasin, comme vendeurs ; chez un particulier, comme
valet de pied ou bonne à tout faire, etc. Ils travaillaient pour un
« maître ». Et lorsque les usines ont commencé à employer les premiers ouvriers, eux aussi ont travaillé pour un « maître ».

Dans *Les temps difficiles*, le grand roman de Dickens, les ouvriers
travaillent pour leur « propriétaire », pas pour « l'usine ». C'est
seulement vers la fin du siècle que l'usine a évincé le propriétaire
en qualité d'employeur. Et ce n'est qu'au cours du XXᵉ siècle que
l'entreprise a supplanté l'usine à son tour, et que le « maître » a été
remplacé par le « patron », qui, quatre-vingt-dix-neuf fois sur cent,
en a un à son tour.

Les travailleurs du savoir seront à la fois « employés », en ce
sens qu'ils auront un « patron », et « patrons », en ce sens qu'ils
auront des « employés ».

Autrefois, la science sociale ne connaissait pas les organisations, elle ne les connaît, globalement, toujours pas. Dans son ouvrage de 1888 *Gemeinschaft und Gesellschaft* (Communauté et société), le grand sociologue allemand Ferdinand Tönnies (1855-1936) classait les formes connues des organisations humaines soit dans la catégorie de la « communauté », qu'il considérait comme « organique » et liée au « destin » ; soit dans celle de la « société », « structure » très largement contrôlée socialement. Il n'a jamais mentionné « l'organisation ». Pas plus qu'aucun sociologue du XIXe ou du début du XXe siècle. De fait, l'organisation n'est ni une communauté ni une société, bien qu'elle partage certaines caractéristiques avec l'une et l'autre. L'appartenance à une organisation n'est pas un coup du « destin ». Elle est toujours librement choisie. On entre dans une entreprise, une administration ou dans le corps professoral d'une université, on n'y naît pas, et on peut toujours en sortir – alors que l'on ne pouvait qu'émigrer des communautés traditionnelles. Il ne s'agit pas non plus une société, d'autant qu'elle n'embrasse pas la totalité de ses membres. Le directeur des études de marché d'une entreprise appartient vraisemblablement en même temps à une demi-douzaine d'autres organisations – club de sport, paroisse, et, s'il est américain, il consacre sans doute, comme bénévole, cinq heures par semaine à des organisations à but non lucratif. Autrement dit, les organisations ne sont pas véritablement des collectivités. Ce sont des outils, c'est-à-dire des moyens permettant de parvenir à une fin.

D'autres organisations ont précédé les nôtres. L'armée, telle qu'elle s'est formée au XVIIe siècle, en constituait une ; ce n'était en revanche ni une communauté ni une société. L'université moderne, qui a pris forme avec la fondation de l'université de Berlin en 1809, est une organisation. Les membres du corps professoral y entrent librement et peuvent toujours se retirer. J'en dirai autant de l'administration, dont les structures sont nées en France au XVIIIe siècle, puis se sont étendues au reste du continent européen et finalement, à la fin du XIXe siècle, à la Grande-Bretagne et au Japon de l'ère Meiji – aux États-Unis, il fallut attendre 1933 et la Seconde Guerre mondiale. Mais ces organisations étaient encore considérées comme des exceptions. La première à mériter véritablement le sens moderne du mot, à être considérée comme un prototype et non une exception, c'est certainement l'entreprise moderne, telle que nous la connaissons depuis 1870. Voilà la raison pour laquelle, aujourd'hui encore, quand on pense « management », organe de direction spécifique à l'organisation, on pense au « management d'entreprise ».

L'émergence de la société du savoir a entraîné celle de la société des organisations. Nous travaillons presque tous dans et pour une organisation, nous en dépendons, car elle nous permet d'être efficace et de gagner notre vie. Soit elle nous emploie, nous faisons partie de son personnel ; soit nous sommes ses prestataires de services – en qualité d'avocat, par exemple, ou de transporteur. De plus en plus, ces prestataires de services forment eux-mêmes des organisations. Le premier cabinet regroupant plusieurs avocats a été créé aux États-Unis il y a un peu plus d'un siècle – jusqu'alors, ceux-ci avaient toujours exercé leur métier en travailleurs indépendants. C'est ce qu'ils ont d'ailleurs continué à faire en Europe jusqu'au lendemain de la Seconde Guerre. Aujourd'hui, les cabinets d'avocats, de plus en plus grands, traitent la majorité des affaires. La médecine, au moins aux États-Unis, connaît une évolution comparable. La société du savoir est une société des organisations dans laquelle pratiquement toutes les tâches sociales sont exécutées dans et par une organisation.

Qu'est-ce qu'un employé ?

La plupart des travailleurs du savoir passeront la plus grande partie, si ce n'est la totalité de leur vie professionnelle comme « employés ». Néanmoins, le sens du mot a changé, pas seulement en anglais, mais aussi en allemand, en espagnol et en japonais.

Individuellement, ils dépendent de leur poste – ils touchent un salaire ou des honoraires, on les recrute et on peut les licencier. Aux yeux de la loi donc, chacun d'entre eux est un « employé ». Collectivement cependant, ce sont les seuls « capitalistes » ; chaque jour davantage, il s'avère en effet qu'ils sont propriétaires des moyens de production, grâce à leurs fonds de pension et à leurs autres formes d'épargne (aux États-Unis, les fonds mutuels). Dans les économies traditionnelles (pas seulement les économies marxistes, tant s'en faut), on distingue très nettement revenus salariaux – destinés à la consommation – des capitaux. La théorie sociale de la société industrielle est largement fondée, d'une façon ou d'une autre, sur les rapports qui s'établissent entre les deux, qu'ils soient conflictuels ou marqués par un équilibre nécessaire et salutaire. Dans la société du savoir, la distinction s'estompe jusqu'à disparaître. Les fonds de pension sont des « salaires différés », ce sont donc des revenus salariaux. Ils constituent cependant la principale, quand ce n'est pas la seule, source de capital pour la société du savoir.

Plus important peut-être, dans cette société nouvelle, les employés, c'est-à-dire les travailleurs du savoir, possèdent aussi les outils de production. Les prolétaires, eux, comme Marx eut le mérite de le souligner, ne les possédaient, ni ne pouvaient les posséder, c'est la raison pour laquelle ils étaient « aliénés ». Il s'avérait absolument impossible, expliquait Marx, qu'un ouvrier soit propriétaire de sa machine à vapeur et puisse l'emmener avec lui quand il allait travailler ailleurs. Il fallait nécessairement que le capitaliste possède la machine et la contrôle. Le véritable investissement dans la société du savoir, ce n'est plus celui qui a servi à financer machines et outils, mais bien celui qui a financé l'acquisition des connaissances détenues par le travailleur du savoir. Sans elles, les machines, aussi avancées et perfectionnées qu'elles soient, ne peuvent être productives.

Le spécialiste en études de marché a besoin d'un ordinateur. De plus en plus souvent, il utilise celui qu'il a acheté de ses propres deniers qu'il transporte partout. En dernière analyse, les véritables « biens de production », en matière d'études de marché, sont la connaissance des marchés, des statistiques, et l'aptitude à appliquer le résultat de ces études à la stratégie d'entreprise : tout cela est logé entre les deux oreilles du chercheur et constitue sa propriété inaliénable. Le chirurgien a besoin d'un bloc opératoire et de tous les équipements fort onéreux qu'il contient. Mais son véritable bien de production, ce sont ses nombreuses années d'études et les connaissances acquises au cours de celles-ci, qu'il peut emmener d'un hôpital à un autre. Sans lesquelles, les salles d'opération, toute rutilantes et pleines d'instruments extrêmement coûteux qu'elles soient, ne valent guère mieux qu'un tas de ferraille.

Cette observation reste valable qu'il s'agisse d'un domaine exigeant des connaissances étendues et approfondies, comme la chirurgie, ou des notions relativement simples et élémentaires, comme celles que doit posséder une aide-comptable. Dans un cas comme dans l'autre, la valeur de ses connaissances détermine si un employé est productif ou non, bien davantage que les outils et les machines, ainsi que les capitaux, qu'apporte l'organisation. L'ouvrier de l'ère industrielle avait infiniment plus besoin du capitaliste que ce dernier n'avait besoin de lui, c'est le fondement de l'idée de Marx – probablement une de ses plus graves erreurs – selon laquelle il y aurait toujours un surplus d'ouvriers, « une armée industrielle de réserve », de telle sorte que les salaires ne s'élèveraient jamais au-dessus du niveau de subsistance. Dans la société du savoir, l'hypothèse la plus vraisemblable – certainement en tous cas celle que doivent retenir toutes les organisations – est au contraire qu'elles ont infiniment plus besoin du travailleur du savoir qu'il n'a besoin d'elles. Il revient à l'organisation de « vendre » les opportunités qu'elle offre à des travailleurs du savoir, afin d'en attirer un nombre suffisant, d'une qualité supérieure. Une sorte de relation d'interdépendance est en train de se créer, le collaborateur se renseignant de son côté sur les besoins de l'organisation, tandis que celle-ci devra connaître les siens, ses exigences et ses attentes.

Comme son travail est fondé sur la connaissance, l'organisation du savoir n'oppose plus les supérieurs aux subordonnés.* L'orchestre symphonique constitue le prototype de cette nouvelle structure. Le premier violon a beau être l'instrument le plus important de tout l'orchestre, le premier violoniste n'est pas pour autant le « supérieur » de la harpiste. C'est son collègue. La partition de harpe appartient à la harpiste, elle ne lui est déléguée ni par le chef d'orchestre, ni par le premier violon.

Au moyen âge, on a inlassablement débattu de la hiérarchie des connaissances, la philosophie revendiquait une sorte de primauté. Il y a beau temps que ces arguties n'ont plus cours. Aucune connaissance n'est supérieure ou inférieure aux autres. Lorsqu'un patient souffre d'un ongle incarné, on fait appel aux services du pédicure, et non à celles du neurochirurgien, – même si la formation qu'il a reçue a duré plusieurs années de plus, ce qui lui vaut

---

* À ce sujet, voir l'ouvrage du Général Bill Creech, cité plus haut, qui montre clairement que même une organisation militaire comme la *Tactical Air Force* devient une organisation collégiale en devenant une organisation du savoir, malgré la hiérarchie et le protocole militaire. Le colonel qui commande une unité de maintenance doit se comporter en collègue du sergent qui en est chargé. Il doit répondre du travail du sergent, mais il n'est pas son supérieur.

des émoluments incomparablement supérieurs. À l'inverse, lorsqu'un cadre supérieur est envoyé à l'étranger, la connaissance qu'il a besoin d'acquérir au plus vite, celle de la langue du pays d'accueil, peut sembler dérisoire, puisque là-bas, un enfant de trois ans la possède, sans avoir eu à consentir un investissement bien considérable. Les connaissances de la société du savoir, précisément parce qu'elles n'ont de valeur qu'une fois appliquées à l'action, tiennent leur rang et leur valeur de la situation et non de leur contenu. Autrement dit, ce qui est connaissance dans une situation donnée, par exemple, le coréen pour un Américain en poste à Séoul, n'est plus, a perdu le plus clair de sa pertinence quelques années plus tard. Cela aussi, c'est nouveau. Naguère, les savoirs étaient aussi fixes que les étoiles, pour poursuivre la comparaison, on pourrait dire que chacun d'entre eux occupait une place définie dans l'univers de la connaissance. Dans la société du savoir, les connaissances constituent des outils et, en tant que tels, leur importance et leur nécessité dépendent de la tâche à accomplir.

Une autre conclusion s'impose : puisque la société du savoir est automatiquement une société d'organisations, son organe distinctif et central est le *management*.

Lorsque ce terme a commencé à être utilisé, il ne s'appliquait qu'au domaine de l'entreprise. La seconde moitié de ce siècle nous a enseigné que le management est l'organe distinctif de toutes les organisations. Elles en ont toutes besoin – qu'elles utilisent le mot ou non. Tous les cadres et dirigeants font les mêmes choses, quelle que soit la nature de leur affaire ou de leur organisation. Leur rôle consiste toujours à rassembler des hommes, qui détiennent chacun des connaissances différentes, afin de leur faire réaliser quelque chose ensemble. Il leur faut toujours s'arranger pour que les forces de leurs hommes aboutissent à une performance productive, et que leurs faiblesses ne se fassent pas ressentir. Tous doivent réfléchir à ce que l'on considérera comme des « résultats » dans leur organisation, tous doivent en définir les objectifs. Tous sont tenus de repenser régulièrement ce que j'appelle la logique d'entreprise, c'est-à-dire de remettre en cause les hypothèses sur lesquelles l'organisation fonde sa performance et son action, ainsi que celles sur lesquelles elle s'appuie pour décider ce qu'elle ne veut pas faire. Toutes ont besoin d'un organe de réflexion qui étudie les stratégies, autrement dit les moyens à mettre en œuvre pour que les objectifs de l'organisation soient réalisés. Toutes doivent définir les valeurs de l'organisation, son système de récompenses et de punitions, son esprit, sa culture. Dans toutes les organisations, les responsables doivent maîtriser le management en tant que travail et discipline, mais ils doivent aussi connaître à fond et bien comprendre l'organisation elle-même, ses objectifs, ses valeurs, ses compétences clés, son environnement et ses marchés.

Le management, en tant que *pratique*, est extrêmement ancien. Pour moi, le manager qui a le mieux réussi dans l'histoire du monde, c'est l'Égyptien qui, il y a 4700 ans, a le premier conçu la pyramide, sans aucun précédent, en a réalisé les plans et l'a construite en un temps record. Contrairement à tout autre ouvrage réalisé par l'homme à la même époque, la première pyramide tient encore debout. En revanche, en tant que *discipline*, le management n'a qu'une cinquantaine d'années. On a commencé à en observer quelques signes précurseurs au moment de la Première Guerre mondiale. Il n'est vraiment né qu'à la Seconde Guerre, et encore, restait, à l'époque, cantonné aux États-Unis. Depuis, c'est la nouvelle fonction qui s'est développée le plus vite, de même que son étude constitue la discipline qui se développe le plus vite. Aucune fonction n'a connu un tel essor au cours des cinquante à soixante dernières années. Aucune, en tout cas, n'a connu une extension mondiale aussi rapide.

Dans les écoles de gestion, on enseigne encore le management comme un ensemble de techniques, la budgétisation, par exemple. Mais, de même qu'une analyse de laboratoire, pour importante qu'elle soit, ne constitue pas l'essence de la médecine, de même les techniques et les procédures du management n'en sont pas l'essence. Rendre les connaissances productives, voilà l'essence du management. Autrement dit, le management est une fonction sociale et, dans sa pratique, authentiquement un « art libéral ».

Le secteur social

Les collectivités de naguère – famille, village, paroisse, etc. – ont quasiment disparu dans la société du savoir. L'organisation, nouvelle entité d'intégration sociale, les a largement supplantées. Si l'appartenance à telle ou telle communauté relevait du hasard, l'appartenance à une organisation est, elle, volontaire. La collectivité revendiquait la personne tout entière, tandis que l'organisation ne constitue qu'un moyen au service des fins de la personne, un outil. Voilà deux siècles que l'on polémique, surtout en Occident, sur la question de savoir si les communautés sont un organisme ou simplement une extension de la personne. La question ne se pose pas pour la nouvelle organisation ; c'est manifestement une création humaine, une technique sociale.

Dans ces conditions, à qui revient-il d'assumer les tâches sociales ? Il y a deux cents ans, dans toutes les sociétés, une communauté locale s'en chargeait, essentiellement, bien sûr, la famille. Aujourd'hui, les anciennes communautés ont pratiquement cessé de jouer leur rôle traditionnel. Elles n'en seraient d'ailleurs plus capables, puisqu'elles ne sont plus en mesure de contrôler leurs membres, ni même de les retenir. Les gens ne restent plus là où ils sont nés, ni géographiquement, ni même socialement. Par définition, une société du savoir est une société mobile. Toutes les fonctions sociales qu'assumaient les anciennes communautés, bien ou mal – souvent de façon très médiocre, à la vérité – supposaient une certaine permanence individuelle et familiale. « On ne choisit pas sa famille », affirme un vieil adage, l'appartenance à telle ou telle communauté, comme nous l'avons vu, était imposée par le destin. Rompre ces liens signifiait devenir vagabond, voire hors-la-loi. Or l'essence de la société du savoir est la mobilité, en termes d'habitat, d'occupation, d'appartenance.

Cette mobilité se traduit par une multiplication des problèmes sociaux. Les gens n'ont plus de « racines », plus de quartier. Leurs voisins ne sont plus au courant du moindre de leurs faits et gestes, plus personne ne décide à leur place ce qu'ils peuvent avoir comme « ennuis ». La société du savoir, par définition, est compétitive ; le savoir étant accessible à tous, chacun doit se placer, progresser, montrer de l'ambition. Elle offre la possibilité de réussir à un nombre de personnes beaucoup plus grand que par le passé. Par conséquent, et par définition, nombreux seront aussi les laissés pour compte, ou du moins ceux qui ne parviendront qu'à la seconde place. Si la mise en œuvre du savoir a enrichi les sociétés développées de façon spectaculaire, dépassant les espoirs les plus fous de n'importe quelle société antérieure, les échecs, qu'ils se traduisent par la pauvreté ou l'alcoolisme, la délinquance juvénile ou la toxicomanie, semblent symptomatiques d'une faillite de la société. Autrefois, il allait de soi que tout le monde ne pouvait pas réussir. Dans la société du savoir, non seulement les échecs heurtent notre sens de la justice, mais ils mettent en cause la compétence de la société et l'idée qu'elle se fait d'elle-même.

Dès lors, qui assume les tâches sociales dans la société du savoir ? On ne peut plus les ignorer ; pourtant, comme nous venons de le voir, la communauté traditionnelle n'est plus en mesure d'y faire face.

Deux réponses contradictoires ont été apportées au cours du siècle. Toutes deux se sont avérées erronées.*

La première remonte à la fin du siècle dernier, au moment où, vers 1880, l'Allemagne de Bismarck fit timidement les premiers pas vers l'État-providence. L'idée directrice consistait à affirmer qu'il revient aux gouvernements de résoudre les problèmes sociaux, car ils pouvaient et devaient en assumer la responsabilité. La plupart des gens continuent vraisemblablement à accepter cette solution, surtout dans les pays occidentaux développés – même s'ils n'y croient plus tout à fait. Elle n'a, hélas, pas résisté à l'épreuve des faits. Depuis la Seconde Guerre mondiale, l'État-providence a partout transformé les gouvernements modernes en monstres bureaucratiques. Dans tous les pays industrialisés, le versement des prestations sociales, c'est-à-dire le paiement de toutes sortes de services, absorbe l'essentiel des budgets. Pourtant la société, loin de s'en trouver mieux, voit les problèmes sociaux se multiplier. Le Gouvernement a, certes, une vocation sociale évidente – il doit déterminer la politique à suivre, fixer les normes et, dans une grande mesure, contribuer au financement de l'effort social. En revanche, il a prouvé de façon éclatante son incompétence quasi totale pour gérer les services sociaux. Et aujourd'hui, nous savons pourquoi.

J'ai été le premier à contester la conception prédominante de l'État-providence, dès 1942, dans *The future of industrial man*. J'y expliquais que la nouvelle organisation – à l'époque, c'était la grande entreprise – devrait à l'avenir servir de communauté à l'individu, qui y trouverait à la fois sa fonction et son rang ; je pen-

* Pour une étude plus approfondie de ces problèmes, voir la troisième partie de mon ouvrage *La société post-capitaliste*, surtout le chapitre 6 et le chapitre 9.

sais que c'était sur le terrain, dans les ateliers et les bureaux, que l'on devrait résoudre les problèmes sociaux. Au Japon d'ailleurs – mais cela n'a pas le moindre lien avec mes modestes thèses – les très grands employeurs, entreprises ou administrations, ont effectivement tenté de tenir lieu de « communauté » à leurs salariés. L'emploi « à vie » n'en est qu'une facette ; le logement, la protection médicale, les vacances, tout était fourni par la société, surtout dans les grands groupes ; tout concordait donc à montrer au salarié que son employeur lui tenait désormais lieu de communauté, succédant dans ce rôle au village et à la famille d'hier. Hélas, cette formule-là non plus n'a pas fonctionné.

Il s'avère aujourd'hui nécessaire, surtout dans les pays occidentaux, de faire participer les salariés au gouvernement de la communauté d'entreprise. D'où la notion moderne de responsabilisation, qui ressemble beaucoup à ce dont je parlais il y a cinquante ans. Mais cela ne crée pas une communauté, ni les structures qui permettront à la société du savoir d'assumer ses responsabilités sociales. En réalité, qu'il s'agisse de l'enseignement ou de la santé, de s'attaquer aux tares d'une société riche et développée, comme l'alcool ou la drogue ; ou aux problèmes liés à l'incompétence et à l'irresponsabilité qui sévissent dans la « sous-classe » urbaine aux États-Unis – tous ces problèmes échappent à la compétence des employeurs.

Le rôle d'employeur appartient, et continuera d'appartenir à l'organisation. Le rapport que cette dernière entretient avec l'individu se distingue de l'appartenance à une communauté, lien indissoluble et à double sens. Même au Japon, l'emploi à vie s'est révélé impossible à garantir sauf, peut-être, pour les fonctionnaires – comme en Occident.

Il serait sans doute souhaitable de pouvoir offrir une meilleure sécurité de l'emploi que les États-Unis ne le font traditionnellement. Mais nulle part, dans le contexte d'une économie mondialisée de plus en plus concurrentielle, les employeurs, qu'il s'agisse de l'entreprise, d'une université ou d'un hôpital, ne peuvent servir de cocons. La flexibilité de l'emploi conditionne leur survie. Dans le même temps, on constate que ceux qui détiennent des connaissances avancées considèrent de plus en plus l'organisation comme l'instrument qui doit leur permettre d'accomplir leurs propres objectifs. Par conséquent, même au Japon, ils ont de plus en plus souvent tendance à rejeter toute tentative d'embrigadement dans une organisation qui tiendrait lieu de communauté. Ils refusent qu'elle les contrôle, qu'elle leur demande de s'engager pour la vie, ou de subordonner leur propres aspirations à ses objectifs et à ses valeurs. Au Japon, les cols bleus au service d'une grande entreprise ne peuvent pas toujours la quitter, s'ils le font, ils doivent le payer au prix fort, financièrement et psychologiquement. En revanche, les jeunes détenteurs du savoir attendent toujours de leur entreprise la sécurité de l'emploi. Ils se montrent cependant de moins en moins disposés à sacrifier leur vie familiale à celle-ci et commencent à envisager d'en changer si une meilleure opportunité se présente, d'un cœur aussi léger que leurs homologues occidentaux. Au cours des années quatre-vingt-dix, le *turnover* des jeunes ingénieurs des grandes corporations japonaises se rapproche à grands pas de celui qu'enregistrent les entreprises occidentales, quand il ne le dépasse pas. C'est inévitable, car les détenteurs du savoir, comme nous l'avons vu plus haut, possèdent leur propre « outil de production » ; ils jouissent donc de la liberté d'aller saisir les meilleures opportunités de se réaliser, progresser et exploiter au mieux leurs connaissances, où qu'elles se présentent.

Par conséquent, ce n'est ni l'État, ni l'employeur qui doivent prendre en charge les défis sociaux de la société du savoir. C'est le *secteur social*, une entité nouvelle et distincte.

Je crois que cela fait moins de cinquante ans que nous avons commencé, aux États-Unis, à diviser la société moderne en deux secteurs : le secteur public et le secteur privé, c'est-à-dire l'entreprise. Au cours des vingt dernières années, nous nous sommes mis à parler d'un « troisième secteur », le « secteur à but non lucratif », autrement dit l'ensemble des organisations qui tentent de relever le défi social d'une société moderne.

Aux États-Unis, où les églises indépendantes qui se font concurrence constituent une solide tradition, ce secteur a toujours existé. Aujourd'hui encore, celles-ci jouent un rôle essentiel dans le secteur social, elles fournissent presque la moitié des fonds et des heures de travail bénévole grâce auxquels fonctionnent les institutions à but non lucratif. Mais c'est la partie laïque du secteur social qui connaît la croissance la plus rapide. En cette dernière décennie du siècle, environ un million d'associations caritatives se consacrent au secteur social. En grande majorité, environ 70 %, elles ont vu le jour au cours des trente dernières années. La plupart offrent des services destinés à la collectivité et se préoccupent davantage de ce qui se passe en ce bas monde qu'au Royaume des Cieux. Un certain nombre de ces organismes sont, bien sûr, d'inspiration religieuse, mais, même parmi ceux-ci, peu sont officiellement rattachés à une église. Ils se consacrent à des tâches sociales bien précises comme, par exemple, la réinsertion des alcooliques, des toxicomanes, ou des criminels, ou encore l'éducation des jeunes enfants. Même au sein de la partie la plus engagée religieusement du secteur social, celles qui ont fait preuve d'une capacité de développement rapide sont radicalement nouvelles. Il s'agit de ce que l'on appelle les églises « pastorales », en pleine croissance, qui tentent en priorité de répondre aux besoins spirituels des individus, en particulier les travailleurs du savoir ayant bénéficié d'une formation intellectuelle ; et mettent ensuite l'énergie spirituelle de leurs recrues au service des problèmes sociaux de la collectivité, surtout bien sûr en milieu urbain.

L'expression juridique « à but non lucratif » ne signifie pas grand-chose, si ce n'est que la fiscalité américaine les exonère d'impôts. De toute manière le statut juridique n'a rien à voir avec la façon dont ces organismes s'acquittent de leur tâche. Depuis 1960 ou 1970, nombre d'hôpitaux américains ont opté pour un statut qui ne les différencie en rien d'une entreprise normale ; cela ne les empêche pas de fonctionner exactement comme les hôpitaux traditionnels « à but non lucratif ». Ce n'est pas le statut juridique et fiscal qui compte. Ce qui importe, c'est que les institutions du secteur social s'assignent une mission différente. Le Gouvernement est là pour faire respecter la loi ; l'entreprise pour gagner de l'argent – elle fournit des produits et des services, qu'elle fait payer. Les institutions du secteur social se donnent pour objectif de *transformer l'homme*. Le « produit » d'une école, c'est l'élève qui a appris quelque chose. Le « produit » de l'hôpital, c'est un malade guéri. Et le « produit » d'une église, c'est un pratiquant, dont la vie est transformée. *La tâche que s'assignent les organisations du secteur social, c'est de créer de la santé humaine.*

De plus en plus souvent, ces organisations ont une seconde mission importante : *elles créent de la citoyenneté.* La société et la cité modernes sont aujourd'hui si complexes et si immenses que la citoyenneté, autrement dit la participation responsable, n'est plus possible. En tant que citoyens, tout ce que nous pouvons faire, c'est de voter de temps en temps et de payer régulièrement nos impôts.

En revanche, en œuvrant volontairement pour une institution du secteur social, l'individu peut à nouveau faire une différence. Aux États-Unis, où la tradition du bénévolat existe depuis fort longtemps en raison de l'indépendance des églises, presque un adulte sur deux consacre au moins trois, souvent cinq heures par semaine au bénévolat pour une institution du secteur social. Seule la Grande-Bretagne partage cette tradition, qui y est nettement moins développée. Je pense que ce décalage provient partielle-ment du fait que la couverture sociale y est plus généreuse, mais surtout de l'existence d'une religion d'état, gérée comme une administration, avec un clergé payé par l'État. La tradition du bénévolat n'a guère pris d'extension en dehors des pays de langue anglaise. Je dirais même que l'État moderne, en Europe et au Japon, s'y montre ouvertement hostile, notamment en France et au Japon, où l'on a longtemps craint que les « bonnes œuvres » ne soient l'apanage de réactionnaires peut-être subversifs.

Mais, même dans ces pays, une évolution se dessine. En effet, la société du savoir a besoin du secteur social, qui a lui-même besoin de bénévoles. Quant aux travailleurs du savoir, ils ont besoin d'une sphère leur permettant de se comporter en citoyens, au sein de laquelle ils puissent créer une communauté. L'organisation ne la leur fournit pas.

Il y a quarante ans, le concept de l'homme se consacrant corps et âme à son entreprise prévalait – rien ne s'est avéré faux plus vite. À la vérité, plus vous avez de satisfactions professionnelles grâce au travail du savoir, plus vous avez besoin d'une sphère d'activité communautaire distincte. Le bénévole qui travaille dans une église américaine comme conseiller conjugal pour les jeunes couples, s'occupe des enfants en difficulté dans le cadre de l'entraide scolaire et des enfants normaux dans celui du scoutisme – il existe des milliers d'activités bénévoles de ce genre – se crée une sphère de réalisation personnelle tout en s'intégrant à une communauté dont les membres partagent les mêmes valeurs et œuvrent ensemble au bien commun.

Les organisations du secteur social entreront souvent dans des partenariats avec l'État – dans le cadre de « privatisations », un peu à la manière dont une ville confie le nettoyage des rues à une société privée. Le système scolaire américain verra sans doute, dans les vingt ans à venir, le développement de « bons » financés par le gouvernement, qui permettront aux parents d'inscrire leurs enfants dans différentes écoles de leur choix, dont certaines appartiendront au secteur public, d'autres au secteur privé, les « bons » des parents assurant alors la majorité de leurs ressources financières. Tout en étant partenaires de l'État, elles seront manifestement aussi en concurrence avec lui. Il faudra réfléchir aux rapports qui s'établiront entre les deux, pour lesquels il n'existe pratiquement pas de précédent. En fait, le seul précédent dont nous disposons, celui des rapports entre le département de la Défense des États-Unis et ses fournisseurs privés, montre que les rapports sont complexes, exigent l'interdépendance et la confiance mutuelle, alors que subsiste une méfiance profonde et des tiraillements constants en surface.

Autre sujet de réflexion, la « performance » des organisations du secteur social, surtout celles qui, à vocation caritative, « à but non lucratif », ne possèdent pas la discipline du compte d'exploitation. À ce sujet, je me permets de vous renvoyer à mon ouvrage *Managing the NonProfit Organization*, publié en 1992. Nous savons que les organisations du secteur social ont besoin de gestion. Mais on commence à peine à se pencher sur ce que cela recouvre précisément. En ce qui concerne la gestion des organisations du secteur social, nous sommes à peu près aussi avancés que nous l'étions il y a cinquante à soixante ans pour celle des entreprises, c'est-à-dire que la réflexion est à peine entamée.

Une chose est sûre, cependant : la société du savoir comportera forcément *trois secteurs* : un secteur public, l'État ; un secteur privé, le monde de l'entreprise ; et un secteur social. Je pense qu'il apparaît de plus en plus clairement que c'est dans et par le secteur social qu'une société moderne développée peut recréer une citoyenneté active et responsable et rendre à l'individu, surtout celui qui détient le savoir, une sphère au sein de laquelle il pourra contribuer à l'amélioration de la société et recréer la communauté.

III. L'ÉCONOMIE DU SAVOIR ET LA CITÉ

L'émergence de la société du savoir et de l'ère des organisations entraîne des conséquences *politiques* profondes :
- elle crée un nouveau centre de la politique ;
- elle bouleverse la politique économique ;
- elle modifie la capacité de fonctionnement du gouvernement.

Le système scolaire et la formation intellectuelle au cœur de la société

Le savoir constitue désormais la ressource clé – pour la puissance militaire d'un pays comme pour sa puissance économique. Or ce savoir ne peut s'acquérir que par un processus formel, autrement dit à l'école.

En tant que ressource clé, il est fondamentalement différent, de la terre, du travail, et même du capital, les autres ressources clés traditionnelles. Transnational, il n'est lié à aucun pays. Il est portable. Il peut être créé partout, rapidement et sans grande dépense. Enfin, par définition, il est changeant. Il devient toujours obsolète en un temps très court. La seule chose qui soit prévisible, pour un avantage concurrentiel fondé sur le savoir – qu'il s'agisse d'un pays, d'un secteur industriel ou d'une institution (entreprise ou université), ou encore d'un individu – c'est que cet avantage sera bientôt remis en cause, et vraisemblablement par un nouveau venu total.

Ne serait-ce que pour cette unique raison, l'acquisition de connaissances, l'action d'apprendre, ne peut plus s'interrompre, quel que soit l'âge. « Apprendre à vie », la nouvelle expression à la mode, constitue sans doute une hyperbole ; bon nombre de personnes cessent d'apprendre au moment où elles quittent la vie active. Il n'en demeure pas moins que tout travailleur du savoir aura, de plus en plus, l'obligation d'acquérir de nouvelles connaissances tout au long de sa vie active.

L'école ne pourra plus se contenter d'être un lieu où l'on s'occupe des jeunes qui ne sont pas encore en âge de travailler. Elle assumera désormais le rôle de *partenaire* des adultes, ainsi que des organisations qui les emploient. À leur tour, les organisations du secteur public et du secteur privé et les associations caritatives devront devenir, vis-à-vis de leurs salariés et de leurs bénévoles, des lieux d'enseignement, directement ou en partenariat avec le système scolaire.

Le système éducatif et scolaire posera sans nul doute un problème politique crucial. À l'évidence, tout système éducatif existant exprime des valeurs politiques et sociales fondamentales (Cf mon ouvrage de 1989, *Les nouvelles réalités*). Autrefois cependant, ni les contenus, ni la qualité, ni la productivité ou le rendement des écoles et du système scolaire ne constituaient des problèmes *publics* majeurs. Ils concernaient essentiellement l'éducateur. Désormais, ils auront une dimension politique, aux États-Unis nous en sommes presque là.

L'économie du savoir concurrentielle

Le savoir est devenu la ressource essentielle, et cela témoigne de la réalité de l'économie mondiale. Une réalité dorénavant bien plus contraignante que celle de l'économie nationale. Chaque pays, chaque secteur industriel, chaque entreprise va en effet se trouver dans un environnement de plus en plus concurrentiel. Chaque pays, chaque secteur industriel, chaque entreprise devra, au moment de prendre une décision, en étudier sérieusement les retombées sur sa situation concurrentielle dans l'économie mondialisée. Et vérifier la compétitivité de ses compétences en matière de savoir.

La corrélation directe entre le savoir et une économie mondiale hautement concurrentielle sous-tendait déjà la mutation de l'économie internationale après la Seconde Guerre. Ainsi, la montée en puissance du Japon s'est fondée sur la mise en œuvre de connaissances, à commencer par le management et la formation, que les Américains avaient développées pendant la Seconde Guerre mondiale. Le processus n'a commencé que vers 1950-1952. Pourtant, dès 1960, il avait abouti à la création d'une économie capable d'attaquer les plus grandes entreprises industrielles du monde sur leur propre terrain. La Corée devait s'engager, quelques années plus tard, sur la même voie.

Ce schéma n'est plus applicable. La combinaison de faibles coûts salariaux et d'une haute productivité ne suffit plus à conférer un avantage concurrentiel suffisant pour fonder le développement d'une grande économie. En revanche, le même processus, appliqué à une connaissance avancée, en ingénierie, en marketing ou en recherche, peut conduire, très rapidement, à des résultats similaires.

Voilà du moins, ce qu'indique l'expérience de Singapour. En 1965, lorsque la ville se détacha de la Malaisie et prit son indépendance, son principal atout résidait dans la main-d'œuvre non qualifiée des dockers. Une douzaine d'années plus tard, Singapour s'était propulsée dans l'économie mondiale par le biais d'exportations de produits manufacturés demandant peu de savoir-faire, et fabriqués grâce à une main-d'œuvre peu coûteuse mais bien formée. Simultanément, le Gouvernement faisait tout pour favoriser l'essor de l'enseignement supérieur, qu'il finançait. Aujourd'hui, l'économie de Singapour ne repose plus sur la production d'une main-d'œuvre à bas salaires. La ville exporte désormais des produits à haute valeur ajoutée, de conception hautement sophistiquée – médicaments, produits électroniques, ordinateurs, équipements destinés aux télécommunications, systèmes optiques – grâce à une main-d'œuvre jeune, ayant reçu une solide formation intellectuelle. Singapour compte désormais sur les travailleurs du savoir qu'elle a formés. En moins de quinze ans, ils ont même appris à concevoir des produits de pointe.

Aujourd'hui, la ville s'appuie sur cette compétence récemment acquise pour s'arroger, grâce à ses banquiers, ses industriels et ses spécialistes de la grande distribution, une position de leader dans le capitalisme naissant de la Chine continentale.

La vie politique et les décisions des gouvernements restent, dans tous les pays, largement dominées par des préoccupations d'ordre purement national. Fort peu d'hommes politiques, de journalistes et de fonctionnaires regardent par-delà les frontières lorsqu'on discute d'une nouvelle mesure fiscale, de la réglementation des entreprises ou de dépenses sociales. L'Allemagne est certainement le pays européen le plus conscient de l'importance de ses exportations, celui qui en dépend le plus. Eh bien! En 1990, presque personne n'a soulevé le problème des conséquences éventuelles sur la compétitivité du pays des dépenses considérables consenties par le gouvernement fédéral dans l'ex-Allemagne de l'Est.

On ne peut plus se permettre ce genre de comportement. Chaque pays, chaque secteur industriel devra prendre conscience que la question primordiale n'est pas de savoir si une chose est désirable ou non, mais bien quel en sera l'impact sur la position concurrentielle du pays ou du secteur industriel concerné sur les marchés mondiaux. Pour résoudre les problèmes de l'environnement, nous nous imposons, aux États-Unis, d'accompagner toute décision politique d'une déclaration sur son impact écologique. Il faudrait adopter une démarche semblable pour la compétitivité. Les conséquences d'une décision sur la situation concurrentielle ne sauraient être le principal, ni même le seul facteur. En revanche, il serait irresponsable de ne pas en tenir compte.

Pour résumer, le fait que le savoir soit devenu la ressource clé signifie que la situation concurrentielle d'un pays dans l'économie mondiale déterminera de plus en plus sa prospérité intérieure. Depuis 1950, la capacité à améliorer la compétitivité internationale d'un pays est devenu le principal, si ce n'est le seul, déterminant de sa performance économique *intérieure*. Les politiques économiques intérieures n'ont, quant à elles, eu quasiment aucun effet, positif ou négatif – à l'exception des politiques inflationnistes, qui détruisent très rapidement la compétitivité internationale d'un pays, sa stabilité économique et son potentiel de croissance.

La « primauté des affaires étrangères » remonte à la politique européenne du XVIIᵉ siècle. Depuis la Seconde Guerre mondiale, ce vénérable précepte est reconnu également de ce côté de l'Atlantique, mais à contrecœur et uniquement en raison d'une « urgence temporaire ». Il s'agissait d'accorder la priorité à la sécurité militaire sur les considérations de politique intérieure – je pense que cette nécessité continuera à prévaloir, guerre froide ou pas. Aujourd'hui, la « primauté des affaires étrangères » se place sur un autre terrain. Elle affirme que la situation concurrentielle d'un pays dans l'économie mondiale – de même que celle d'un secteur industriel ou d'une entreprise – doit être la première préoccupation de sa politique économique et de sa stratégie. Qu'on ne s'y trompe pas, ce principe concerne également les pays marginalement impliqués dans l'économie mondiale – à supposer qu'il en existe – ainsi que les entreprises qui travaillent essentiellement pour le marché intérieur, et les universités qui ne se sentent aucune vocation internationale. Le savoir ne connaît pas de frontières. Il n'y a pas, d'un côté, le savoir à consommation intérieure, et de l'autre, le savoir international. Il y a le Savoir, avec un grand S, c'est tout. Dès lors qu'il devient la ressource essentielle, la seule économie qui compte, c'est l'économie mondiale, même si l'organisation, prise individuellement, opère dans un cadre national, régional ou local.

Le fonctionnement de l'État

L'émergence de l'ère des organisations aboutit à une remise en cause du rôle de l'État. On confie de plus en plus souvent les tâches sociales à des organisations individuelles, chacune ayant vocation à en accomplir une et une seule, qu'il s'agisse d'éducation, de santé, ou du nettoyage des rues. D'où le pluralisme croissant de nos sociétés. Nos théories sociales et politiques considèrent pourtant toujours l'État comme le seul et unique détenteur du pouvoir. Il est vrai que, depuis le XIVe siècle, l'histoire et la politique occidentales n'ont tendu, pendant cinq siècles, qu'à détruire, ou au moins désarmer tous les autres. Ce mouvement a culminé au XVIIIe et au XIXe siècle. À cette époque en effet, tous les vestiges des institutions antérieures qui pouvaient encore lui faire concurrence, comme les universités ou les églises, ont été nationalisés et leur personnel fonctionnarisé. C'est alors, dès le milieu du XIXe siècle, que de nouveaux centres de pouvoir ont surgi, à commencer par l'entreprise moderne, qui a vu le jour vers 1870. Depuis lors, de nouvelles organisations n'ont cessé de se créer.

Il ne s'agit pas d'un nouveau « féodalisme », le terme suppose en effet que « le pouvoir public [soit] aux mains du privé »*. Sous l'Ancien régime, l'aristocratie terrienne, les abbayes, les villes libres ou les grandes compagnies de négoce comme la Compagnie des Indes, tous ces anciens corps constitués voulaient gouverner. Chacun dans sa sphère, ils avaient soif de souveraineté. Ils exigeaient de contrôler la justice rendue à leurs membres, souhaitaient battre monnaie, tentaient de réglementer les échanges et le commerce sur leur territoire. Dans de nombreux cas, ils levaient leurs propres armées.

À l'ère des organisations, les nouvelles institutions ne s'intéressent en revanche pas du tout au « pouvoir public ». Elles ne souhaitent pas gouverner. Mais elles exigent, et cela correspond à une nécessité réelle, l'autonomie pour tout ce qui relève de leur fonction. Même sous le stalinisme le plus extrême, les patrons des grandes entreprises industrielles étaient maîtres chez eux et chaque secteur industriel jouissait d'une importante autonomie. Il en allait de même de l'université et des laboratoires de recherche, et à plus forte raison de l'armée.

* La citation est de J. R. Strayer, spécialiste américain du moyen âge

Dans le pluralisme d'antan, le féodalisme de l'Europe médiévale, ou sous l'ère Edo du Japon au XVIIe et au XVIIIe siècle, toutes les organisations pluralistes, que ce soit les barons dans l'Angleterre de la Guerre des deux roses ou le *daimyo* – le seigneur local du Japon de l'ère Edo – tentaient de garder la maîtrise de tout ce qui se passait au sein de leur communauté ; ou au moins d'empêcher qui que ce soit d'autre d'exercer son autorité sur les affaires ou les institutions de leur domaine.

Mais à l'ère des organisations, chacune des nouvelles institutions ne s'occupe que de ce qui touche à sa vocation et à sa mission, sans prétendre exercer le moindre pouvoir sur autre chose. Mais aussi sans assumer la responsabilité de quoi que ce soit d'autre. *Dès lors, qui assume la responsabilité du bien commun ?*

Tel a toujours été le problème, jamais résolu, du pluralisme, qui se pose aujourd'hui sous des formes nouvelles. Jusqu'à présent, on imposait des limites à ces institutions en leur interdisant d'empiéter, dans le cadre de leur mission, de leur fonction et de leur intérêt, sur le domaine public ou de contrevenir à la politique de l'État. Toutes les lois adoptées aux États-Unis contre la discrimination (fondée sur la race, le sexe, l'âge, l'éducation, la santé, etc.) au cours des quarante dernières années interdisent les comportements socialement indésirables. Mais la question de la « responsabilité sociale » de ces institutions se pose de plus en plus. Que doivent-elles faire – en dehors de leur propre mission, pour *promouvoir* le bien commun ? Il s'agit là, bien que nul ne semble s'en rendre compte, d'une demande de retour au pluralisme à l'ancienne. Cela revient en effet à réclamer de confier une partie du « pouvoir public aux mains du privé ».

L'exemple du système scolaire américain démontre très clairement que cette tendance peut menacer sérieusement le fonctionnement des nouvelles organisations. Si nos écoles parviennent de moins en moins bien à s'acquitter correctement de leur tâche, qui consiste à enseigner aux enfants des connaissances et des compétences élémentaires, c'est certainement que, depuis les années cinquante, le gouvernement fédéral en a fait le vecteur de toutes sortes de politiques sociales, à commencer par la lutte contre la discrimination raciale et toutes les discriminations dont souffrent d'autres « minorités », tels les handicapés. Il n'est pas évident que cette démarche ait permis de remédier aux maux de notre société ; jusqu'à nouvel ordre, l'école n'a pas constitué un outil de réforme sociale particulièrement efficace. En revanche, il paraît hors de doute que faire de l'école l'organe de politiques sociales a gravement nui à sa capacité d'accomplir sa mission.

Le nouveau pluralisme n'a pas encore répondu à une question que l'ancien avait déjà laissée sans réponse : qui se charge du bien commun quand les institutions dominantes de la société se cantonnent chacune à leur domaine ? À cela s'ajoute une nouvelle question : comment maintenir la capacité de performance des nouvelles institutions tout en maintenant la cohésion de la société ? La mise en place d'un secteur social fort et fonctionnel revêt donc une double importance. Tout porte à croire que ce secteur social jouera un rôle de plus en plus décisif quant à la performance, sinon à la cohésion, de la société du savoir.

Puisque la première des nouvelles organisations a été l'entreprise, il y a cent cinquante ans, le problème de la société des organisations a d'abord été assimilé aux rapports entre l'État et le monde des affaires. Tout naturellement, on a pensé que les nouveaux « intérêts » en jeu étaient d'ordre économique.

La première tentative de conférer un cadre politique à la société des organisations qui était en train de naître a donc consisté à faire en sorte que les intérêts économiques servent le processus politique. Mark Hanna, qui a restauré le Parti républicain dans les années 1890 et fut, à plus d'un titre, le père fondateur de la politique américaine du XXe siècle, a été le premier à s'attaquer à ce problème. Il définissait la politique comme un déséquilibre dynamique entre les grands intérêts économiques – l'agriculture, le monde des affaires et celui du travail – définition sur laquelle reposa la politique américaine jusqu'à la Seconde Guerre mondiale. Franklin D. Roosevelt donna un nouveau souffle au Parti démocrate en reformulant les conceptions de Hanna. Elles se trouvent admirablement résumées dans le titre de l'ouvrage le plus influent qui ait été écrit pendant le New Deal : *Politics : Who Gets What, When, How*, de Harold D. Laswell.

En 1896, Mark Hanna était déjà tout à fait conscient que les préoccupations économiques ne sont pas les seules. Il lui paraissait cependant évident, comme à Franklin D. Roosevelt, quarante ans plus tard, qu'il fallait se servir des intérêts économiques pour intégrer tous les autres. La plupart des analyses politiques contemporaines reposent sur cette conception, de même que la politique de tous les pays développés. Mais ce n'est plus tenable. En effet, le raisonnement de Hannah se fondait sur l'existence de trois « ressources » : la terre, le capital et le travail. Or le savoir, nouvelle ressource clé de la performance économique, n'est pas économique par nature.

Il ne s'achète ni ne se vend. Les *fruits* du savoir, comme les revenus d'un brevet, peuvent certes s'acheter et se vendre. Mais les connaissances qu'il a fallu mettre en œuvre pour aboutir au brevet ne sont pas monnayables. Même si un étudiant en médecine versait une fortune à un neurochirurgien, ce dernier ne pourrait lui vendre – et sans doute pas lui transmettre – les connaissances sur lesquelles reposent sa performance et ses revenus. L'acquisition du savoir a un coût, comme toute acquisition. Mais pas de prix.

Les intérêts économiques ne peuvent donc plus intégrer toutes les autres préoccupations ou intérêts. Dès que le savoir est devenu la ressource économique clé, l'intégration des intérêts et celle du pluralisme de la cité moderne ont commencé à s'effriter. Les intérêts non économiques prennent de plus en plus de place au sein du nouveau pluralisme, on voit se multiplier des organisations vouées à des « intérêts spéciaux » ou à « une seule cause ». En revanche, on ne peut plus dire que la politique consiste uniquement à déterminer « qui reçoit quoi, quand et comment », elle doit aujourd'hui se préoccuper de valeurs, chacune étant considérée comme un absolu. Impossible, par exemple, d'ignorer le conflit entre le « droit à la vie » de l'embryon et le droit de la femme à disposer de son corps comme elle l'entend et donc d'avorter si elle le souhaite. Impossible d'ignorer l'environnement ; ou la nécessité de rétablir l'égalité au bénéfice des groupes qui se plaignent d'être opprimés ou de faire l'objet de discrimination. On le voit, aucun de ces problèmes n'est d'ordre économique ; ils relèvent tous, fondamentalement, de l'ordre moral.

On peut toujours parvenir à un compromis, quand il s'agit d'intérêts économiques, d'où l'avantage de fonder dessus la politique. Le vieux dicton « une demi-miche de pain, c'est encore du pain », n'a rien perdu de sa pertinence. En revanche, le demi-bébé issu du jugement de Salomon n'est plus un enfant, mais un petit cadavre mutilé. Aucun compromis ne s'avère possible, dans l'ordre moral. Pour un écologiste, « la moitié d'une espèce en voie de disparition », c'est une espèce éteinte.

Voilà qui aggrave considérablement la crise du gouvernement moderne. Les journaux et les commentateurs continuent de présenter en termes économiques ce qui se passe à Washington, Londres, Bonn ou Tokyo. Mais les groupes de pression qui tentent d'influer sur les politiques gouvernementales ne représentent plus exclusivement des intérêts économiques. Ils se battent aussi pour ou contre des mesures auxquelles ils attachent une valeur morale, spirituelle ou culturelle. Chacune de ces préoccupations, représentée par une nouvelle organisation, prétend incarner un absolu. Partager leur miche de pain, ce n'est pas transiger mais trahir.

Ainsi, la société des organisations n'est-elle pas mue par une seule force d'intégration grâce à laquelle les organisations isolées au sein de la société et de la communauté se regrouperaient pour former des coalitions. Les partis politiques traditionnels – qui constituent peut-être les créations politiques les plus réussies du XIXe siècle, ne peuvent plus intégrer des groupes et des points de vue divergents en une commune poursuite du pouvoir. Au lieu de cela, ils sont le théâtre de luttes à couteaux tirés entre les groupes qui les composent, chacun luttant pour une victoire écrasante, en vue de la reddition sans condition de l'ennemi.

Cet état de choses soulève à nouveau la question de savoir comment l'État peut fonctionner. Dans les pays où la tradition d'une puissante bureaucratie reste fortement implantée, comme le Japon, l'Allemagne et la France, l'administration continue à tenter de cimenter l'État. Mais, même dans ces pays, la cohésion du gouvernement se trouve de plus en plus affaiblie par les intérêts particuliers, essentiellement d'ordre moral et non économique.

Depuis Machiavel, la science politique s'est concentrée sur la conquête et l'exercice du pouvoir. Machiavel et, après lui, les politologues et les hommes politiques, sont tous partis du principe qu'une fois qu'un gouvernement a conquis le pouvoir, il peut fonctionner. Désormais, il va d'abord falloir se demander quelles sont les fonctions que le gouvernement et lui seul peut et doit exécuter, et ensuite comment l'État doit s'organiser de façon à s'acquitter correctement de ses fonctions dans une société des organisations.

CONCLUSION : LES TÂCHES PRIORITAIRES. LE BESOIN D'INNOVATIONS SOCIALES ET POLITIQUES

Le XXIe siècle sera certainement encore marqué par des bouleversements et des difficultés d'ordre social, économique et politique, au moins pour les premières décennies. L'ère des transformations sociales n'est pas achevée. Les défis qui se préparent seront peut-être plus terrifiants et plus graves que ceux qu'ont entraîné les transformations sociales déjà opérées au XXᵉ siècle.

Mais, avant de nous pencher sur les problèmes que nous réserve l'avenir, il nous faut résoudre ceux auxquels nous sommes déjà confrontés ; *ce sont des tâches prioritaires*. Les pays développés, démocratiques, d'économie de marché ne peuvent espérer avoir la cohésion sociale, l'économie en bon ordre de marche et la capacité gouvernementale de relever ces nouveaux défis que dans la mesure où ils s'attachent d'abord à résoudre les problèmes existants. Pour les sociologues, les politologues, les économistes, les éducateurs, les chefs d'entreprise ; les hommes politiques et les responsables d'associations caritatives ; pour les parents, les salariés et les citoyens, la nécessité s'impose de s'attaquer à ces tâches prioritaires. Cependant, nous pouvons rarement nous appuyer sur des précédents, à plus forte raison sur des solutions éprouvées.

En résumé, voici quelques-unes des plus importantes :

- Il nous faudra repenser *le système éducatif* ; ses objectifs, ses valeurs, le contenu de l'enseignement. Il nous faudra aussi apprendre à définir la *qualité* de l'enseignement ainsi que sa *productivité*, afin d'être en mesure de les mesurer et des les maîtriser.
- Il sera indispensable d'accomplir un travail systématique concernant *la qualité et la productivité des connaissances* – ni l'une ni l'autre n'ont encore été définies. La capacité de performance et sans doute même la survie de toute organisation de la société du savoir en dépendront toujours davantage. La capacité de performance et la survie de l'individu en dépendront tout autant. Quelle est la *responsabilité* du savoir ? Quelles sont les responsabilités des détenteurs de savoir, particulièrement de ceux qui détiennent des connaissances de pointe, par conséquent hautement spécialisées ?
- De plus en plus, la *politique* de tout pays, surtout dans le monde développé, devra accorder une importance prioritaire à sa situation concurrentielle dans une économie mondialisée de plus en plus compétitive. Toute politique intérieure envisagée devra être conçue de façon à améliorer la situation concurrentielle sur les marchés internationaux, ou au moins de minimiser ses effets négatifs à cet égard. La même néces-

sité s'impose aux politiques et stratégies de toute institution au sein de la nation, qu'il s'agisse des collectivités locales, des entreprises, des universités, ou des hôpitaux.

- Il faudra développer une *théorie économique* appropriée à la primauté d'une économie mondiale dans laquelle le savoir constitue désormais la ressource économique essentielle et la source première – voire la seule – d'avantage concurrentiel.

- Nous commençons à comprendre le nouveau mécanisme intégrateur, c'est-à-dire l'*organisation*. Mais il nous reste à réfléchir à la façon dont il sera possible de conjuguer deux exigences contradictoires. Les organisations doivent s'acquitter de la seule fonction sociale qui constitue leur raison d'être – l'école doit enseigner, l'hôpital, soigner les malades, l'entreprise, produire ; les services et le capital, prémunir les autres activités contre les risques du futur. À chacun son métier ; il est essentiel de ne pas se disperser. D'autre part, la société a besoin que les organisations assument leurs responsabilités sociales, autrement dit qu'elles s'attellent à résoudre les problèmes et à relever les défis de la communauté. Le développement d'un *secteur social* puissant, efficace et indépendant ; distinct à la fois du secteur public et du secteur privé, de l'État et du monde des affaires, constitue par conséquent un besoin crucial de la société des organisations. Ce secteur social ne saurait toutefois suffire à la tâche : les organisations du secteur public et du secteur privé devront porter leur part du fardeau.

- La *fonction de l'État* et son *fonctionnement* se trouveront, de plus en plus, au cœur de la réflexion et de l'action politique. Notre siècle a vu l'État grandir démesurément ; mais que ce soit sous forme totalitaire ou démocratique, les conséquences n'ont pas été très positives. Il n'a tenu aucune de ses promesses. Lorsque le Gouvernement est aux mains des groupes de pression rivaux, les résultats ne sont ni particulièrement impressionnants – car on aboutit très vite à la paralysie – ni particulièrement séduisants. Pourtant, le besoin d'un État efficace n'a jamais été si pressant que dans ce monde farouchement concurrentiel, en mutation constante, qui est le nôtre, où les dangers créés par la pollution de l'environnement ne sont égalés que par une pollution autrement plus grave, la dissémination des armes sur toute la surface de la planète.

Nous ne disposons même pas d'une ébauche de théorie politique, ni des institutions nécessaires pour gouverner efficacement la société des organisations fondées sur le savoir.

Si le XXe siècle a été une période de transformations sociales, il faudra que le XXIe siècle soit celui des innovations sociales et politiques.

[1994]

18

Travail du savoir et égalité des sexes

Pour les tâches réclamant une compétence ou conférant du prestige, toutes les cultures et toutes les civilisations ont, de tout temps – à part au cours des dernières décennies – distingué et séparé les hommes des femmes. La conviction, si fortement ancrée aujourd'hui, que le prestige social des femmes, les postes qu'elles occupent, ont toujours été inférieurs à ceux des hommes, s'avère erronée. Je dirais plutôt que les hommes se trouvaient en concurrence avec d'autres hommes, les femmes avec d'autres femmes. Aujourd'hui cependant, le travail du savoir supprime toute distinction entre hommes et femmes, ils occupent les mêmes postes, se concurrencent et travaillent collégialement dans la même arène.

Il ne s'agit encore que d'une expérience, mais pratiquement tous les pays industrialisés – à commencer, bien sûr, par les États-Unis – y sont engagés. Il semble peu probable, mais pas exclu, qu'elle échoue, soit négligée ou abandonnée au bout de quelques dizaines d'années. Après tout, de nombreuses personnes – mais pas tout le monde, loin de là – jugent sévèrement l'expérience précédente, le mouvement féministe qui a débuté dans les premières années du XIXᵉ siècle, et se donnait pour modèle la « femme d'intérieur bourgeoise et cultivée » . La « liberté des femmes » consistait, dans cette perspective, à ne pas être obligées de travailler.

Les femmes ont cependant toujours travaillé autant que les hommes. Un homme ou une femme seule ne pouvaient en aucun cas exploiter une ferme, les paysans devaient impérativement se marier. Le joaillier ou le savetier avaient, eux aussi, besoin d'une femme qui avait elle-même besoin de son joaillier ou de son savetier de mari. Ni l'un ni l'autre ne pouvaient faire tourner seuls l'atelier. Le boutiquier devait avoir une épouse, tandis qu'à l'inverse, aucune femme ne pouvait gérer seule un magasin.

Soulignons toutefois que les hommes et les femmes ne faisaient le même travail que lorsqu'il s'agissait de tâches simples. Pour creuser des fossés, pour cueillir du coton, ils travaillaient ensemble. En revanche, toute tâche demandant une compétence, conférant du prestige ou permettant de gagner un peu plus que le minimum vital appelait une ségrégation par le sexe. Les potiers étaient toujours des hommes. C'était les vieilles filles, et non les hommes célibataires, qui faisaient figure de laissés pour compte.

Dans toutes les sociétés primitives qu'ont étudié les anthropologues, les tâches exigeant des compétences ou conférant du prestige ont toujours correspondu à une stricte ségrégation par le sexe. Aux îles Trobriades, qu'a étudiées Malinovski (1884-1942) à l'époque de la Seconde Guerre mondiale, les hommes construisaient les bateaux, en constituaient l'équipage et pêchaient ; les femmes, quant à elles, travaillaient la terre – elles cultivaient la patate douce. Les hommes remettaient la moitié de leurs prises aux femmes, qui leur offraient en échange la moitié de leur récolte.

La division des tâches fondée sur le sexe restait encore de rigueur en Europe et aux États-Unis au XIXe siècle. Le premier métier faisant appel à des connaissances à s'ouvrir aux femmes a été inventé par Florence Nightingale en 1854, pendant la guerre de Crimée ; c'est celui d'infirmière, conçu pour être réservé exclusivement aux femmes. De même, lorsque les machines à écrire ont envahi les bureaux, le métier de secrétaire est devenu l'apanage des femmes. Lorsque le téléphone a vu le jour, les hommes s'en sont réservé l'installation, tandis que les femmes sont, dès le début, devenues opératrices.

Jusqu'à une époque relativement récente, le « féminisme » a consisté à étendre la séparation des tâches aux travaux les plus serviles qu'hommes et femmes avaient traditionnellement accomplis ensemble. À partir de 1850, date à laquelle on a commencé à revendiquer la limitation de la durée du travail des ouvrières, le mouvement féministe a fait porter l'essentiel de son effort sur l'élargissement de l'éventail des occupations confiées aux hommes d'une part, aux femmes de l'autre, chaque sphère étant clairement définie et exclusivement féminine ou masculine.

Il se trouve que la connaissance n'est ni l'une ni l'autre, elle est neutre. Le savoir et les métiers du savoir sont également accessibles aux deux sexes.

Aussitôt que les emplois faisant appel au savoir ont été suffisamment nombreux, les femmes ont commencé à se qualifier, à faire des études pour les obtenir, et leurs efforts ont été couronnés de succès. Le mouvement a débuté à la fin du XIXe siècle, le premier secteur concerné étant l'enseignement ; il a pris de l'ampleur après la Première Guerre mondiale.

L'accession des femmes aux mêmes métiers que les hommes – je parle de métiers exigeant une formation – constitue un véritable raz de marée depuis la fin de la Seconde Guerre, c'est devenu une « grande cause » ces vingt dernières années. À l'inverse, certains hommes s'intéressent à un métier qui constituait, depuis plus d'un siècle, le seul apanage exclusif des femmes : ils deviennent infirmiers. Aux États-Unis, les deux cinquièmes des aides-anesthésistes sont des hommes, tous titulaires du même diplôme que les infirmières.

Plus on s'élève dans l'échelle des métiers du savoir, plus on a de chances de trouver des hommes et des femmes effectuant le même travail. Si être secrétaire suppose encore d'être une femme, il n'en va pas de même au sein de l'équipe de direction, généralement mixte. Ce que la précédente génération de féministes considérait comme une conquête – par exemple l'interdiction d'exécuter des travaux dangereux – les féministes actuelles l'interprètent comme une discrimination à l'encontre des femmes, voire comme de l'oppression.

À moins que ce mouvement n'échoue – ou que l'on en revienne à ce que la femme qui fait carrière paraisse aussi exceptionnelle qu'il y a un siècle, son impact sera immense, et pas uniquement sur la structure de la population active ou des carrières. C'est sur les familles que l'impact sera le plus profond.

De tout temps, toutes les tentatives d'enlever des enfants à leur mère pour les faire élever au sein d'institutions collectives – comme à Sparte, dans l'Antiquité – ont toujours été violemment combattues par les femmes, qui y voyaient une tentative de les priver de leurs droits les plus légitimes, de leur sphère d'influence, de leur rôle le plus utile. Aujourd'hui, on considère la demande de crèches et autres structures prenant l'enfant en charge pendant que sa mère travaille comme un « droit » de la femme, un élément indispensable à l'égalité des sexes.

Depuis la nuit des temps, la première tâche d'une femme adulte a toujours été de maintenir l'unité familiale et de s'occuper des enfants, tandis que la première responsabilité de l'homme consistait à faire face aux besoins de la famille. Le féminisme actuel, surtout dans sa forme radicale, affirme qu'assimiler et cantonner le rôle de la femme à la fonction de mère de famille constitue une pratique discriminatoire. Si ces tendances persistent, que deviendra la structure familiale ? Quelles en seront les conséquences pour la collectivité et la société ?

Tout cela n'est encore que spéculation. Pourtant, ce phénomène, qui échappe largement à ce que l'économie, la sociologie et la science politique considèrent normalement comme de leur ressort, sera peut-être, dans une centaine d'années, analysé comme l'innovation sociale la plus marquante du XXe siècle. C'est un renversement de l'histoire et de la tradition.

Au cours de ce siècle, la main-d'œuvre des pays industrialisés a été marquée par la passage de la prépondérance du travail manuel aux services et aux activités faisant appel au savoir. Ces évolutions revêtent une importance considérable, car elles touchent à la façon dont nous gagnons notre vie. La disparition de l'incidence du sexe sur le travail va au-delà, elle affecte profondément notre façon de vivre.

[1994]

19

Réinventer
le rôle
de l'État

Créé dans le contexte américain, le slogan « réinventer l'État » s'applique également à tous les pays développés. Le temps qui s'est écoulé depuis la mise en place des structures actuelles ; la taille, le poids et le coût des services publics conduisent à l'évidence à la nécessité de repenser l'État. L'importance du budget de l'État, le montant des déficits publics, le financement de la couverture sociale se trouvent au centre du débat actuel en Europe sur l'avenir de l'État-providence.

Al Gore, lorsqu'il promit en grande fanfare, au cours de la première année du mandat de Bill Clinton, de « réinventer l'État » , n'a pas suscité un déchaînement d'enthousiasme. Cette initiative n'a pas manqué, depuis, de publicité. La presse n'a cessé d'annoncer triomphalement la réinvention d'un service public ou d'un autre ; on a constitué d'imposantes commissions d'étude et les interviews télévisées à ce sujet se sont succédées. De toutes les réformes de politique intérieure que prévoyait le président Clinton, c'est l'une des seules où l'on ne se soit pas contenté de beaux discours. Pourtant, ni les média ni le public n'ont montré beaucoup d'intérêt pour cette question.

Et pour cause. Dans toute institution autre que l'État, ces changements, présentés comme révolutionnaires, auraient été accomplis sans autre annonce qu'une note sur le panneau d'affichage. Ce genre de décisions, un hôpital demande aux chefs de salle de les prendre seuls ; une grande banque en fait autant avec ses directeurs d'agence, et même l'entreprise la plus mal gérée sait que ses contremaîtres peuvent les prendre seuls ; tout cela semble normal et ne vaut aux intéressés ni compliments dithyrambiques ni prime exceptionnelle.

RESTRUCTURER

On cherche souvent à s'abriter derrière la « résistance de la bureaucratie » . Il paraît clair que personne n'apprécie de se faire réinventer à coups de diktats venus d'en haut. Il faut reconnaître, cependant, que les efforts de monsieur Gore ont reçu un accueil enthousiaste de nombre de fonctionnaires, surtout de ceux qui, en contact quotidien avec le public, souffrent sans cesse des chinoiseries administratives et des réglementations alambiquées. C'est déjà un résultat positif. Pourtant la montagne a accouché d'une souris.

On ne peut pas non plus invoquer le manque d'efforts. Les personnages les plus compétents et les plus dévoués de Washington se réunissent semaine après semaine – sans, hélas, aboutir à des résultats convaincants. Le vice-président Gore, qui est doué d'une énergie peu commune, met tout son poids dans la balance.

Si tous ces hommes compétents ne progressent pas plus vite, c'est à mon avis une question de méthode. Ils se contentent de chercher à résoudre des problèmes ponctuels, à gauche et à droite ; avec autant d'effet qu'un clystère sur une jambe de bois ; il faut tout remettre à plat. On ne parviendra à des résultats que lorsqu'on se décidera à changer radicalement la façon dont le Gouvernement et les services publics sont organisés et financés. Il faut instaurer les principes de l'amélioration continue, dans tous les services publics, de façon à ce qu'elle perdure d'elle-même.

Beaucoup croient, à tort, que l'amélioration continue est une invention japonaise récente, dite *kaizen*. En réalité, la méthode a d'abord été utilisée aux États-Unis, il y a presque quatre-vingts ans – depuis la Première Guerre mondiale jusqu'à son éclatement au début des années quatre-vingt, la compagnie Bell l'a appliquée à chacune de ses activités et procédures, qu'il s'agisse d'installer un téléphone chez un particulier ou de construire des commutateurs pour les centraux. Pour chacune de ces activités, la compagnie définissait les résultats, la performance, la qualité et le coût. En fixant chaque fois un objectif d'amélioration. Les cadres ne bénéficiaient d'aucune prime lorsqu'ils les atteignaient, mais ceux qui n'y parvenaient pas étaient mis hors course, on leur donnait rarement une deuxième chance.

Le *benchmarking*, autre invention tout aussi ancienne de Bell, s'avère aussi indispensable. La compagnie le pratiquait en comparant annuellement les performances d'une branche ou d'une agence avec celles de toutes les autres, la meilleure établissant l'objectif à atteindre l'année suivante par tous les services.

L'amélioration continue et le *benchmarking* sont tous deux largement inconnus des services publics. Les mettre en place imposerait des modifications radicales de la politique et des habitudes auxquelles les fonctionnaires, leurs syndicats et les élus opposeraient une obstruction farouche. Il faudrait en effet que chaque administration, et même chaque antenne locale, se fixe des objectifs de performance, de qualité et de coût. Il faudrait également définir les résultats que l'administration en question est censée produire. En outre, l'amélioration continue et le *benchmarking* supposent des incitations plutôt vigoureuses. Par exemple, un service qui ne serait pas parvenu à améliorer sa performance d'un pourcentage minimal déterminé à l'avance verrait son budget diminué de moitié – Bell ne s'y prenait pas autrement. Un attaché d'administration dont le service s'avérerait incapable d'égaler la performance des meilleurs se verrait pénalisé en termes de salaire ou, ce qui serait plus logique, d'éligibilité à l'avancement. Ceux qui n'obtiendraient aucun résultat finiraient par rétrograder ou se faire licencier.

Si de tels changements seraient manifestement considérés comme radicaux par les élus et les fonctionnaires, il n'y aurait cependant pas encore lieu de parler de réinvention de l'État. Il ne faut pas se contenter d'améliorations, même spectaculaires, de ce que l'on fait déjà – le vrai progrès consisterait à tout repenser en partant de zéro.

Toute organisme biologique ou social doit modifier sa structure profonde lorsqu'il change de taille ; lorsque celle-ci double ou triple, une restructuration complète s'impose. De la même manière, toute organisation, qu'il s'agisse d'une entreprise, d'un organisme à but non lucratif ou d'un service public, doit se repenser entièrement dès lors qu'elle a plus de quarante ou cinquante ans. La stratégie et les règles de conduite initiales se trouvent automatiquement dépassées. Si l'organisation en question reste figée dans ses pratiques anciennes, elle devient ingouvernable, ingérable et incontrôlable.

L'administration civile américaine a grandi démesurément au cours des quarante dernières années. Sa structure, sa politique et les règles qu'elle applique pour accomplir les tâches de l'État, conçues à la fin du siècle dernier, n'ont pas changé depuis 1933 – nous avons affaire à un véritable dinosaure.

Cela n'a donc aucun sens d'accuser tel ou tel président de l'état lamentable dans lequel se trouvent aujourd'hui nos administrations.

REPENSER

Dans une situation aussi confuse, la première réaction consiste toujours à faire ce que monsieur Al Gore et ses amis tentent de faire aujourd'hui, c'est-à-dire du replâtrage. Cela ne mène nulle part. Ensuite, on passe aux réductions d'effectifs. C'est ce que le gouvernement actuel envisage. Le secteur privé, il est vrai, a donné l'exemple au cours des quinze dernières années. Chaque fois qu'une très grande entreprise, comme IBM, Sears & Roebuck ou General Motors a annoncé des vagues de licenciement concernant dix, vingt, voire cinquante mille personnes, elle a simultanément annoncé que ce dégraissage ne manquerait pas d'entraîner un redressement immédiat. Un an plus tard, le redressement s'étant, bien entendu, fait attendre, on procédait à une nouvelle vague de licenciements massifs – à nouveau sans résultats. Dans nombre de cas, si ce n'est la plupart, les réductions d'effectifs reproduisent une pratique dont les chirurgiens soulignent, depuis des siècles, le caractère dangereux – l'amputation préalable au diagnostic. Le résultat est toujours le même, on fait des dégâts.

Par contraste, certaines grandes entreprises, telle la General Electric, ainsi que quelques grands hôpitaux, sont parvenus à se redresser sans tapage, en *se repensant*. Ils ne se sont pas crus obligés de commencer par licencier, car ils avaient compris que la réduction des dépenses ne mène pas directement au paradis de la maîtrise des coûts. L'important est de commencer par identifier les activités productives, qu'il convient de renforcer, de promouvoir et de développer. Chaque service, chaque stratégie, chaque pro-

gramme, chaque activité doit considérer les questions suivantes :
« Quelle est votre mission ? » « Est-ce encore la bonne ? » « Le
jeu en vaut-il toujours la chandelle ? » « Si nous ne le faisions pas
déjà, entreprendrions-nous de le faire aujourd'hui ? » Suffisamment d'organisations de toutes sortes – entreprises, hôpitaux,
églises, et même collectivités locales – s'y sont soumises pour que
l'efficacité de la méthode soit avérée.

La réponse n'est presque jamais : « Oui, tout va bien, il n'y a
rien à changer » . Dans certains domaines, je dirais même dans de
nombreux domaines, la réponse à la dernière question est la suivante : « Oui, nous l'entreprendrions à coup sûr, mais en changeant certaines choses. Nous avons, entre-temps, beaucoup appris. »

Poursuivre des activités dans lesquelles on ne se lancerait pas
aujourd'hui, constitue un gâchis. Il est préférable de les abandonner. Je n'ose pas imaginer combien de services publics s'avéreraient
dignes d'être maintenus. J'ai le sentiment, fondé sur une certaine
expérience, que le public voterait l'abandon des deux cinquièmes,
voire de la moitié de nos services publics. Et je pense qu'aucun ne
récolterait une majorité confortable de votes favorables, autrement
dit ne serait considéré comme bien organisé et fonctionnant de
façon satisfaisante.

ABANDONNER

Au total, des verdicts « Oui, mais... » ou « non, sauf... » sanc-
tionneront sans doute les trois cinquièmes ou les deux tiers de
toutes les activités de l'État. Il existe toujours des cas épineux : tel
ou tel service ou activité se révèle improductif, voire contrepro-
ductif, sans que l'on sache ce qui ne tourne pas rond, ni à plus
forte raison comment redresser la barre.

Dans une telle situation, en général, on prescrit la réforme :
celle que Bill Clinton a envisagée pour les systèmes de santé américains, et celle que propose la majorité républicaine illustrent bien
cette démarche. Dans un cas comme dans l'autre, nous avons
affaire à du charlatanisme. Réformer un système qui fonctionne
mal – à plus forte raison s'il s'avère nuisible – sans connaître précisément la cause du dysfonctionnement ne peut qu'empirer la
situation. La meilleure chose à faire, c'est de le supprimer purement et simplement.

Il serait sans doute souhaitable de conduire un petit nombre d'expériences contrôlées. Dans le domaine de la protection sociale, par exemple, nous pourrions tenter de privatiser la formation et l'insertion des personnes qui touchent des aides de l'État à long terme.

En revanche, dans certains domaines, comme l'aide militaire, il n'y a rien à tester, nous n'avons pas d'hypothèses à vérifier. Il faut abandonner.

En remettant l'ensemble du système à plat, on aboutira à une liste, au sommet de laquelle figureront les activités à renforcer. Elle se terminera par celles qui doivent être abandonnées. Entre les deux, les secteurs à réorienter ou sur lesquels il serait intéressant de tester certaines hypothèses. Dans certains cas, malgré l'absence de résultats probants, il serait bon d'accorder des délais de grâce. Notre système de protection sociale en fournit le meilleur exemple.

Il ne s'agit pas de se préoccuper uniquement de réduire les dépenses. L'objectif essentiel consiste à réaliser des progrès fantastiques en termes de performance, de qualité et de service. En fait, les économies de coût – et elles peuvent aller jusqu'à 40 % du total – c'est la cerise sur le gâteau. Le jeu en vaut la chandelle. Si nous avons le courage, effectivement, de tout repenser, nous parviendrons sans doute à éliminer le déficit fédéral en quelques années. Mais le résultat essentiel, c'est le changement de mentalité que cela doit entraîner. Nous avions traditionnellement l'habitude de classer les activités en fonction des bonnes intentions qu'elles affichaient. Désormais, on les jugera au résultat.

LES CROISADES : L'EXCEPTION QUI CONFIRME LA RÈGLE

À ce stade, je vois d'ici mon lecteur s'exclamer : « Impossible ! Jamais on ne parviendra à s'entendre sur ce qui appartient au sommet de la liste et le reste ! » Aussi étonnant que cela puisse paraître, chaque fois que la méthode a été appliquée, l'établissement de la liste n'a suscité aucun désaccord majeur, quelle que soit l'origine ou les convictions des personnes concernées. Ce n'est pas le recensement de ce qui mérite d'être maintenu, renforcé ou supprimé qui suscite les dissensions. Elles portent généralement sur la question de savoir si l'on supprime tel ou tel service, activité, etc., immédiatement ou si on lui accorde un délai pour faire ses preuves. Les activités qui entraînent des désaccords n'ont rien à voir avec les résultats obtenus, ce sont celles qui relèvent d'« impératifs moraux ».

La lutte contre la toxicomanie en fournit le meilleur exemple. La politique américaine consiste à tarir l'approvisionnement à sa source. Jusqu'à présent, on ne peut pas dire qu'elle ait été couronnée de succès. Je dirais même qu'elle contribue à la destruction de nos villes, dans la mesure où elle se traduit par des prix tellement prohibitifs des substances concernées que les toxicomanes en manque se prostituent, volent, ou tuent pour se les procurer. En l'occurrence, cependant, nous menons une croisade. Arrêter la lutte contre la drogue, même si cela devait se traduire par certaines retombées positives, serait « immoral ». Il faut donc exclure ce genre de croisade de l'analyse rationnelle sur laquelle on doit s'appuyer pour repenser le système. Heureusement, ce type de cas demeure rare. Pour le reste – c'est-à-dire 90 % des interventions de l'État – la remise à plat du système ne devrait pas susciter trop de discorde.

UN ÉTAT PERFORMANT

Vous me direz qu'il ne servirait pas à grand chose de parvenir à l'accord unanime d'un aréopage de personnalités hautement respectables, dans la mesure où les élus et les fonctionnaires concernés n'accepteraient jamais rien de tel. Les groupes de pression et les multiples intérêts en jeu ne manqueraient pas d'organiser une levée de boucliers en règle contre une réforme aussi subversive.

C'est parfaitement exact : aucune remise à plat complète ne s'avérerait possible aujourd'hui. En sera-t-il de même demain ? Si une réflexion en profondeur portant sur la performance de l'État n'a pas encore été effectuée, on en viendra sans doute à appliquer la méthode à laquelle tant de grandes entreprises ont eu recours – le « dégraissage » généralisé. Ce faisant, on détruira la performance sans pour autant réduire le déficit. En effet, il paraît prévisible que l'on supprimera de préférence les secteurs qui auraient au contraire besoin d'être renforcés.

Il suffirait de discerner précisément comment et en quoi l'État a besoin de se repenser et, à partir de cela, d'élaborer un plan d'action, pour avoir une chance. Dans les situations de crise, on se tourne vers ceux qui ont réfléchi à l'avance aux mesures indispensables. Bien entendu, aucun plan, quelle que soit la qualité de la réflexion qui l'a inspiré, ne sera jamais exécuté tel qu'il figure sur le papier. Même les dictateurs doivent transiger. Mais ce type de plan peut servir d'idéal de référence, de point de repère permettant d'évaluer quelles concessions pourraient se révéler acceptables. Cela nous éviterait peut-être d'être contraints de sacrifier des secteurs valables, qui ont besoin d'être renforcés, pour pouvoir maintenir ceux qui sont obsolètes et improductifs. Cela ne garantirait pas que tous – voire la majorité – des services improductifs seraient supprimés, mais peut-être de maintenir ceux qui méritent de l'être. Il semble vraisemblable que nous serons confrontés à ce genre de crise dans quelques années, puisque le budget de l'État et le déficit public continuent leur croissance explosive tandis que les contribuables acceptent de moins en moins les augmentations d'impôts et manifestent un mépris croissant à l'encontre de l'État et des promesses électorales.

En fait, nous sommes peut-être à la veille d'une situation qui imposerait de repenser l'État. Il s'avère, en effet, que la théorie sur laquelle tous les gouvernements du monde industrialisé ont fondé leur action depuis la Grande Crise (« Imposez sans compter, dépensez sans compter ») ne fonctionne plus. Elle ne jouit plus non plus de la faveur des électeurs. L'État-providence a échoué. Partout, aux États-Unis, en Angleterre, en Allemagne, dans l'ex-Union soviétique, l'État s'est révélé incapable de prendre en charge la collectivité et la société. Partout, les électeurs se rebellent contre la gabegie, la bureaucratie, et le poids insupportable des impôts. La contre-théorie, qui prêche le retour à l'État d'avant 1914 et a culminé dans le néo-conservatisme, s'est également discréditée. Malgré l'ascendant que ces idées ont exercé sur Ronald Reagan et Margaret Thatcher, qui ont tout fait pour les appliquer, l'État-providence, loin d'avoir régressé, connaît au contraire une croissance accélérée. Le public n'accepterait ni que l'on ampute la protection sociale, ni qu'on la maintienne en l'état.

Il nous faut donc déceler quelles interventions de l'État au sein de la collectivité et de la société jouent effectivement un rôle utile. Quels résultats doit-on espérer de chacune d'entre elles ? Quelles sont les missions dont l'administration – au niveau de l'État, de la région, du département ou de la commune* –

* Pour la France.

s'acquitte dans de bonnes conditions ? D'autres pourraient-il accomplir mieux que l'État les tâches utiles qu'il ne peut effectuer de façon satisfaisante ?

Par ailleurs, le Gouvernement ne peut pas se retirer de la scène internationale pour se consacrer exclusivement aux problèmes intérieurs. Il est indispensable de lutter contre les foyers d'incendie qui éclatent un peu partout dans le monde, en Bosnie, au Rwanda, dans l'ex-Union Soviétique, car ils ont la mauvaise habitude de se propager. En outre, la menace grandissante du terrorisme international, brandi comme une arme par des gouvernements illégitimes, ne manquera pas d'exiger une implication croissante du gouvernement dans les affaires étrangères, sans exclure les aspects militaires, et un plus grand effort de coopération.

Il semble aujourd'hui établi qu'un pays développé ne peut ni étendre les prérogatives d'un État déjà souvent surdimensionné, comme le souhaiteraient ceux qui se disent « libéraux » , ni le détruire pour retrouver l'innocence du XIXᵉ siècle, comme le voudraient ceux qui se disent « conservateurs » . L'État dont nous avons besoin devra transcender ces deux mouvements de pensée. Le mastodonte que ce siècle a enfanté est en faillite, moralement et financièrement. Il n'a pas tenu ses promesses. Un État minimaliste ne saurait pour autant lui succéder. Nous avons besoin d'un État *efficace*, c'est ce que les électeurs de tous les pays industrialisés réclament à cor et à cris.

Il ne verra le jour que si l'on parvient à élaborer ce qui nous manque cruellement, une théorie raisonnée de la mission de l'État. Aucun grand penseur – au moins depuis Machiavel, il y a presque cinq siècles – ne s'est penché sur cette question. Toute la théorie politique, de Locke aux articles que publient aujourd'hui les libéraux et les conservateurs, traite du processus gouvernemental – constitutions, limitations du pouvoir, méthodes et organisation de la chose publique. Mais aucune ne se penche sur sa substance. Personne ne pose la question de savoir ce que les fonctions normales de l'État pourraient ou devraient être, ni à quels résultats il devrait s'engager.

En repensant l'État, ses interventions, ses activités et les services publics, nous n'aboutirions certes pas à cette nouvelle théorie politique. Mais nous réunirions au passage les informations pratiques nécessaires. D'ores et déjà, il apparaît clairement que la nouvelle théorie politique qui nous fait défaut devra reposer sur l'analyse de ce qui fonctionne plutôt que sur des promesses et des déclarations de bonnes intentions. La réflexion indispensable ne nous donnera pas les réponses souhaitées, mais elle peut au moins nous obliger à poser les bonnes questions. À un moment où les citoyens font de moins en moins confiance à leurs gouvernements, la nécessité de « réinventer l'État » n'est encore qu'un slogan vide de sens. Il a cependant le mérite d'inférer ce dont les États du monde libre ont un besoin si criant.

[1995]

POST-SCRIPTUM, MAI 1995

« Nous sommes peut-être à la veille d'une situation qui imposerait de repenser l'État », avez-vous lu quelques paragraphes plus haut. Si l'on m'avait demandé, vers la fin de l'été 1994, au moment où je rédigeais cet article, ce que je voulais dire par « la veille », j'aurais répondu « quelques années » – c'était une figure de style. Or quand cet article a été publié pour la première fois, dans le numéro de février 1995 de la revue *Atlantic Monthly*, les faits s'étaient déjà chargés de transformer la petite figure de style en réalité. Le dollar avait en effet amorcé en janvier 1995 une dépréciation sur les marchés mondiaux qui se poursuit encore à l'heure où j'écris ces lignes. Cette baisse du dollar contraindra le gouvernement américain – mais aussi ceux de tous les pays développés – à se réinventer véritablement. En quelques courtes semaines, la valeur du dollar par rapport au Yen a perdu quelques 20 % et la dépréciation par rapport au Deutsche Mark s'avère presque aussi marquée. Il s'agit d'un effondrement presque sans précédent, à peine imaginable s'agissant de la monnaie d'un pays dont l'économie est la plus grande et la plus puissante du monde. Ce n'est d'ailleurs pas un événement économique qui a déclenché l'événement, mais le fait que le Sénat, à une voix près, a refusé de voter un amendement constitutionnel aux termes duquel le budget devait impérativement retrouver l'équilibre dès les premières années du siècle prochain.

En lui-même ce vote n'était pas particulièrement significatif. Même si le Sénat l'avait voté, il eût encore fallu que l'amendement fût adopté par trente-huit états sur cinquante, cela aurait pris des années, à supposer que l'on y parvienne. En outre, l'amendement en question était formulé de façon à ce que n'importe quel futur Congrès ou président n'ait aucun mal à le tourner. Il n'empêche que nos créanciers étrangers et, d'une façon générale, les marchés financiers, ont interprété le refus du Sénat comme signifiant que même les élus conservateurs du Congrès, malgré leurs belles paroles, n'acceptent aucune mesure qui puisse politiquement s'avérer douloureuse – on ne voit pas, dès lors, comment ils accepteraient de « réinventer l'État ». La défaite de cet amendement a anéanti la confiance du reste du monde envers notre pays – pas simplement la confiance envers notre monnaie, mais dans notre leadership. Voilà quarante ans que la confiance en l'économie américaine, en sa puissance et en sa stabilité servaient de socle à l'économie mondiale. Elle avait permis aux États-Unis de faire ce que nul n'avait fait avant eux : emprunter, comme c'est le cas depuis la présidence de Johnson, il y a trente ans, des sommes croissantes à l'étranger pour couvrir le déficit budgétaire américain, et de le faire – il n'existe à cela aucun précédent – dans la monnaie du débiteur, en dollars, et non dans celle du créancier. Trente ans durant, les États-Unis ont joui d'un crédit illimité à l'étranger. Aujourd'hui, cette confiance n'est plus. Elle ne renaîtra que si nous parvenons à équilibrer le budget – ou si le taux d'épargne américain s'améliore suffisamment pour permettre au gouvernement de couvrir son déficit en empruntant sur le marché monétaire intérieur. Mais ceci, nous le verrons plus en détail au chapitre suivant, ne peut arriver que si l'on commence par équilibrer le budget.

Comme les événements récents l'ont démontré, les États-Unis ne sont pas le seul pays à ne plus pouvoir emprunter sur le marché monétaire international pour financer des déficits budgétaires chroniques. Aucun pays industrialisé ne peut plus se le permettre. Pourtant, tous le font encore, sauf le Japon et l'Allemagne. L'effondrement du billet vert signifie donc que pratiquement tous les pays du monde développé vont devoir se pencher sur la question de la « réinvention de l'État ». L'effondrement du dollar marque ainsi la fin de ce que, dans le chapitre suivant, j'appelle l'« État-providence keynésien ».

Chaque fois qu'une telle éventualité a été débattue dans le passé, elle a été rejetée : si un pays se trouvait véritablement en situation difficile, pensait-on, le gouvernement américain lui tendrait une main secourable. Le dollar n'était-il pas la monnaie de réserve, cela ne conférait-il pas aux États-Unis la responsabilité de maintenir l'équilibre sur le marché des devises ? Effectivement, ils ont joué ce rôle – du moins ils ont essayé – lorsque le peso mexi-

254 Structures et changements

cain s'est écroulé fin 1994, quelques semaines à peine avant l'effondrement du dollar. Hélas, les États-Unis ne sont plus en mesure de porter l'économie mondiale à bout de bras. L'effondrement du dollar signifie qu'il n'est plus l'unique « monnaie de réserve ». En Asie, le Yen le supplante déjà – même s'il s'avère fort peu probable que les Japonais acceptent les responsabilités et les charges que cela entraîne. Il semble encore impossible de mesurer la gravité des conséquences de cette situation pour les États-Unis, pour l'économie mondiale et pour les pays en voie de développement. Mais les dangers sont bien réels, et ils sont considérables. L'économie que nous avons connue depuis la fin de la Seconde Guerre mondiale se trouve bloquée ; il ne faut pas s'en étonner, puisqu'elle reposait sur le dollar comme monnaie de réserve mondiale, ainsi que sur le fait que l'économie américaine ne demandait pas mieux que de financer le reste du monde, ce qu'elle était capable de faire. À vrai dire, au cours des trente dernières années, elle ne le pouvait que dans la mesure où les marchés monétaires internationaux acceptaient de financer le déficit budgétaire américain – ce n'est plus le cas.

Il faut bien comprendre que les États-Unis perdent du même coup la maîtrise de leur propre politique économique et financière, à moins qu'ils ne parviennent à éliminer rapidement leur déficit budgétaire. Ayant perdu leur souveraineté économique et financière, leur puissance militaire ne saurait constituer un substitut acceptable. Dans le monde d'aujourd'hui, la seule véritable « souveraineté » appartient aux marchés monétaires mondiaux – inconstants, volatils, prompts à la panique, incontrôlés et incontrôlables. S'il était besoin de le prouver, que l'on se remémore l'échec lamentable et total de l'effort concerté des principales banques centrales pour stopper la chute du dollar, qui n'a réussi qu'à enrichir les spéculateurs. Dorénavant, l'équilibre du budget constitue la seule politique économique qui permette à un pays d'être maître chez lui. Je reconnais que cela ne correspond pas forcément à un raisonnement économique satisfaisant ; je suis certain que nombre d'économistes de ce pays, et sans doute même la plupart, ne diraient pas autre chose. Nous n'avons hélas pas le choix.

Une fois le retour à l'équilibre budgétaire accompli, restera à se pencher sur la réforme la plus cruciale et la plus essentielle – la plus urgente, aussi, de ce côté de l'Atlantique comme dans tous les pays développés – il s'agira, cette fois, de réinventer effectivement l'État.

20

Les démocraties peuvent-elles gagner la paix ?

Le communisme a perdu la guerre froide. Maintenant, les démocraties doivent gagner la paix. Comme en témoigne l'histoire de l'humanité, cela sera plus difficile. Quarante ans durant, les démocraties ont pu se contenter d'être infiniment – et visiblement – meilleures. Maintenant, elles devront être bonnes, sous peine de décevoir. C'est désormais à l'aune de leurs propres performances et professions de foi qu'elles seront évaluées. Aujourd'hui, les démocraties doivent se repenser et se reformer.

Très précisément, pour gagner la paix, il leur faut :

• Retrouver la maîtrise de leurs politiques économiques et fiscales intérieures, perdues à l'occasion de la faillite de l'état keynésien du déficit.

• Porter un coup d'arrêt à la corrosion et au pourrissement contagieux de leur société, engendrés par l'échec de l'État-providence ; puis inverser le processus.

• Promouvoir dans le monde entier le développement d'une société civile, à défaut de laquelle on ne peut espérer la stabilité politique et sociale, particulièrement dans les pays de l'ex-bloc soviétique. Nous avons en effet conscience, aujourd'hui, que si le libre-échange joue un rôle positif économiquement, il ne peut à lui seul bâtir et soutenir une société qui fonctionne.

LA FAILLITE DE L'ÉTAT-PROVIDENCE KEYNÉSIEN

Voilà quarante ans que les politiques intérieures mises en œuvre par les pays industrialisés sont dominées par deux ensembles de certitudes, toutes deux considérées comme allant de soi.

- Vient d'abord la croyance keynésienne (voire néo-keynésienne) en « l'état-déficit ». Elle reposait sur trois hypothèses d'ordre économique. En premier lieu, la consommation détermine automatiquement une formation de capital et des investissements en capital – c'est l'effet multiplicateur keynésien. L'épargne, en revanche, porte préjudice à la santé économique (c'est la « sur-épargne » de Keynes). Enfin, il faut encourager les déficits budgétaires, car ils stimulent l'économie.
- Vient ensuite l'attachement à l'État-providence, qui s'appuie à son tour sur deux assertions, d'ordre social cette fois. D'abord, l'État peut et doit redistribuer les revenus de façon à en promouvoir une plus juste répartition. Lorsque, pour la première fois, un gouvernement fonda sa politique sur cette ambition (cet honneur revint à David Lloyd George, lorsqu'il devint chancelier de l'Échiquier dans le gouvernement libéral de 1908), tout le monde cria à l'hérésie ; mais l'hérésie se mua en orthodoxie à la faveur de la grande crise. Ensuite, la seule chose dont les pauvres aient besoin, c'est de l'argent, il s'agit de ce que l'on pourrait appeler le *credo* des travailleurs sociaux.

Les faits ont prouvé, sans la moindre ambiguïté, que ces convictions n'étaient pas fondées.

Toutes les démocraties occidentales avaient pourtant fini par y adhérer – bien que l'Allemagne fédérale n'ait accepté les propositions keynésiennes qu'avec beaucoup de réserves ; et que le Japon, qui cultive traditionnellement l'ambiguïté politique, n'ait jamais complètement accepté ni rejeté ces principes et n'ait suivi leurs prescriptions que par intermittence.

À l'origine, les deux écoles de pensée s'opposaient. Keynes n'a jamais fait mystère du mépris que lui inspirait l'État-providence. Il estimait que la mise en œuvre de sa propre doctrine rendrait inutiles les dépenses sociales de grande envergure. De plus, il considérait comme futile toute tentative de l'État de redistribuer les revenus. De leur côté, les adeptes de l'État-providence ne s'intéressaient guère à la liberté des marchés, en laquelle Keynes croyait passionnément. Néanmoins, après la Seconde Guerre mondiale, les deux groupes s'aperçurent qu'ils avaient besoin les uns des autres. La priorité qu'accordait Keynes à la consommation par rapport à l'épargne et le fait qu'il encourageait les déficits publics permirent de transformer la « charité » en « stimulus économique » et donc de faire accepter aux classes moyennes que l'État-providence dépense en faveur des plus démunis. De son côté, l'économie keynésienne, malgré ses attaches avec les classes moyennes et le libre marché, avait besoin de l'appui politique des progressistes et des socialistes. Ils en vinrent donc à se coaliser pour bâtir l'État-providence keynésien.

Voilà quarante ans qu'il domine. Quelles que soient les différences de point de vue qui ont divisé les démocraties en matière de politique économique et fiscale – démocrates et républicains aux États-Unis, conservateurs et travaillistes en Grande-Bretagne, chrétiens démocrates et socialistes en Allemagne – ce n'était qu'une question de degré. Les conseillers de Reagan qui prônaient le soutien de l'offre souscrivaient sans arrière-pensée aux principes fondamentaux de l'État-providence keynésien, tout en passant pour des ultra-conservateurs. Que ce soit la droite ou la gauche, chacun se vantait d'être mieux à même de bâtir et de gérer l'État-providence keynésien. Il ne faut donc pas s'étonner, soit dit en passant, que les déficits publics se soient creusés plus vite sous les gouvernements censés être conservateurs, par exemple sous la présidence de Reagan aux États-Unis, sous le gouvernement de Margaret Thatcher en Grande-Bretagne et sous celui du chancelier Kohl en Allemagne.

Aucune preuve n'est jamais venue étayer les propositions keynésiennes, comme l'ont démontré des économistes aussi éminents que Lionel Robbins en Grande-Bretagne et Joseph Schumpeter aux États-Unis lorsque Keynes a publié ses thèses vers le milieu des années trente. Aujourd'hui, elles sont tombées dans un tel discrédit que les économistes les mentionnent à peine. On n'a vu nulle part l'augmentation de la consommation conduire à la formation de capital et à l'investissement. Bien au contraire, les États-Unis et la Grande-Bretagne, qui ont stimulé la consommation de la façon la plus constante et la plus déterminée qui soient, ont les taux de formation de capital les plus bas. Aux États-Unis, le chiffre a longtemps tourné autour de 4 % du revenu disponible. En

Grande-Bretagne, lorsque Margaret Thatcher a tenté (sans succès) de stimuler une économie languissante en encourageant (avec succès) la consommation, le taux d'épargne par rapport aux revenus disponibles a chuté de 8-9 % à 5 %. À l'inverse, tant que le Japon a découragé la consommation, le taux de formation du capital y a représenté presque le quart des revenus disponibles ; mais lorsque, vers le milieu des années quatre-vingt, ce pays a tenté de lutter contre une récession subite en encourageant la consommation (ce qui s'est soldé par des résultats désastreux), le chiffre a chuté à 16 % du revenu disponible ; il n'a plus augmenté depuis.

La notion de surabondance de l'épargne est un pur mythe. Personne ne croit plus, comme Keynes l'affirmait, qu'elle ait eu le moindre lien avec la grande crise, et encore moins qu'elle l'ait provoquée. L'exemple japonais confirme ce point, en montrant à l'évidence que, loin de provoquer la récession, – comme la théorie keynésienne le voudrait certainement – le taux d'épargne élevé dont a longtemps joui le Japon a constitué l'un des facteurs de sa réussite économique. L'abondance de l'épargne pesait sur les taux d'intérêt, de sorte que les grandes entreprises nipponnes parvenaient à se procurer des capitaux presque gratuitement, tandis que les Américains et les Européens payaient les leurs jusqu'à 15 %. Les Japonais jouissaient donc d'un avantage de coût d'environ 10 % – alors qu'un avantage de 5 % seulement s'avère généralement décisif.

Je ne connais pas non plus un seul cas où les dépenses de l'État aient stimulé l'économie et encore moins permis de sortir d'une récession ou d'une dépression. Le seul exemple parfois cité pour démontrer le contraire, la soi-disant baisse d'impôts initiée par le président Kennedy en 1962, ne prouve rien. Certes, l'économie s'est redressée en 1962-1963, mais les impôts n'avaient pas diminué. Bien au contraire, la charge fiscale s'était alourdie en 1962 et en 1963, en partie parce que le président Kennedy n'était pas parvenu à faire accepter par le Congrès l'élément clé de son dispositif, c'est-à-dire la diminution de la fiscalité sur les plus-values en capital, et aussi en partie parce que les états et les municipalités avaient à l'époque augmenté les impôts locaux plus vite et de façon plus importante que le gouvernement fédéral n'avait diminué les impôts fédéraux.

Contrairement aux promesses de la doctrine keynésienne, les cycles économiques n'ont pas été éliminés. On n'observe de différence entre les récessions postérieures à la Seconde Guerre mondiale (période de l'État-providence keynésien) et celles du XIXe et du début du XXe ni quant à leur fréquence, ni quant à leur sévérité.

Si les théories fondatrices de l'État-providence keynésien avaient eu quelque validité, les démocraties nageraient aujourd'hui dans l'opulence. Les dépenses de l'État auraient tant et si bien stimulé l'économie que la formation de capital et les rentrées fiscales auraient monté en flèche. On n'aurait pas tardé à renouer avec les excédents budgétaires. C'est d'ailleurs ce que continuaient à promettre les conseillers de Reagan si favorables à l'offre. Au lieu de cela, les démocraties se trouvent aujourd'hui si lourdement endettées qu'elles ne peuvent faire face à leurs factures quotidiennes que dans la mesure où leurs créanciers leur prêtent de plus en plus d'argent. Le mot qui décrit le mieux cette situation, c'est *insolvabilité*.

REGAIN DE PANIQUE

Quelques keynésiens en chambre – Robert Eisner, de la North-western University, par exemple, continuent pourtant à affirmer qu'il n'y a pas lieu de s'inquiéter des déficits publics. Ils n'ont cependant plus le front de les déclarer salutaires. En dehors du monde universitaire, les hommes d'affaires, les responsables syndicaux, les banquiers, les investisseurs, les acteurs sur le marché des actions et celui des obligations savent tous à quoi s'en tenir – ils ont parfaitement conscience que les déficits ne peuvent causer que des ravages. Dès les premiers signes annonciateurs d'une augmentation du déficit budgétaire, les bourses s'effondrent, on assiste à une fuite des capitaux et à un tarissement des investissements productifs et de l'emploi. Surtout, plus le moindre doute n'est permis, nous savons en effet avec certitude que les déficits publics détruisent la formation de capital. Ceci se traduit par l'impossibilité, pour les états grevés de déficits permanents, de financer ces derniers en empruntant sur le marché intérieur. Contraints de se tourner vers l'étranger, ils se trouvent dans une situation de dépendance croissante, et empruntent toujours à plus court terme. Les marchés monétaires mondiaux n'ont à leur offrir que de l'argent extrêmement volatil, ils s'affolent à la moindre alerte et sont même sujets à la panique.

Les paniques financières ont été le fléau du XIXe siècle. Keynes avait affirmé que l'application de sa doctrine les éliminerait définitivement, cet espoir a largement contribué à la popularité de ses thèses. Hélas, les paniques sont revenues sous des formes plus pernicieuses encore. Aussi fréquentes qu'il y a un siècle, elles s'avèrent aussi dévastatrices. En 1981, une fuite des capitaux de trois jours a gravement ébranlé les marchés financiers et menacé le système bancaire français. Le président Mitterand s'est donc trouvé contraint de revenir sur toutes les promesses sociales qui lui avaient valu son élection, à peine quelques mois plus tôt. Quelques années plus tard, une autre panique obligeait la Suède à porter, du jour au lendemain, ses taux d'intérêt au niveau désastreux de 30 %. Il y a deux ans, la fuite des capitaux étrangers a entraîné une crise qui a bien failli détruire la Lire italienne. Pas plus tard qu'en décembre dernier, à la suite d'attaques contre le Peso mexicain, il fallut le dévaluer brutalement de 50 %, anéantissant d'un coup les longues années d'efforts grâce auxquelles l'économie du pays s'était hissée au seuil de ce que l'on qualifie de « développée » (ou au moins d'« émergente »).

Aucun des pays qui tentent de mettre en place l'État-providence keynésien n'est à l'abri d'une de ces paniques. Bien au contraire, la liste des victimes potentielles ne cesse de s'allonger. En Europe, les deux cas les plus préoccupants sont l'Italie (avec un déficit budgétaire de 9,7 % du revenu disponible ; une dette de l'État de 125 % du revenu disponible et un taux de formation de capital nul, peut-être même négatif) et la Suède (avec un déficit budgétaire de 10 % du revenu disponible, une dette de l'État de 100 % du revenu disponible ; et un taux de formation du capital pas supérieur à 2 %). La Belgique, la Hollande, l'Espagne et le Danemark ne sont guère mieux placés, la France et la Grande-Bretagne, à peine ; quant au Canada, il flirte avec la faillite, presque aussi dangereusement que la Suède. En réalité, le déficit des États-Unis semble relativement faible par rapport au revenu disponible – autour de 2 %, c'est-à-dire pas plus que le Japon. Mais comme notre taux de formation du capital se révèle notoirement insuffisant, nous sommes aussi dépendants des emprunts étrangers à court terme que n'importe quel pays européen – et donc aussi vulnérables aux paniques. De fait, nous avons déjà essuyé deux « mini-paniques ». En 1987, les Japonais ont pris peur et se sont défaits de grandes quantités de bons du trésor américains, entraînant une crise boursière. Et en 1993, une nouvelle crise boursière, elle aussi provoquée par une fuite soudaine des capitaux étrangers, a contraint le président Clinton à saborder son plan de relance et d'accepter la priorité du Federal Reserve Board – que dirige un républicain ! – afin de rassurer ses créanciers étrangers. Autrement dit, combattre l'inflation au risque de provoquer une récession.

Encore les conséquences les plus graves de l'échec de l'État-providence keynésien ne sont-elles pas d'ordre économique. La dépendance de plus en plus dangereuse par rapport aux marchés monétaires étrangers met en cause la capacité des gouvernements à déterminer ou à conduire leur propre politique. Elle subordonne chaque jour davantage leur souveraineté aux caprices du marché monétaire mondial, où les rumeurs font la pluie et le beau temps et dont l'horizon à long terme se limite au prochain *deal*. En voici un exemple récent, en 1993-1994, afin de pouvoir financer la politique de réunification du chancelier Khol (ultra-keynésien), l'Allemagne a dû relever ses taux d'intérêt et les maintenir à des hauteurs vertigineuses. Les pays voisins, qui souffraient déjà d'un chômage considérable, en ont subi les conséquences – à leur tour, ils se sont donc trouvés contraints de relever leurs taux d'intérêt, qui étaient déjà élevés, de façon à éviter la fuite des capitaux à court terme vers l'Allemagne. L'Europe entière a accusé l'Allemagne d'égoïsme. Pourtant celle-ci n'avait pas le choix. C'était le marché mondial des capitaux à court terme qui prenait les décisions à la place du gouvernement allemand. *In fine,* c'est l'adhésion à l'unification politique et monétaire de l'Europe, c'est-à-dire l'objectif le plus cher du chancelier Kohl, qui en a souffert le plus.

Ajoutons que l'État-providence keynésien n'a pas non plus tenu sa promesse sociale, à savoir la redistribution des revenus en vue d'une répartition plus juste des richesses. On observe au contraire une corrélation presque parfaite, dans les grands pays démocratiques, entre les dépenses occasionnées par l'État-providence et la disparité des revenus. Le pays où celle-ci s'avère la moins marquée est aussi celui dont le déficit public, ainsi que le coût de la couverture sociale (12 % seulement du revenu disponible) sont les plus faibles, et le taux de formation du capital le plus élevé – il s'agit du Japon. Aux États-Unis, en Grande-Bretagne, et même en Allemagne – où les budgets sociaux représentent respectivement 15 %, 23 % et 27 % du revenu disponible – à mesure que les dépenses sociales ont augmenté, la disparité des revenus a plutôt tendu à s'accentuer qu'à s'estomper.

LA CRISE DES ACQUIS SOCIAUX

On ne peut plus éviter de liquider l'État de déficit, ni même attendre beaucoup plus longtemps pour le faire. Il s'agit manifestement de la priorité *politique* numéro un des démocraties et cela constituera la réalité politique de la prochaine décennie. Ceci se traduira par la fin des acquis sociaux, toujours plus considérables, des classes moyennes. Un peu plus que centenaires, ils ont été inventés dans l'Allemagne de Bismarck, vers 1880, et menacent aujourd'hui la survie de la démocratie, si ce n'est de l'État moderne lui-même. L'unique moyen pour les démocraties de retrouver la maîtrise de leurs finances, et, avec celle-ci, de leur politique économique, sociale et étrangère, consistera à les réduire considérablement, que ce soit dans le domaine de la santé (les dépenses de santé ne sont plus maîtrisées, dans aucun pays développé) des prestations sociales, des retraites, etc. – et, en Europe, des allocations de chômage.

Comme on le sait depuis un certain temps déjà, les avantages acquis par les classes moyennes menacent non seulement la prospérité et la santé des démocraties, mais même leur survie. Dès 1988, Peter G. Peterson (qui fut secrétaire du Commerce du président Nixon) l'a prouvé avec une rigueur mathématique dans un ouvrage intitulé *On borrowed Time : How the Growth in Entitlement Spending Threatens America's Future*. Hélas, nul n'avait envie de l'entendre.

Toute tentative de réduire les acquis sociaux – ou même, plus modestement, de limiter leur croissance, se heurte encore à une résistance farouche. L'an dernier, les électeurs suédois ont renversé le gouvernement libéral en exercice pour avoir osé proposer de restreindre certains grands programmes sociaux dont on avait manifestement perdu la maîtrise. Quelque temps plus tard, c'est Silvio Berlusconi, le premier ministre italien, qui perdait le pouvoir pour avoir commis le même crime. Il s'était pourtant fait élire, quelques mois plus tôt, sur la promesse de réformer le système de protection sociale. Mais quand il voulut examiner de plus près les abus scandaleux du système de retraite italien, ses partenaires au sein de la coalition gouvernementale l'abandonnèrent. Nul n'ignore, en Italie, que des centaines de milliers – certains disent même des millions – d'hommes parfaitement vigoureux touchent frauduleusement des pensions d'invalidité à vie, avant même de fêter leur cinquantième et souvent leur quarantième anniversaire. Nul n'ignore non plus que les pensions constituent la cause principale des difficultés financières dans lesquelles se débat l'Italie ; elles représentent en effet la moitié du budget social de l'État, c'est-à-dire le huitième de son revenu disponible et la totalité d'un déficit public vertigineux. Mais la réduction des avantages sociaux – même frauduleux – n'était, apparemment, pas encore « politiquement correct ».

Le fait que les républicains et les démocrates soient tombés d'accord pour reconnaître la nécessité d'élaguer quelque peu le système Medicare – longtemps la plus intouchable de toutes les vaches sacrées – constitue donc un grand pas en avant. Reste à savoir si le Congrès aura le courage de prendre une mesure aussi impopulaire. En fait, les classes moyennes n'ont pas le choix. Les avantages sociaux seront réduits dans tous les pays. La seule incertitude concerne la méthode à adopter. À mon sens, la moins douloureuse consiste à agir ouvertement – par exemple, élever à soixante-quinze ans l'âge auquel les Américains touchent les pensions de vieillesse. Que l'on s'y refuse, et l'inflation se chargera de diminuer les avantages sociaux des classes moyennes – en détruisant leur pouvoir d'achat. À moins que la fiscalité ne s'alourdisse considérablement – sans doute, aux États-Unis, par le biais d'une forte augmentation de la fiscalité indirecte s'ajoutant à imposition des revenus déjà très importante.

Aussitôt qu'un grand pays acceptera de réduire les avantages sociaux des classes moyennes, – par exemple, si les États-Unis consentent une révision plus que symbolique du système Medicare – toutes les démocraties lui emboîteront le pas. Cela annoncera aussi sûrement la fin de l'État-providence keynésien que la *perestroïka* de Mikhail Gorbatchev a annoncé celle du communisme.

Restaurer la solvabilité de l'État – lui rendre, de ce fait, la maîtrise de sa propre politique – suppose une contrainte – celle de prendre, à nouveau, des décisions prioritaires. À nouveau, il va falloir dire non. La première étape pourrait consister à revenir à la façon dont on établissait les budgets avant l'ère de l'état de déficit keynésien, c'est-à-dire en commençant par se préoccuper des revenus disponibles, pour savoir combien on peut se permettre de dépenser. Cette démarche oblige le Gouvernement à décider ce qui peut et doit être financé, dans les limites des recettes disponibles. Il faut refuser tout ce qui excède ces limites. Hélas, depuis la Seconde Guerre mondiale, ou au moins depuis le retour à la prospérité vers la fin des années cinquante, toutes les démocraties ont toujours commencé par se demander à quoi elles voulaient affecter leurs dépenses. Personne ne voyait d'inconvénient à ce que celles-ci excèdent les recettes, puisque le déficit public qui en résultait était facile à financer – et surtout, considéré comme salutaire. En fin de compte, les postulats keynésiens aboutissaient à ce que dire non équivalait à manquer de cœur, à être immoral, à la limite. Je vous l'accorde, cela demande du courage de dire non, et, pour un homme politique, c'est risqué. Hélas, nécessité fait loi.

Encore cela ne serait-il que la première étape, il resterait encore à arrêter l'ordre des priorités. Or il semble probable – que dis-je, certain – que tous les partis politiques imploseront sur cette question. En réalité, les notions de droite et de gauche ont déjà perdu beaucoup de pertinence dans nos démocraties. Qui, par exemple, se situe à droite ? Ceux qui souhaitent que l'âge ouvrant droit aux pensions de vieillesse soit relevé en fonction de l'évolution de l'espérance de vie, et donc porté à soixante-quinze ans ? Il y a soixante ans, lorsque les États-Unis l'ont fixé à soixante-cinq ans, cet âge dépassait nettement l'espérance de vie – c'est d'ailleurs la raison pour laquelle on avait fait ce choix. Ou bien ceux qui soutiennent que les jeunes ont un devoir de solidarité vis-à-vis de leurs aînés ? Traditionnellement, ces deux attitudes étaient « conservatrices ». Que va-t-on appeler « libéral » ? Soutenir que les études universitaires doivent être gratuites pour tous ? Ou bien, au contraire, que comme ceux qui en ont bénéficié touchent des salaires nettement plus élevés, ils devraient mettre la main à la poche pour rembourser le coût de leurs études, de façon à ce que la génération suivante puisse accéder librement à l'enseignement supérieur ? Ces débats sont nouveaux. Ils ne correspondent plus aux schémas politiques familiers, ils ne sont ni économiques, ni idéologiques. Il en résulte que les démocraties se trouvent confrontées à une transition relative non seulement aux problèmes, mais aussi aux structures politiques.

DE LA PAUVRETÉ À L'AVILISSEMENT

Les axiomes de l'État-providence keynésien en matière sociale ne se sont pas davantage vérifié que ceux qui touchaient à l'économie. L'État-providence n'a pas mis fin à la pauvreté. Il l'a transformée en avilissement et en dépendance. Cette constatation vaut sur le plan national et international, elle résulte des effets pervers de l'État-providence à l'intérieur, et d'un phénomène similaire pour les pays en voie de développement.

Aux États-Unis, on admet généralement qu'aucun des deux grands programmes sociaux ne fonctionne. Les effets de l'allocation aux familles ayant des enfants à charge et de la pension pour invalidité sont tout aussi désastreux. D'une façon générale, cependant, tout le monde refuse d'admettre qu'elles entraînent des résultats négatifs.

Ne bénéficient de l'aide sociale, aux États-Unis, que les personnes que leurs revenus situent en-dessous du seuil de pauvreté. En revanche, si l'on ajoute aux allocations financières les prestations en nature, comme les bons de nourriture et l'aide au logement, la plupart jouissent de revenus décents. Ils vivent pourtant dans une misère aussi dégradante, sinon plus, que celle qui prévalait dans les pires taudis d'autrefois. L'explication la plus courante de cette situation lamentable consiste à alléguer qu'elle découle du problème racial. Incontestablement, les mères célibataires noires bénéficiant en permanence de l'aide aux familles ayant des enfants à charge sont proportionnellement bien plus nombreuses que les autres. (37 % de la population bénéficiant de ce type d'allocation est de race noire, alors que celle-ci ne représente que 13 % de la population totale.) L'une des explications se fonde donc sur l'infériorité raciale – qui n'est plus jamais exprimée en public, bien entendu, mais dont nombre de gens, qu'ils soient Blancs, Asiatiques ou d'origine latine, restent convaincus. L'autre consiste à arguer de l'héritage lointain de l'esclavage et de la discrimination raciale. Ces deux arguments, aussi racistes l'un que l'autre, s'avèrent également contestables. Et de fait aussi faux l'un que l'autre. On observe malheureusement la même déplorable situation – c'est-à-dire la même transformation de la pauvreté en avilissement de l'être humain – lorsque les bénéficiaires des aides sociales sont blancs. Même si, avant de bénéficier de la solidarité collective, ils s'étaient montrés parfaitement capables de subvenir à leurs propres besoins.

En Grande-Bretagne, la « sous-classe assistée » (que les statisticiens appellent « classe V ») se développe aujourd'hui aussi vite que le groupe correspondant aux États-Unis. Elle souffre du même laisser-aller, de la même destruction de la personnalité, de la compétence et du respect de soi. Avant 1950, le pourcentage de naissances illégitimes dans les classes laborieuses britanniques oscillait autour du niveau observé depuis des siècles, environ 4 à 5 %. Il a aujourd'hui dépassé les 25 %. De plus, parmi les bénéficiaires chroniques de l'aide sociale, il a dépassé 30 %, et, par la même occasion, le taux enregistré parmi les bénéficiaires blanches américaines ; et il augmente aussi vite que celui observé parmi les Noires américaines. Contrairement à ce qui se passe aux États-Unis, la protection sociale britannique s'étend aussi aux hommes, sous forme d'allocations de chômage généreuses et prolongées. Le taux de dépendance des jeunes anglais grimpe aussi vite que celui des jeunes mères célibataires de la classe américaine correspondante. Ajoutons que les Britanniques qui bénéficient de l'aide sociale et des allocations chômage se révèlent financièrement mieux lotis encore que leurs homologues américains. Leur revenu avant impôts est équivalent au revenu moyen d'une famille ouvrière, mais comme les allocations sont défiscalisées, leur revenu disponible s'avère en fait plus élevé. On observe hélas parmi eux les mêmes symptômes – échec scolaire, pourcentage élevé de naissances illégitimes, multiplication des familles uniparentales, problèmes de dépendance croissants (encore principalement liés à l'alcoolisme en Angleterre, mais la consommation de drogues dures s'y développe très vite). Les villes anglaises, qui, il y a encore trente ans, figuraient parmi les plus sûres au monde, sont en passe de se transformer en jungles, le taux de cambriolages en milieu urbain est déjà plus élevé qu'aux États-Unis. Pourtant, les Britanniques bénéficiant de l'aide sociale sont presque tous Blancs.

En Allemagne, ces personnes sont toutes de race blanche et en majorité de sexe masculin – ces hommes ne travaillent plus, parce qu'ils touchent des allocations de chômage s'élevant à 80 % de leur dernier salaire jusqu'à la fin de leurs jours. Ils ont pourtant bénéficié de la fameuse formation par l'apprentissage, baigné dans la toute aussi fameuse éthique du travail allemande. Qu'importe ? En moins de temps qu'il n'en faut pour le dire, l'État-providence les transforme, de plus en plus nombreux, en ce que les Allemands appellent les « handicapés de la protection sociale », et ils ne tardent pas à manifester tous les symptômes de la désintégration sociale et du laisser-aller. On compte donc de plus en plus de mères célibataires, l'alcoolisme fait de plus en plus de ravages ; enfin de jeunes « *skinheads* » et néo-nazis incendient, pour se distraire, des immeubles habités par des immigrants turcs ou par d'autres travailleurs étrangers. Tout ceci a eu pour résultat un taux de chômage qui figure parmi les plus élevés et englobe un nombre énorme de chômeurs permanents, alors même que l'économie se porte bien.

En Italie, cette catégorie assistée se compose d'hommes de quarante à cinquante ans, tous blancs, bien entendu, qui ont réussi à décrocher une pension « d'invalidité » totale ou partielle et la conservent jusqu'à l'âge de la retraite. La plupart d'entre eux, c'est relativement connu, sont parfaitement aptes au travail, leurs invalidités se révélant mineures ou imaginaires. D'ailleurs, comme bon nombre d'entre eux travaillent au noir tout en prétendant être incapables de travailler, l'impact économique de leur oisiveté se trouve atténué. – la rumeur va jusqu'à dire que les plus courageux ont même deux emplois – l'un, poste protégé dans le secteur public, où il leur suffit de faire une apparition de temps en temps pour toucher leur salaire, et l'autre au noir.) Rien, en revanche, ne vient atténuer la charge écrasante qui pèse sur l'état italien. La situation crée autant de ravages psychologiques et moraux pour l'individu que pour la société. C'est sans doute à cause de la fraude des pensions d'invalidité que la corruption a pris de telles proportions en Italie.

Les conclusions s'imposent d'elles mêmes. D'abord, la protection sociale moderne est destructrice. Loin de favoriser la réinsertion, elle crée la dépendance. Elle distribue des revenus équivalents à ceux de la classe moyenne, sans pourtant à régler le problème de la pauvreté. Ces résultats décourageants sont les mêmes quels que soient les bénéficiaires – adolescentes noires aux États-Unis, jeunes ouvriers au chômage en Grande-Bretagne, adultes hautement qualifiés en Allemagne, salariés (pour la plupart) de la classe moyenne en Italie. La seule chose que toutes ces personnes corrompues et empoisonnées ont en commun, c'est qu'on récompense financièrement ceux qui ne tentent rien pour s'en sortir et qu'au contraire on pénalise ceux qui se montrent plus entreprenants que les autres.

L'ÉCHEC DE L'AIDE AUX PAYS EN VOIE DE DÉVELOPPEMENT

Les efforts de solidarité internationale se sont soldés par un échec aussi retentissant.

L'aide aux pays en voie de développement a certainement été l'une des inventions politiques les plus marquantes du siècle. Le coup d'essai, le plan Marshall, a réussi au-delà de toute espérance. Il y avait donc toutes les raisons d'attendre beaucoup de ses deux successeurs, le plan *Point Four* du président Truman et le plan Alliance pour le progrès du président Kennedy – personne n'en a attendu plus que moi, j'ai d'ailleurs travaillé aux deux avec enthousiasme. Le mieux que l'on puisse dire, c'est qu'ils n'ont, ni l'un ni l'autre, causé trop de dégâts. Mais ils n'ont pas non plus fait grand bien. Les quarante années qui se sont écoulées depuis la proclamation du président Truman ont certes vu davantage de développement économique, concernant de plus vastes régions du monde, qu'aucune autre période dans l'histoire de l'humanité. Mais cet essor s'est cantonné à des régions qui ne recevaient que peu ou pas d'aide – en particulier les pays du Sud-Est asiatique. On relève même une corrélation négative presque parfaite entre l'aide étrangère reçue et le développement. Les régions qui ont bénéficié des aides les plus importantes ne se sont pas développées du tout – l'Inde et l'Égypte en constituent les meilleurs exemples ; ou bien elles ont régressé, comme la majeure partie de l'Afrique tropicale. La similarité me semble frappante entre le fonctionnement de l'État-providence et celui de l'aide au développement, dans la mesure où dans un cas comme dans l'autre, plus le bénéficiaire reçoit d'aide, moins il se développe. Les explications les plus courantes, telles « l'explosion démographique », ne peuvent convaincre personne, puisque la population a connu une croissance aussi rapide dans certains des pays dont les économies se sont développées le plus vite ; en particulier, dans le Sud-Est asiatique (Thaïlande, Malaisie, Indonésie), de même qu'en Turquie et en Chine du littoral. L'aide extérieure massive dont ils ont bénéficié constitue le seul point commun des pays qui ne se sont pas développés. À l'inverse, le seul point commun de ceux qui ont connu une croissance rapide est de n'en avoir pas reçu, ou très peu.

Aussi les formes d'allocations et d'aides qui s'avèrent de nature à renforcer les liens de dépendance ou à inhiber le développement – c'est-à-dire une bonne partie des programmes mis en œuvre au cours des quarante dernières années – sont-elles appelées à être supprimées, ou au moins considérablement réduites. Ce serait certainement une erreur de conclure, comme beaucoup de personnes le font aujourd'hui, que le concept de la solidarité, nationale et internationale, soit erroné, qu'il faille donc l'abandonner. En revanche, il est indispensable de la réorienter, en lui assignant pour nouveaux objectifs de favoriser l'accès à l'indépendance, à la compétence et à la responsabilité.

Le besoin d'aide – au moins temporaire – devrait grandir. Tous les pays, industrialisés ou en voie de développement, traversent une profonde mutation économique et sociétale. Il s'ensuivra des bouleversements majeurs, aboutissant à mettre sur le pavé des personnes compétentes, établies et responsables. Il leur suffit souvent de peu de choses – dans de nombreux cas, elles ont surtout besoin de l'assurance qu'elles peuvent se faire aider si nécessaire. Mais une société et une économie en transition créent un environnement particulièrement dangereux. L'existence de ce que la protection sociale était censée offrir, à savoir un filet de sécurité, est indispensable. Il convient cependant de ne pas laisser celui-ci se transformer en canapé, et de ne jamais oublier qu'il est réservé aux situations d'urgence.

Par ailleurs, s'il s'avérait que la richesse mène à une érosion de la compassion, ce serait une défaite totale pour les démocraties, le démenti le plus flagrant de l'idée même sur laquelle elles reposent. Voilà une seconde raison qui justifie la mise en place d'un dispositif de solidarité efficace.

À terme, pas si lointain, l'enrichissement des nations profite effectivement le plus à ceux qui se trouvent au pied de la pyramide des revenus. On ne le répétera jamais assez, contrairement à toutes les prédictions de Marx, les « prolétaires » ont été les premiers bénéficiaires de l'énorme augmentation de la capacité de création de richesse dans les pays industrialisés au cours des cent dernières années. Leur revenu réel a augmenté au moins trois fois plus vite que celui des « capitalistes ». Et contrairement aux prophéties des successeurs de Marx – Lénine et les autres théoriciens de « l'impérialisme » – la plus grande augmentation de prospérité *nationale* et de richesse pendant la même période, ce sont les pays anciennement « coloniaux » et « exploités » qui les ont enregistrées en s'industrialisant. Le produit national brut total du Japon a connu une croissance beaucoup plus rapide que celui des États-Unis, il en va de même de la Corée et des « Tigres » de l'Asie du Sud-Est : Taiwan, Singapour et Hong Kong – c'est-à-dire uniquement d'anciennes colonies ; auxquelles il faudrait encore ajouter la Malaisie et l'Indonésie.

Les progrès réalisés par la plupart des pays industrialisés et en voie d'émergence rendent plus évident et plus pénible, par contraste, le triste sort des minorités qui n'ont pu suivre, pour cause de manque de compétence ou d'opportunités. Ceci s'applique sur le plan international comme sur le plan national. Les riches ressentent un devoir de solidarité. La difficulté, c'est que pour le bien des pauvres, il faut que l'aide en soit vraiment une, qu'elle soit source de compétence, de santé, de dignité, contrairement à celle de l'État-providence, d'où n'ont découlé que dépendance, misère, incompétence, mépris de soi.

Encourager le développement des plus démunis, promouvoir leur capacité à progresser correspond clairement à l'intérêt bien compris des pays les plus riches, les démocraties. En effet, leur stabilité et leur cohésion sociale se trouvent de plus en plus menacées par le laisser-aller, l'avilissement, le désespoir des laissés pour compte en situation de dépendance.

Voilà cent soixante ans qu'à l'occasion d'une épidémie de typhoïde dans les quartiers populaires de l'*East End*, à Londres, les habitants des quartiers aisés du *West End* ont compris qu'une épidémie parmi les pauvres les menaçait eux aussi. C'est ainsi qu'allait naître la Santé publique – jusque-là, la santé était une affaire purement privée – qui ne tarda pas à être suivie du début de la révolution de la médecine et d'un allongement de la durée de vie. Je suppose que les riches en ont profité autant que les pauvres.

Le laisser-aller, la désintégration sociale, la corruption, le mépris total de l'état de droit – voilà où l'échec de l'État-providence a conduit les moins capables et les plus démunis, à l'intérieur comme à l'étranger. Ces fléaux menacent autant les villes, les banlieues, les écoles et les rues de ceux qui jouissent d'une bonne santé, ont un bon métier et un compte en banque bien garni. Ils menacent surtout leurs enfants. La propagation des maux de la sous-classe engendrée par l'État-providence semble lourdement responsable de la prolétarisation et de la brutalité grandissante de la vie, des valeurs et de la culture des classes moyennes. L'abrutissement, la dégradation, le mépris de l'état de droit de la partie du Tiers Monde qui ne parvient pas à se développer menacent également la sécurité, la paix et la richesse des pays riches – ne serait-ce qu'en raison de l'augmentation de l'immigration.

Enfin, de nombreux exemples de réussite témoignent qu'il est possible de passer de la pauvreté à la compétence, tout en montrant quelles conditions doivent être remplies si l'on veut se donner les moyens d'y parvenir. Voilà la dernière raison, mais aussi la plus convaincante, de ne pas baisser les bras.

Nous savons fort bien pourquoi le plan Marshall – le plus grand effort de solidarité jamais entrepris – a si bien fonctionné. Autre exemple de réussite de la solidarité internationale, la « révolution verte » qui, dans les années soixante, a transformé l'agriculture indienne grâce à de nouvelles semences et à de nouvelles méthodes de culture. Il s'agissait d'une opération montée et financée par les fondations Rockefeller et Ford, deux organisations non gouvernementales. Elle a permis de transformer cette région du monde, où sévissaient régulièrement de cruelles famines, en un pays qui exporte presque tous les ans des céréales. De même, aux États-Unis, l'Armée du salut accomplit un travail remarquable en aidant les plus paumés et les plus démunis – prostituées, alcooliques, toxicomanes, prisonniers récemment libérés – à se réinsérer dans de bonnes conditions. On peut penser que c'est le programme social le plus performant de tous les pays industrialisés, puisque, par exemple, le taux de réinsertions réussies, pour les alcooliques et les toxicomanes, se monte à 30 %.

On constate également des différences de résultats frappantes entre deux politiques sociales apparemment très voisines, le système d'allocations de chômage pratiqué en Allemagne et en Grande-Bretagne d'une part, et le système américain d'autre part. Les deux systèmes européens transforment des travailleurs dignes en assistés. Aux États-Unis, par contraste, le chômage chronique est resté relativement faible bien que la population active ait connu des mutations autrement plus profondes que celles qui ont affecté, jusqu'à présent, l'Allemagne et la Grande-Bretagne.

Par rapport aux normes actuelles, le plan Marshall n'a mis en jeu que des sommes très limitées. En revanche, il s'est montré très généreux en matière d'aide technique et de conseil. Il n'accordait de subventions que sous forme de « coups de pouce » à des entreprises qui avaient fait la preuve de leur efficacité et avaient élaboré un plan de redressement réaliste, comportant des objectifs clairs. On suspendait à la fois le soutien technique et les subventions dès l'instant où une entreprise, privée ou publique, détournait les fonds alloués à d'autres usages que ceux qui avaient été prévus ou se montrait incapable d'atteindre les objectifs fixés. La révolution verte s'est montrée plus économe encore. Ses agents, CARE, l'organisation américaine d'aide internationale et d'autres, se sont mis en contact avec des agriculteurs indiens compétents et ont travaillé en étroite collaboration avec eux à l'expérimentation des nouvelles semences et des nouvelles méthodes de culture. L'argent représentait surtout un filet de sécurité en cas de récoltes insuffisantes les deux ou trois premières années – période la plus critique. L'Armée du salut ne dépense pratiquement rien ; son succès se fonde, selon ses organisateurs, sur la discipline, un travail acharné, des salaires réduits au minimum, une politique de formation contraignante et des trésors de compassion. Quiconque refuse de se plier au règlement draconien de l'Armée du salut se voit exclure, quelque difficile que soit sa situation. Les allocations de chômage, aux États-Unis, sont aussi généreuses qu'en Europe pendant les premières semaines ou les premiers mois. Pour certains, comme les salariés de l'industrie automobile, elles s'avèrent même plus élevées. La personne qui perd son emploi et se trouve, momentanément, sous le choc, y trouve une aide amplement suffisante à la rassurer. En revanche, ces allocations fortement dégressives sont carrément interrompues au bout de deux ans, et cela incite fortement les intéressés à rechercher un nouvel emploi. Il en résulte que même dans les régions, ou villes, qui dépendaient lourdement d'une usine ou d'un secteur ayant cessé toute activité, en deux ou trois ans, le taux de chômage retrouve des niveaux comparables à la moyenne nationale. Or, même dans les périodes difficiles, celle-ci dépasse rarement très longtemps le taux de chômage « naturel », qui prend en compte les intervalles normaux entre deux emplois dans l'économie américaine.

Autrement dit, la solidarité peut fonctionner. À la condition, toutefois, que l'on transforme l'axiome « Tout ce dont les pauvres ont besoin, c'est de l'argent », en « Tout ce dont les pauvres ont besoin, c'est de compétence. » À l'évidence, l'argent reste nécessaire. Toutefois, s'il n'est pas accompagné d'autres formes d'aide, il ne sert qu'à encourager l'incompétence et l'irresponsabilité. Aujourd'hui, l'aide sociale ne prend en compte que les besoins. Elle ne deviendra réellement efficace que le jour où elle se préoccupera aussi des résultats obtenus.

L'AIDE SOCIALE TELLE QU'ON DEVRAIT LA PRATIQUER

Les plus grands pays du monde cherchent aujourd'hui à restreindre leur budget social. Aux États-Unis, certains états (l'état de New York, la Californie et le Massachusetts) réduisent déjà considérablement l'allocation aux familles ayant des enfants à charge et la nouvelle majorité républicaine du Congrès souhaite étendre cette mesure à l'ensemble du pays. L'Italie, comme nous l'avons vu plus haut, commence au moins à envisager de réformer son système de pensions. La Grande-Bretagne et l'Allemagne s'apprêtent à diminuer les allocations aux chômeurs permanents. Les mesures envisagées pénaliseraient les personnes qui ont tendance à s'installer dans l'assistanat. Il s'agit sans doute d'une excellente solution dans les cas – comme celui de l'allocation chômage en Allemagne ou des pensions pour invalidité en Italie – où les bénéficiaires sont sains de corps et d'esprit, parfaitement capables de travailler, mais dont le principal handicap est l'aide sociale elle-même.

En revanche, pour ceux qui manquent de qualifications – les bénéficiaires de l'aide sociale aux États-Unis et, dans une grande mesure, en Grande-Bretagne – il convient sans doute de mettre en place une incitation positive, pour qu'ils n'aient pas recours à l'aide sociale, du moins pas indéfiniment. Il semble probable que les États devront financer ces mesures incitatives – même si, comme à l'Armée du salut, on pourrait demander à ceux qui en ont bénéficié de devenir à leur tour donateurs ou bénévoles. Il semble peu probable que, comme on le croyait à l'époque victorienne, l'on puisse se reposer uniquement sur la philanthropie pour aider les plus démunis. Mais, dans la mesure du possible, il serait souhaitable de confier la mise en œuvre de l'aide sociale à des organisations non gouvernementales. C'est du moins l'enseignement que l'on peut tirer de l'exemple de l'Armée du salut, ainsi que de nombreux organismes américains plus petits et moins connus, dont beaucoup sont gérées par les églises. Ce dont les laissés pour compte ont le besoin le plus criant, ce n'est pas d'argent, en plus ou moins grande quantité. Ils ont besoin de ce qui rend l'Armée du salut efficace – la discipline, le sens des responsabilités, le goût du travail, le respect de soi et surtout, que l'on s'occupe d'eux personnellement. Aucune bureaucratie étatique, quelles que soient ses bonnes intentions, ne peut offrir de prestations d'un caractère aussi immatériel.

Le débat actuel sur la réforme de la protection sociale place l'accent, dans tous les pays, sur l'aspect financier de la question. C'est mal poser le problème. En premier lieu, la protection sociale ne pèse lourd dans le budget de l'État que si elle se traduit par des « avantages acquis » par les classes moyennes, comme les alloca-

tions de chômage allemandes et les pensions d'invalidité ita-
liennes. L'aide destinée à ceux qui sont réellement démunis,
comme aux États-Unis et en Grande-Bretagne, représente une
goutte d'eau par comparaison au coût des acquis sociaux de la
classe moyenne compétente, gérés par Medicare ou par la Social
Security aux États-Unis, et par le National Health Service en
Grande-Bretagne. En second lieu, le fait que la protection sociale
gaspille de l'argent, comme c'est le cas, constitue le moindre de ses
défauts. Elle gaspille surtout des vies humaines. Si la protection
sociale était performante, ce ne serait pas cher payer que la payer
deux fois plus cher. Les défenseurs de l'État-providence justifiaient
la protection sociale en arguant que les plus démunis et les moins
compétents devaient être aidés financièrement. Non, ils doivent
retrouver la compétence, le respect de soi et la capacité de subvenir à leurs propres besoins. Voilà les résultats que toute politique
sociale doit se donner pour objectifs.

Au plan international, l'aide aux pays en voie de développement subit elle aussi des coupes sombres. À mon sens, il vaudrait
mieux la supprimer complètement. On devrait se contenter d'intervenir en cas de catastrophe naturelle d'héberger et de nourrir les
réfugiés des guerres civiles. Ce qu'il faut, c'est aider les pays
pauvres à bâtir une société civile – et cela, comme nous le verrons
dans la section suivante, ne s'achète pas.

À l'intérieur, le grand défi que les démocraties vont devoir relever au cours des dix années à venir consiste à élaborer des politiques sociales capables de promouvoir effectivement le bien-être
social, au lieu de créer une société d'assistés. Cela constituera un
test crucial de leur capacité à fonctionner.

EFFICACITÉ ET LIMITES DU LIBRE-MARCHÉ

L'économie keynésienne inspire encore les politiques économiques
des démocraties. Remarquons toutefois qu'elle n'a régné sans partage qu'au cours de la première moitié de la période qui nous
sépare de la Seconde Guerre mondiale. Depuis les années
soixante-dix, elle a été sévèrement mise en cause par ce que nous
appelons aux États-Unis le « néo-conservatisme » ; ailleurs l'économie « néo-classique », terme que je préfère quant à moi. En ce
qui concerne l'économie internationale, le néo-classicisme règne

en maître ; les grands organismes internationaux, tels la Banque mondiale et le FMI fondent leur action sur ses principes. Les mêmes gouvernements qui appliquent à l'intérieur des principes keynésiens – je pense tout particulièrement aux États-Unis – se sont convertis au néo-classicisme en matière d'économie internationale. Vous remarquerez que dès qu'un pays étranger se trouve en difficulté, le gouvernement américain lui conseille d'avaler sans rechigner la pilule néo-classique.

Les économistes néo-classiques, comme leurs ancêtres du XIXe siècle, prêchent la supériorité du libre-marché sur tout autre système d'organisation économique, mais ils vont nettement plus loin que leurs mentors. Ils affirment en effet que le libre-marché créera de lui-même une société harmonieuse, et même un système politique démocratique.

Le néo-classicisme remonte à l'ouvrage de Frederick von Hayek, publié en 1944, *The Road to Serfdom*. L'auteur y affirmait que toute entrave à la liberté des marchés conduisait tôt ou tard à la destruction de la liberté politique et à la tyrannie. Il affirmait aussi, ce qui s'est révélé sa thèse la plus importante, qu'une économie fondée sur la liberté du marché, affranchie des contrôles, réglementations et interventions de l'État, créait par elle-même une société idéalement libre, juste et égale. Ce qui n'avait été, au XIXe siècle, qu'une théorie économique, Hayek le convertissait en doctrine politique et sociale.

L'ouvrage a immédiatement fait sensation, même si, pendant fort longtemps, il n'a pas beaucoup influencé le monde politique ou universitaire. Cependant, à mesure que l'échec de l'économie keynésienne devenait plus patent, le néo-classicisme a acquis une respectabilité croissante. Il n'inspire pas encore les politiques intérieures – les déficits publics restent bien trop séduisants pour que les gouvernements embrassent l'austérité et la discipline qu'il prône, et je ne parle pas que des pays anglo-américains. Dans le monde universitaire, cependant, les keynésiens ne constituent plus qu'une minorité, essentiellement composée d'économistes chenus. L'écrasante majorité des jeunes se déclarent néo-classiques, y compris dans les bastions keynésiens de la côte est des États-Unis, tels Harvard, le MIT ou l'Université de Cambridge. Si, jusqu'à la fin des années soixante-dix, les prix Nobel d'économie étaient régulièrement attribués à des keynésiens (comme Paul Samuelson, en 1970 et Kenneth Arrow en 1972), ce sont, depuis une vingtaine d'années, de plus en plus souvent des néo-classiques qui ont été couronnés (tels George J. Stigler en 1982, James M. Buchanan en 1986 et Gary S. Becker en 1992). Les pays qui souhaitent redresser leur économie laissée exsangue par les politiques étatiques et néo-keynésiennes des années cinquante et soixante (par exemple en Amérique latine) ; ceux qui se lancent dans un développement économique systématique (comme dans le Sud-Est asiatique) ; ceux, enfin qui souhaitent ramener à la vie des économies asphyxiées par le communisme, se tournent tous vers le néo-classicisme.

On ne peut plus douter de son efficacité en tant que politique économique. Cela tient du miracle. Dès qu'un pays adopte une politique de libre-marché, en d'autres termes, dès qu'il réduit les dépenses de l'État ; supprime le déficit public ; privatise les entreprises nationalisées ; diminue ou supprime tout contrôle et réglementations étatiques de l'activité économique ; ouvre ses frontières aux importations, permettant ainsi le développement de la concurrence ; élimine, ou au moins réduit, les restrictions gouvernementales sur les flux monétaires et financiers, l'économie redémarre. L'expansion s'accompagne, au début, de graves difficultés. Les entreprises peu performantes, privées du soutien artificiel de tarifs douaniers protecteurs ou de subventions gouvernementales, déposent leur bilan. Le chômage augmente considérablement. Mais cette difficile période de transition ne dure pas très longtemps, en général pas plus de deux ans. Le chômage diminue alors très vite.

Ce scénario quasi-miraculeux, nous l'avons observé dans bon nombre de pays. Il a été suivi dans les années quatre-vingt par une Bolivie réduite à la misère, par le Chili un peu plus tard, par l'Argentine à partir de 1989, par la République tchèque en 1991-1992. Mais c'est par les « Tigres » du Sud-Est asiatique, Hong Kong, Taiwan, Singapour, et, quelques années plus tard, la Malaisie, la Thaïlande et l'Indonésie qu'il a été couronné des succès les plus spectaculaires.

Tous les pays n'ont cependant pas connu des résultats aussi encourageants. À part la République tchèque, aucun des pays de l'ex-bloc soviétique, qu'il s'agisse des anciennes démocraties populaires ou des républiques qui composaient l'Union soviétique, ne peut se targuer de performances économiques satisfaisantes. L'économie de libre-marché n'a pas réussi à redresser l'économie en Allemagne de l'Est ; de sorte que pour l'empêcher de mourir tout

à fait, l'Allemagne de l'Ouest a dû y déverser des aides gouvernementales comme aucune région au monde n'en avait encore reçu.
La libération de l'économie a certes entraîné l'expansion économique de la Chine continentale. Mais dans les provinces de l'intérieur, où vit la majorité de la population, l'embellie n'a pas duré.
Les régions du littoral elles-mêmes connaissent une inflation galopante. Le Mexique a enregistré une croissance économique remarquable dès qu'il a adopté une politique de libre-marché en 1987-
1988. Hélas, cette croissance n'a pas entraîné la stabilité sociale et
politique. Bien au contraire, la croissance économique n'a fait que
réactiver la zone sismique culturelle, économique, sociale et politique, que le retard économique avait empêché jusqu'alors de provoquer des tremblements de terre.

Si, économiquement, le néo-classicisme a prouvé son efficacité,
il prétend aussi engendrer une société harmonieuse et un cadre
politique stable – c'est précisément cette prétention qui lui
confère son caractère nouveau, d'où la particule *néo*. Or les faits
ont prouvé que cette prétention n'était pas fondée. Le libre-marché ne fonctionne que là où existent des garanties institutionnelles efficaces du droit de la propriété contre les puissants, qu'ils
soient rois, nobles, évêques, généraux ou parlementaires. L'œuvre
de Douglass C. North, historien économiste, l'a clairement démontré, particulièrement son ouvrage *Institutional Change and Economic
Performance*, publié en 1990, qui lui valut le prix Nobel d'économie en 1993. Il faut aussi un cadre juridique solide, une infrastructure d'institutions financières et un système scolaire adapté.
Le libre-marché ne crée pas une société harmonieuse, il la suppose.
Faute de société civile organisée, quelques spéculateurs peuvent
certes s'enrichir. Mais l'économie reste pauvre. On observera, à
l'occasion, un formidable appétit d'entreprendre, comme dans la
Russie de Boris Eltsine ou à Shanghai ; cependant, un redressement économique qui ne pourrait s'appuyer sur l'infrastructure
sociale de la société civile risque de ne pas durer longtemps. Soit
il s'écroule à brève échéance, soit il enfle, telle une bulle spécula-
tive, pour éclater ensuite. Un développement économique durable
exige, j'en conviens, une approche économique néo-classique.
Mais celle-ci ne produira de résultats valables que si elle est mise
en œuvre dans le cadre des institutions juridiques, financières et
éducatives d'une société harmonieuse et grâce aux hommes que
produit une telle société, qu'elle développe et respecte.

Avant Hitler, le noyau tchèque de la Tchécoslovaquie formait l'une des sociétés les plus stables, solides, bourgeoises et productives du monde. Après la Suisse, c'était la plus stable et la plus solide d'Europe continentale. Hélas, elle a d'abord été persécutée brutalement par Hitler, puis supprimée par Staline. Mais les fondements de cette société, les traditions, les souvenirs avaient perduré ; la population est restée résolument bourgeoise dans ses valeurs et ses engagements. Les conditions étaient donc réunies pour que le libre-marché y donne des résultats satisfaisants, dès l'instant où le pays se libérerait des entraves du stalinisme. Hong Kong, Taiwan, Singapour, et même la Corée, tous ces pays ont hérité des institutions juridiques, financières et éducatives qu'ont laissées derrière eux leurs anciens colonisateurs ; il en a été de même pour la Malaisie et l'Indonésie. Pendant un siècle, voire plus, le Chili, où la société et la politique étaient stables, a été considéré comme la « Suisse de l'Amérique latine ». Là aussi, les conditions se trouvaient réunies pour que le libre-marché fonctionne, malgré quelques années d'incompétence communiste, suivies d'une dictature militaire brutale. Hélas, aucune tradition comparable n'existe en Afrique, ni dans l'ancien empire des Tsars, ni en Chine, où il n'y a jamais eu de loi civile. Dans ces pays, je ne pense pas que le libre-marché puisse parvenir à faire fonctionner correctement l'économie, et encore moins la société.

La démocratie, du moins ce que l'on entend ordinairement par là, c'est-à-dire des élections libres et un Parlement ou un Congrès, n'apporte en elle-même pas de solution. À Hong Kong ou Singapour, il n'y a ni élections ni structure parlementaire. Taiwan est restée une dictature militaire jusqu'à une époque récente. Le Chili a entrepris son redressement spectaculaire sous un régime de dictature militaire très répressif. Dans l'ensemble, les faits semblent donner raison aux dirigeants autoritaires des pays du Sud-Est asiatique, lorsqu'ils affirment que la liberté et la démocratie doivent suivre, et non précéder, le développement économique. À l'exception des États-Unis, le développement politique a partout suivi le développement économique. J'en prendrai pour exemple le développement économique exceptionnel des grands pays d'Europe au cours du XIXe siècle, qui s'est accompli sous des régimes politiques autoritaires : l'Allemagne impériale, l'Autriche-Hongrie de François-Joseph, la France de Napoléon III. Le Japon du « miracle économique » des quarante dernières années se rapproche, dans sa réalité politique, à savoir la suprématie de fait d'une bureaucratie sans contrôle politique, beaucoup plus des régimes autoritaires européens du XIXᵉ que de la « démocratie » anglo-américaine. On peut donc analyser le fait que les États-Unis soient parvenus à un développement politique avant d'achever leur développement économique comme une nouvelle instance de « l'exception américaine ».

Ce qui, en tout état de cause, s'avère absolument essentiel, même au fonctionnement économique du libre-marché, c'est l'existence de ce que les théoriciens politiques du XIXᵉ nommaient *Rechtstaat* (l'État de Justice), que nous appelons aujourd'hui, pour notre part, *Human Rights*. C'est-à-dire un ordre politique et social qui protège effectivement la personne et la propriété des citoyens contre l'interférence de leurs supérieurs. Ces droits de l'homme garantissent également la liberté de religion, de choisir sa profession, de former des institutions sociales autonomes, ainsi que la liberté de lire, dire, écrire et penser autrement que sous la dictée de tout pouvoir politique, ecclésiastique ou étatique.

Je ne suis pas sûr qu'il suffise de garantir les droits de l'homme pour faire naître la démocratie, comme les libéraux le croyaient au XIXᵉ siècle. En revanche, il semble clair qu'aucune démocratie ne peut exister sans reposer sur ce fondement. L'absence de droits de l'homme provoque chaos et tyrannie ; dans ces conditions, le développement économique a peu de chances de perdurer, même si les marchés sont libres.

Le « capitalisme » et les « capitalistes », comme nous le savons aujourd'hui grâce aux travaux d'un très grand historien français, Fernand Braudel, ne sont pas des phénomènes modernes. Tous deux sont fort répandus depuis la nuit des temps, on les trouve dans toutes les cultures et dans tous les pays connus. Ce qui est « moderne », c'est de considérer le libre-marché comme principe organisateur d'une économie. Les néo-classiques ont raison : sans le libre-marché, il n'y aura pas de croissance économique. Mais, à son tour, le libre-marché dépend du bon fonctionnement de la société civile. Sans lequel il se révèle impuissant.

LA SOCIÉTÉ CIVILE EST-ELLE EXPORTABLE ?

Le libéral européen du XIXᵉ siècle était intimement convaincu que la civilisation – autrement dit un gouvernement stable, une croissance économique rapide, une classe moyenne prospère, l'ordre politique, ainsi que la liberté politique et religieuse – découlerait automatiquement de l'établissement des institutions politiques de la monarchie constitutionnelle. Ce système comportait un monarque héréditaire avec des pouvoirs limités ; un parlement avec des partis politiques et un budget annuel ; une administration professionnelle ; une petite armée commandée par un corps d'officiers professionnels ; un pouvoir judiciaire indépendant ; une banque centrale ; une scolarité publique obligatoire ; une université à l'allemande et une presse relativement libre. Le libéral américain adhérait au même modèle, à une petite différence près – il substituait un président élu au roi héréditaire. Ces deux modèles, l'européen et l'américain, ont été exportés aux quatre coins du monde.

Cette modernisation à la mode du XIXe siècle, passant par les institutions politiques, n'a pas très bonne presse aujourd'hui. Elle a pourtant mieux réussi qu'on ne le croit généralement, puisqu'elle a su, dans deux pays, le Japon et la Turquie, respectivement au XIXe et au début du XXe siècle, inspirer la naissance d'une civilisation nouvelle et moderne. Ailleurs, notamment en Roumanie, en Bulgarie et en Pologne ; au Brésil et au Mexique ; en Égypte et même dans la Russie tsariste, elle a établi un idéal auquel aspire encore une élite cultivée, malgré un siècle de frustrations et de désastres. Néanmoins, le modèle politique du XIXe siècle n'a pas été en mesure, dans l'ensemble, d'à apporter au reste du monde la civilisation libérale, éclairée et pacifique qu'elle promettait. Même en Italie, elle n'a eu d'impact que dans le Nord du pays, civilisé depuis des siècles. Dans le Sud, en revanche, en Calabre, ou en Sicile, la modernisation politique a apporté des voies ferrées et des hôtels, mais peu de civilisation.

L'économie néo-classique d'aujourd'hui a obtenu de meilleurs résultats que la politique libérale du siècle précédent. Le libre-marché a transformé la vie de populations bien plus nombreuses. Le téléphone, le cinéma, la télévision, l'ordinateur ont eu un plus grand impact que les bateaux à vapeur, le chemin de fer et la production de masse qui avaient accompagné la modernisation politique et en constituaient les symboles les plus visibles. Si ardemment qu'on les désire, les biens matériels ne changent que notre consommation ; l'information touche notre imaginaire ; les produits mis à notre disposition modifient notre façon de vivre, l'information notre façon de rêver. Les premiers transforment la façon dont nous voyons le monde, les seconds la façon dont nous nous voyons nous-mêmes.

Le libre-marché des néo-classiques ne crée cependant pas plus la société civile que ne l'avaient fait les institutions politiques en lesquelles les libéraux traditionnels du XIXᵉ croyaient si fort. Dès lors, le libre-marché se trouve dans une impasse comparable. Il ne peut fonctionner que grâce à l'existence d'une société civile, mais il ne peut pas davantage la créer que le libéralisme politique d'il y a cent ans. Pourtant, si les démocraties veulent véritablement gagner la paix dans le monde d'après-guerre froide, elles doivent faire naître des sociétés civiles harmonieuses, surtout dans les pays qui ont connu le communisme, les successeurs de l'empire soviétique et de la Chine de Mao (ou de Deng Tsiao Ping).

Fort bien, mais une société civile est-elle exportable ?

Le seul personnage officiel à avoir, jusqu'à présent, posé cette question a répondu affirmativement. Lorsque Jimmy Carter, alors président en exercice des États-Unis, a fait du respect des droits de l'homme un objectif de sa diplomatie et une condition de l'aide américaine aux pays en voie de développement, il proclamait en fait que la promotion de la société civile constituait une ambition avouée de la politique extérieure américaine, au même titre que l'objectif politique de contenir le communisme et d'attendre qu'il meure de sa belle mort.

Jimmy Carter s'est fait ridiculiser, on l'a traité de « rêveur ». Rétrospectivement, vingt ans plus tard, son réalisme apparaît presque prophétique, il semble que les rêveurs se trouvaient plutôt dans le camp de ceux qui croyaient aux vertus magiques du libre-marché. Jimmy Carter n'a pas réussi à imposer les droits de l'homme dans un seul des pays qui les foulaient aux pieds, au vu et au su du monde entier, ni à convaincre les démocraties de la pertinence de ses priorités. Remarquons cependant qu'on était encore, à l'époque, en pleine guerre froide. Dans toute guerre, il importe de commencer par remporter la victoire, la réflexion sur la paix subséquente est toujours rejetée comme une diversion dangereuse et subversive. Aujourd'hui, l'heure de la réflexion a sonné pour les démocraties. Pour gagner la paix, dans ce monde d'après-guerre, elles doivent se donner comme objectif prioritaire l'établissement de la société civile. Si elles n'y parviennent pas, le libre-marché ne saurait tenir ses promesses économiques, surtout dans les pays anciennement communistes. La crédibilité de la liberté s'en trouverait automatiquement affectée, la paix mondiale risquerait donc d'être remise en cause.

Les États doivent au moins comprendre qu'il s'avère futile, illogique et vraisemblablement pur gaspillage d'investir de l'argent – que ce soit par l'intermédiaire de prêts de la banque mondiale ou de moratoires – si le pays bénéficiaire ne se dote pas d'un cadre juridique réellement indépendant et efficace. En effet, cette manne ne sert alors qu'à enrichir ceux qui n'en ont aucun besoin : les chefs politiques, les généraux et les escrocs. Au lieu d'aider le pays destinataire, il contribue à l'appauvrir. Les mêmes enseignements s'appliquent aux entreprises. Investir dans un pays, comme la Russie ou la Chine d'aujourd'hui, qui n'a pas même commencé à bâtir son système juridique, cela veut dire, presque à coup sûr, que l'on va perdre sa mise. Les enseignements de ce que nous avons vécu ces dernières décennies sont clairs : le libre-marché ne produira une économie qui tourne bien et se développe que s'il est possible de l'ancrer dans une société civile organisée, qui respecte, à tout le moins, les droits de l'homme.

On dit souvent aujourd'hui que, depuis la chute du communisme, les démocraties ont perdu leurs marques – elles n'auraient plus de politique, ni de priorités, plus de critères leur permettant de discerner ce qu'elles peuvent faire de ce qu'elles ne peuvent pas faire. À l'évidence, les politiques, priorités et critères anciens ne correspondent plus à rien, dès lors que nous n'avons plus d'ennemi public. Eh bien! Voici une nouvelle politique, une nouvelle priorité, une nouvelle nécessité : faire de la promotion de la société civile la première ambition de notre politique extérieure. Ce n'est pas une panacée, ni la « fin de l'histoire ». La société civile ne saurait garantir ni la démocratie ni la paix. Cela en constitue cependant une condition essentielle. C'est seulement en se donnant pour but d'établir la société civile dans le monde entier que les démocraties peuvent gagner la paix.

[1995]

Entretien

Le management dans la société post-capitaliste

Trop de chefs d'entreprise et de dirigeants vouent un culte exclusif à tout ce qui est nouveau, c'est l'un des aspects négatifs de ce qui passe pour la « pensée » contemporaine en matière de management. Les auteurs du dernier gadget à la mode occupent donc le devant de la scène un mois ou deux, ensuite, on n'entend plus parler d'eux. Peter Drucker n'a rien à voir avec ces étoiles filantes. C'est en 1937 qu'il a rédigé son premier ouvrage, *The End of Economic Man* – et en plus d'un demi-siècle, il a publié une succession d'ouvrages qui constituent une bibliothèque complète analysant tous les aspects de l'art du management. Le rencontrer chez lui, en Californie, l'entendre citer infatigablement des faits, des chiffres, des noms et des anecdotes, constater qu'il partage sa réflexion avec courtoisie et gentillesse, c'est découvrir un homme que ses disciples les plus fidèles ignorent. S'il y eut jamais un maître du management, il existe, je l'ai rencontré.

Q. : Peter, j'aimerais débuter cet entretien au dernier chapitre de votre ouvrage, *La société post-capitaliste*. Vous y parlez culture. Pensez-vous que la nôtre nous prépare bien à la société et aux formes de travail de l'avenir ?

R. : Nous vivons une situation très curieuse. À l'école et à l'université, les jeunes se passionnent pour les humanités, même pour les sujets les plus traditionnels. Cinq ans après leur diplôme, ils rejettent tout cela en bloc et consacrent la totalité de leur énergie intellectuelle à leur activité professionnelle, quelle qu'elle soit. Ce déséquilibre me semble malsain à long terme. Regardez les chefs d'entreprise qui ont débuté il y a vingt ou trente ans : je pensais que ces hommes, qui viennent de fêter leur quarante-cinquième ou leur cinquantième anniversaire, allaient revenir à l'école qui les a formés, ayant pris conscience qu'ils ont besoin d'en savoir un peu plus sur eux-mêmes et sur la vie. Hélas, après leur diplôme, la formation qu'ont en général reçue nos dirigeants s'avère, de ce point de vue, un fiasco complet.

Q. : Un échec ?
R. : Pratiquement total. Mais ils sont de plus en plus nombreux à revenir. Ils commencent à prendre conscience que la culture classique, le vaste champ des sciences humaines, en particulier l'histoire, permet de mettre en perspective ce qu'ils ont vécu dans le monde de l'entreprise, de voir s'ils auraient pu penser ou agir différemment, d'envisager leur vie sous un angle absolument nouveau.

Q. : Comment expliquez-vous que nous soyons si nombreux à ne pas faire suffisamment la distinction entre le monde du travail et le monde de la « vie » ?
R. : Cela va plus loin. Pendant la plus grande partie de l'histoire, l'homme a dû travailler pour gagner sa vie, je dirais même gagner son pain quotidien. Les loisirs, au sens moderne du mot, n'existaient guère. Aujourd'hui, beaucoup se laissent entièrement dévorer par leur activité professionnelle, qui les passionne. Dans le passé, dire que l'on aimait son travail, je ne dirais pas que cela ne se faisait pas, mais c'était à tout le moins inattendu... Quant à s'exprimer par son travail, n'en parlons pas. Cela a bien changé, et cela changera encore davantage. De plus en plus de gens attendent et exigent aujourd'hui un travail qui leur permette de se réaliser. Je pense que cela ne serait venu à l'idée de personne il y a un siècle.

Q. : Ce phénomène comporte certainement des implications pour le management et le monde de l'entreprise ?
R. : Oui, je suis convaincu que la formation permanente des adultes va devenir un secteur de croissance, aux États-Unis comme ailleurs. Rien ne se développe aussi vite, pour tout le monde ;

médecins, ingénieurs, dentistes... Les choses changent à une vitesse vertigineuse, dans tous les secteurs, d'où l'essor spectaculaire de ce secteur.

Laissez-moi vous donner un exemple. Un de mes jeunes amis – jeune, pour moi ! Il doit bien avoir la quarantaine – est sans doute le meilleur radiologue de la côte Est. Je l'ai connu enfant. Il dirige aujourd'hui le département d'imagerie médicale d'une grande faculté de médecine. Devant récemment me rendre dans la région pour y donner une conférence, je l'ai appelé pour fixer une rencontre. « Je suis désolé, Peter, me répond-il, j'ai un cours dans le Minnesota cette semaine-là. » « Ah bon! Que vas-tu leur apprendre ? ». « Tu n'y es pas, Peter, me répond-il, c'est moi qui vais apprendre quelque chose. Je vais suivre une semaine de cours sur les nouveaux aspects de la technologie en échographie. J'aurais déjà dû le faire l'an dernier, mais je n'ai pas pu, à cause d'une opération importante. Du coup, je suis complètement largué. »

Je pense que la personne cultivée de l'avenir est celle qui a compris qu'il fallait toujours continuer à apprendre. Cette nouvelle définition changera le monde dans lequel nous vivons et travaillons.

Q. : Ceci m'amène aux implications de cette question sur le management. J'ai eu le sentiment, en lisant votre livre, que, selon vous, nombre d'entreprises encouragent ou forcent les gens à se spécialiser trop étroitement.

R. : C'est exact, mais ça ne s'applique pas qu'aux entreprises. La seule organisation, ou presque, qui échappe à cette tendance, c'est l'armée. Vérifiez si vous voulez, vous constaterez que la plupart des officiers supérieurs sont retournés sur les bancs de l'école plusieurs fois dans leur vie. L'enseignement militaire qu'ils suivent est en effet très spécialisé. Mais on les envoie aussi à l'université passer des maîtrises et des doctorats ; on les pousse ainsi à élargir leurs perspectives à de nouveaux domaines.

Q. : Comment une entreprise peut-elle élargir les perspectives de ses dirigeants ?

R. : Bon nombre d'entre elles les incitent à faire du bénévolat, à œuvrer pour la collectivité dans le cadre de la vie associative. Je pense que c'est une excellente chose, c'est sans doute l'expérience la plus enrichissante que puisse vivre un cadre de trente-cinq ans.

Q. : Peter, je crois que je commence à comprendre où vous voulez en venir. Votre livre exalte le rapetissement du monde, qui va devenir la réalité quotidienne dans les affaires. Est-ce que vous voulez dire par là qu'il nous faut apprendre comment le monde fonctionne ?

R. : Il y a cent ans, les gens ne voyageaient pas autant qu'aujourd'hui, mais ils se parlaient peut-être plus de sujets importants, la vie, la nature humaine. Je suis incapable d'expliquer à mes enfants et à mes petits-enfants, de façon à ce qu'ils apprécient véritablement ce que je leur raconte, que lorsque j'étais enfant, mon père avait un dîner tous les mardis. Il invitait souvent des économistes, de haut fonctionnaires et même un grand avocat international. De plus, environ une fois par semaine, mes parents invitaient à dîner des médecins. Comme ils s'intéressaient beaucoup aux mathématiques et à la philosophie, ils invitaient aussi des mathématiciens et des philosophes une fois par mois. Aujourd'hui, ce serait impensable !

Q. : Effectivement ! D'ailleurs, dans votre livre, vous insistez beaucoup sur l'importance croissante du savoir, envisagé comme matière première, en lui-même et par lui-même. Vous dites que « la connaissance est la seule ressource qui ait un sens (utile) aujourd'hui. » Vous affirmez aussi qu'on ne peut pas surveiller les travailleurs du savoir. Y aura-t-il encore besoin de cadres à l'avenir ?

R. : Oui, mais en moins grand nombre qu'aujourd'hui. Parmi tous ceux qui ont le titre de directeur, beaucoup ne dirigent déjà plus personne. Les entreprises ont conservé une kyrielle d'échelons hiérarchiques pour diverses raisons, entre autres parce que lorsqu'elles ont commencé à se développer, le seul modèle qu'elles avaient à leur disposition était l'armée. L'armée prussienne, en particulier, était au sommet de sa gloire, c'était au lendemain de la guerre de 1870. Comme toutes les armées, elle avait une hiérarchie surabondante. Les entreprises se sont donc dotées de hiérarchies surabondantes. Parmi les gens de moins de soixante ans, personne ne peut imaginer à quel point nous manquions d'hommes au lendemain de la Seconde Guerre mondiale. Nous avons alors connu très rapidement une expansion fantastique, les entreprises ont eu besoin de monde et elles n'avaient personne. Les enfants du *baby boom* étaient encore au berceau. À cette époque, les jeunes ont donc bénéficié de promotions très rapides. Avant 1929, on n'obtenait jamais de chaire universitaire avant l'âge de cinquante ans. Lorsque j'ai commencé à enseigner dans une *Business school*, le recrutement était explosif, nos effectifs doublaient tous les ans. En 1949, l'année de mes débuts, nous avions 600 étudiants. Il y en avait 6500 quand je suis parti. Et ce chiffre a été atteint en dix ans !

J'ai eu l'occasion d'étudier le management d'une banque à peu près à ce moment-là. Un beau jour, j'ai fait un rapport au PDG sur l'âge moyen des directeurs de son établissement. « Ils ont moins d'années de vie que leurs prédécesseurs n'avaient d'années d'ancienneté », lui ai-je dit. Traditionnellement, il fallait trente ans de carrière pour devenir directeur de banque – on était recruté vers vingt et un ans et les meilleurs étaient nommés sous-directeurs vers quarante-cinq ans. Et voilà que tout à coup, à cause du manque de personnel, on a vu des jeunes de vingt-six ans être nommés directeurs. Il fallait bien ! *Mais les postes concernés y ont perdu du prestige.*

Il s'avère clair qu'à l'avenir, il n'y aura plus besoin de tous ces échelons hiérarchiques, ni de tous ces cadres et directeurs. La nature du travail – et des hommes – est telle qu'un encadrement trop tatillon peut nuire à la productivité. Mais je suis persuadé que toutes les organisations modernes continueront à avoir besoin d'être dirigées ; la direction constitue une fonction générique de toute organisation, quelle que soit sa mission spécifique. On pourrait aller jusqu'à dire que le management est l'organe générique de la société du savoir.

Q. : Pourtant, j'ai remarqué l'importance que vous attachez aux équipes, et vous expliquez qu'elles se dirigent toutes seules.

R. : L'équipe est l'un des groupes les plus difficiles à diriger qui soient. Comme vous le savez, j'ai beaucoup travaillé avec des équipes de base-ball. Ce sont des organisations très particulières, qui illustrent à merveille ces difficultés. Très peu d'entraîneurs s'en tirent bien, précisément parce qu'il s'agit d'une équipe. Il faut un excellent lanceur. Mais ceux qui ont le niveau se prennent pour des vedettes, ils se montrent odieux, ou alors vous avez affaire à quelqu'un de plus raisonnable, mais il ne fait pas le poids...

Dans les entreprises, on a aussi souvent affaire à des primas donnas, mais dans ce type d'équipe, les gens ne se rendent pas toujours compte qu'ils doivent travailler ensemble. Si vous ne me croyez pas, pensez donc à une équipe de design.

J'ai eu l'occasion de travailler avec Toyota. Il y a deux ans, j'ai demandé à un des patrons qui venait juste de partir en retraite combien de temps il avait mis à faire fonctionner correctement son équipe de design. Il m'a répondu que ce n'était toujours pas parfait, et qu'ils avaient commencé en 1950. Chez Ford, Donald Petersen s'est attaqué au même problème vingt ans plus tard. Il est parti en retraite vers 1985, mais entre-temps, il a travaillé comme un damné à lancer la formule des équipes. Pourtant, chez Ford, on continue à entendre les gens se plaindre sans arrêt qu'elles ne marchent pas comme elles devraient.

Il faut vraiment être un patron remarquable pour réunir une équipe où les gens travaillent authentiquement ensemble, s'adaptent les uns aux autres, se comprennent à demi-mot et avancent « comme un seul homme ». Ce n'est pas facile, il faut du temps, du courage, une mission très claire et un chef très habile... enfin, le mot « habile » n'est peut-être pas celui qui convient. Il s'agit de savoir où l'on va, d'être très clair. Comme vous le voyez, ce n'est pas tout à fait la même chose que ce que l'on entend ordinairement par « manager » ! D'ailleurs, beaucoup des cadres de direction que je rencontre comprennent mal de quoi je parle, à ce propos. Ils sont incapables de constituer une équipe. Ils ne sont pas contre, mais ils ne se rendent pas compte que cela ne se fait pas tout seul. Il faut mener son affaire dans la perspective de former une équipe, mais en même temps, tous les jours de la semaine, c'est avec des individus que l'on travaille.

Q. : Je crois que ce qui suscite les réactions les plus vives, chez vos lecteurs, c'est votre affirmation que nous nous dirigeons vers une « société du savoir ». Ils ne vous lisent peut-être pas assez attentivement, mais ils se demandent si vous pensez que l'on va cesser de produire, et dans ce cas, comment notre économie pourra survivre, privée de sa base industrielle. Comment leur répondez-vous ?

R. : C'est ridicule. La plupart des gens sont convaincus que l'industrie américaine a perdu du terrain. Il n'y a pas la moindre raison de le croire, elle s'est au contraire développée aussi vite que l'économie, c'est-à-dire très rapidement. Depuis la fin des années soixante, donc en vingt-cinq ans, sa production s'est multipliée par deux et demi, comme le PNB. Le problème, c'est que les gens confondent encore production industrielle et production à la

chaîne, faisant appel à une nombreuse main-d'œuvre non qualifiée. C'est une lourde erreur.

Q. : Pourriez-vous expliquer en quoi ?
R. : L'emploi des cols bleus a connu une croissance moins rapide
que celle du volume de la production depuis 1900, ce que personne ne semble savoir, bien que cela figure dans toutes les statistiques. Ce déclin résulte de l'amélioration de la productivité,
l'unité de travail non qualifié nécessaire à la production d'une
unité de production supplémentaire a en effet diminué de 1 % par
an depuis plus de quatre-vingt-dix ans – presque un siècle !
La production, elle, n'a cessé d'augmenter régulièrement et
semble devoir continuer sur sa lancée. La part qu'elle représente
au sein du PNB est restée stable depuis 1890, donc depuis plus
d'un siècle, entre 21 et 23 %. La croissance du secteur des services
s'est faite entièrement aux dépens de l'agriculture. Celle-ci représentait 50 % du PNB en 1900, le chiffre correspondant ne se
monte plus aujourd'hui qu'à 3 %. La production industrielle est
demeurée constante. Mais l'emploi de main-d'œuvre non qualifiée
– à ne pas confondre avec l'emploi tout court – a diminué, et cela
va continuer. Sans avoir encore atteint le plancher, nous en appro-
chons. Nous en sommes à 18 %, et je pense que l'on arrivera à 10
ou 11 %. Il ne faudrait pas en conclure que la population active se
réduira de 50 %, puisque la production continue à croître.
L'emploi, de façon générale, ne devrait baisser que de 2 à 4 % par
rapport au niveau actuel. Cette tendance représente un changement immense.

Q. : Qu'est-ce qui provoque ce changement ?
R. : Il y a deux ou trois facteurs clés. Le plus important, c'est
l'émergence de nouveaux secteurs qui, au lieu de faire appel à une
nombreuse main-d'œuvre non qualifiée, font appel à beaucoup de
connaissances.

Q. : Des connaissances, sous forme de...
R. : De reengineering ! Le reengineering continu du processus
de production. La plupart des gens croient que l'automatisation est
responsable de la diminution de la demande de main-d'œuvre,
mais elle joue en fait un rôle mineur. Prenons l'exemple de la
confection de blue jeans. Il y a trente ans, on en produisait trois

tailles, dans une seule couleur et avec une seule coupe, un point c'est tout.

Aujourd'hui, on vous propose une quinzaine de tailles et à peu près autant de coupes différentes. Mais le processus est conçu de façon à ce que la différentiation se fasse non pas aux premières étapes de la production, mais en fin de course. On arrive à l'étape ultime de couture avec une seule longueur, une seule largeur, et vraisemblablement une seule couleur. La différentiation de tailles et de coupes ne pèse que sur la dernière étape, point culminant d'un processus continu et uniforme. On consomme sans doute davantage de tissu, en revanche on aboutit à un processus permettant la programmation de l'ensemble des interventions. La fabrication comporte une bonne partie de travail manuel, mais programmé et parfaitement organisé. Au total, cela demande vraisemblablement le cinquième d'heures de travail de ce qui était nécessaire il y a vingt ans, mais cette réduction n'est pas due à l'automatisation. Les coupes se font à la machine depuis soixante ans, il n'y a là rien de nouveau. La nouveauté, c'est le reegineering.

Q. : À vous entendre, ça ne me paraît pas tellement révolutionnaire...

R. : Ça ne l'est pas du tout. Depuis 1940, tout bon ingénieur a certainement appris à organiser la production de cette façon. Les derniers à s'y mettre seront sans doute les constructeurs de voitures, qui avaient un système d'une efficacité inouïe, fondé sur un nombre de modèles minimal. Une fois qu'ils avaient mis au point le modèle de l'année, ils n'y touchaient plus. Cette époque est révolue. Les constructeurs vont donc devoir réapprendre de nouveaux processus. Les Japonais ont ouvert la voie, mais il y a encore beaucoup à apprendre.

Q. : Le savoir devient donc l'arme absolue !

R. : Comme je l'écris dans mon ouvrage : un pays qui a les travailleurs du savoir qu'il faut pour concevoir les produits et pour les vendre n'a aucun mal à les faire fabriquer avec des coûts très faibles et une qualité excellente. En revanche, aucune entreprise ne gagnera en compétitivité, dans aucun pays, en faisant preuve d'étroitesse d'esprit.

Q. : J'ai été très étonné de voir à quel point j'avais mal compris F.W. Taylor, qui a mené sa réflexion au début du siècle. Vous m'avez ouvert de nouvelles perspectives sur la vision de ce grand pionnier. Croyez-vous que votre propre pensée a été comprise ?

R. : Je crois que j'ai été compris différemment dans les différentes parties du monde. Par exemple, au Japon, on a surtout remarqué que j'avais contribué à la prise de conscience de la nécessité du marketing au sens étymologique du mot : se laisser diriger par le marché, écouter ses clients, tenir compte de leurs désirs et de leurs besoins.

Les Japonais semblent avoir apprécié aussi l'importance que j'attache à la fixation des coûts à partir du prix que le marché est prêt à payer.

Ils ont également été les premiers à comprendre, sans doute mieux que les autres, ma théorie selon laquelle les hommes doivent être traités en collègues et surtout constituent l'une des ressources essentielles de l'entreprise. Ce respect du personnel est la clé de la vraie productivité.

Enfin, ils semblent avoir pris à cœur l'existence de l'économie mondiale. Se contenter de vendre sur le territoire national fait véritablement figure de provincialisme dans le monde des affaires.

Q. : Et en Europe, comment êtes-vous reçu ?

R. : Je crois que l'on m'y considère comme un pionnier de la contreculture. Au cours des temps modernes, la plupart des chefs d'entreprise européens ont manifesté ce que j'appelle la « mentalité Krupp » : le patron faisant bien sentir qu'il est seul maître à bord, que tous ceux qui travaillent dans son entreprise ne sont que des « collaborateurs ». Je préfère ne pas me demander combien il reste de chefs d'entreprise de ce type de par le monde.

Cette attitude entraîne de nombreux problèmes. Elle empêche le genre de communication et de dialogue indispensable à la bonne marche de l'entreprise. De plus, pour qu'une firme soit dynamique, il faut que le plus grand nombre de personnes possible puisse y prendre des décisions – cela se révèle impossible dans le système autoritaire dont je vous parle. Nombre de cadres européens ont longtemps été réduits à compter les crayons ou à s'acquitter d'autres tâches inintéressantes du même genre.

De sorte que les patrons européens qui ont lu mes livres et adhéré à mes idées ont considéré ma thèse – selon laquelle la direction d'entreprise est un métier à part entière – comme un peu subversive, un peu révolutionnaire. Dans cette perspective, je dirais que *The practise of management* a constitué et constitue encore une sorte de manifeste en Europe.

Q. : Et aux États-Unis, comment êtes-vous accueilli ?

R. : J'ai le sentiment que les cadres supérieurs et les dirigeants américains ont surtout retenu deux points forts de mes écrits et de mes conseils. D'abord, ils ont au moins commencé à comprendre que les hommes constituent une ressource, et non pas seulement un coût. Je pense que les plus éclairés entrevoient désormais ce que l'on pouvait faire en gérant les ressources humaines en vue d'un objectif donné.

Cela me conduit au second point fort ; il semble que les Américains estiment que je les ai aidés à voir le management. Autrement dit, pendant très longtemps, son impact, positif ou négatif, est longtemps resté invisible à la plupart des Américains. Beaucoup me font l'honneur de me considérer comme celui qui a découvert le management en tant que discipline ; ils mettent également à mon actif d'avoir insisté pour que l'entreprise prenne au sérieux le management – profession qui peut faire la différence dans la vie des affaires.

J'espère que les patrons américains – et leurs homologues, dans le monde entier – ont bien enregistré ce que j'ai affirmé depuis le début, à savoir que le management dépasse, de beaucoup, l'exercice du rang et du privilège, et la signature de contrats. Le management affecte les gens et leur vie, à la fois dans le travail et par bien d'autres aspects. La pratique du management mérite toute notre attention, elle mérite d'être étudiée avec soin.

[1994]

Remerciements

Chacun des éléments de ce volume a été rédigé avec l'idée d'être réuni aux autres pour former cet ouvrage. À l'exception du post-scriptum du chapitre 24, ils ont tous, intentionnellement, déjà été publiés. C'est en effet la réaction de mes lecteurs, particulièrement mes amis, dans le monde entier, mes anciens étudiants, mes clients, anciens et actuels, qui a déterminé si tel ou tel texte était digne de figurer dans cet ouvrage. Cette prépublication me tient donc lieu de test sur le marché.

Pour la plus grande partie, les textes retenus constituent les divers chapitres, sans aucune modification, à part un éventuel changement de titre ou la réinsertion d'un passage qui avait été coupé pour satisfaire aux exigences de format du magazine ou du journal où il a été publié pour la première fois. Trois passages se trouvent nettement allongés : le chapitre 17 (Un siècle de transformations sociales), qui avait été publié dans *The Atlantic Monthly* sous forme abrégée, de même que le chapitre 20 (les démocraties peuvent-elles gagner la paix ?) ; et le chapitre 11 (Mondialisation et commerce international), dont *Foreign Affairs* avait inséré dans ses colonnes une version abrégée. Les autres chapitres les plus longs (les entretiens du début et de la fin, conduits respectivement par George Harris et Tom Brown), sont ici publiés tels qu'ils l'ont été pour la première fois. Les chapitres les plus courts, qui n'ont subi que des modifications mineures portant généralement sur le titre, ont tous été publiés une première fois dans les colonnes du *Wall Street Journal*. Le chapitre 13, quant à lui, a été publié par l'*Asian Wall Street Journal*, où il était présenté par la Citibank. Le post-scriptum du chapitre 19 a été rédigé en mai 1995, spécialement pour cet ouvrage.

Ce livre est le quatrième à devoir son orientation et sa structure à mon éditeur et ami Truman Talley, de Truman Talley Books/Dutton. C'est lui qui, il y a quinze ans, m'a suggéré de regrouper autour d'un thème et avec un objectif communs les articles et essais que je rédigeais pendant une période donnée. La méthode retenue consiste à rédiger chaque texte séparément de façon à ce qu'il constitue une entité autonome, puis à les rassembler pour former un ensemble cohérent. La prépublication fait partie intégrante de la démarche, son rôle étant de sélectionner les textes qui semblent le plus utiles à mes lecteurs. Cette méthode s'est avérée extraordinairement productive. Les trois ouvrages qui en ont précédemment résulté, respectivement publiés en 1982 (*The Changing World of the Executive*), 1986 (*The Frontiers of Management*) et 1992 (*Managing for the Future*) ont rencontré un grand succès, tant dans leur édition originale en anglais que dans les nombreuses traductions auxquelles ils ont donné lieu. Dans le monde entier, des dirigeants et cadres supérieurs y ont trouvé un outil utile, un guide, l'occasion de lancer une réflexion ou une action. Mes lecteurs et moi-même devons donc une immense gratitude à l'égard de Mac Talley.

Index

Dans la même collection

LANDIER   Dessine-moi une vie active

Hubert Landier nous propose des pistes pour inventer de nouvelles façons de vivre et de travailler ensemble.
256 pages, 1995

PITCHER   **Artistes, artisans et technocrates**

Une typologie des leaders pour donner à chacun la place qui lui revient en entreprises.
224 pages, 1996

ROUSSEAUX   **Le Sens du management**

Face à la crise de confiance managériale, de quoi puiser dans nos racines européennes les ressources d'un sursaut.
256 pages, 1996

TREACY   **L'Exigence du choix**
WIERSEMA

Meilleur prix, meilleur produit ou meilleure solution, les entreprises leaders privilégient une seule valeur !
240 pages, 1995